# 中文学术著作数字出版与全媒体传播

ZHONGWEN XUESHU ZHUZUO
SHUZI CHUBAN YU QUANMEITI CHUANBO

玉林师范学院商学院　詹洪春　著

科学技术文献出版社

·北京·

图书在版编目（CIP）数据

中文学术著作数字出版与全媒体传播 / 詹洪春著. — 北京：科学技术文献出版社，2022.12

ISBN 978-7-5189-9895-1

Ⅰ. ①中… Ⅱ. ①詹… Ⅲ. ①中文—学术—著作—电子出版物—出版工作—研究 Ⅳ. ① G237.6

中国版本图书馆 CIP 数据核字 (2022) 第 235322 号

## 中文学术著作数字出版与全媒体传播

策划编辑：薛士滨　责任编辑：刘英杰　张　睿　责任校对：张永霞　责任出版：张志平

| 出 版 者 | 科学技术文献出版社 |
| --- | --- |
| 地　　址 | 北京市复兴路 15 号　邮编 100038 |
| 编 务 部 | （010）58882938，58882087（传真） |
| 发 行 部 | （010）58882868，58882870（传真） |
| 邮 购 部 | （010）58882873 |
| 官 方 网 址 | www.stdp.com.cn |
| 发 行 者 | 科学技术文献出版社发行　全国各地新华书店经销 |
| 印 刷 者 | 北京厚诚则铭印刷科技有限公司 |
| 版　　次 | 2022 年 12 月第 1 版　2022 年 12 月第 1 次印刷 |
| 开　　本 | 710×1000　1/16 |
| 字　　数 | 205 千 |
| 印　　张 | 16.5 |
| 书　　号 | ISBN 978-7-5189-9895-1 |
| 定　　价 | 78.00 元 |

**版权所有　违法必究**

购买本社图书，凡字迹不清、缺页、倒页、脱页者，本社发行部负责调换

# 前　言

中文学术著作是作者针对某一学科或某一知识领域进行系统、深入研究之后产生的,并以中文写就,或在理论上有创新见解,或在实践中有新的发现,或具有重要文化积累价值的学术作品。学术论文也属于学术作品,但相对学术著作而言,我国科技工作者、学术研究者完成的学术论文由于受评价体系的影响,目前很多优秀的学术论文多以英文形式发表在国际期刊上,学术著作则很少以英文形式由国外出版机构出版,而是多由国内图书出版单位用中文出版传播。

中文学术著作的发展关乎着对我国学术水平和学术能力的评价,更直接地影响学术资源的普及和劳动者素质的提高。特别是在知识经济时代,借助传统纸质出版这一单一传播途径已无法满足受众需要,其成本高、获取难、存在滞后性等固有问题难以解决。随着时代的变革,全媒体传播打破了不同媒介形式间的隔阂,通过多元渠道进行内容传播和扩散,让信息能够触达更广泛的人群,提升了内容的传播力与影响力。现在的这种传媒生态,为中文学术著作的创新发展提供了新的机遇和挑战。为探究互联网时代背景下,既符合中文学术著作生产传播产业规则,又符合我国出版传媒产业发展实践业态的中文学术著作数字出版和全媒体传播模式,在北京中文出版传媒融合创新发展联盟的支持、资助下,笔者主持开展了"中文学术著作数字出版与全媒体传播研究"科研课题,以期为相关理论研究和实践应用提供参考。

本书作为"中文学术著作数字出版与全媒体传播研究"课题的研究成果之一,首先对中文学术著作出版发展的背景及相关理论基础进行阐释,其次对我国

中文学术著作传统出版的发展现状及发展脉络进行梳理,然后着重介绍中文学术著作全媒体传播业态及发展路径。基于此,对中文学术著作全媒体传播平台的构建和发展路径提出了建议,最后落脚于全媒体传播平台的具体应用——中文学术著作出版智库知识服务的开展。

在写作过程中,对本书的内容结构做了精心设计,按照"理论指导实践""借鉴传统,力求创新"两条思路进行内容编排。前者表现为从中文学术著作出版的相关理论出发,最后延伸至具体的产业应用视角,从而指导全媒体传播的实践发展;后者则是通过梳理中文学术著作数字出版的发展脉络、厘清中文学术著作的传统传播方式的优劣,以扬长避短,提出基于全媒体技术赋能中文学术著作传播的路径思考。文字表达方面,简洁明快、通俗易懂;逻辑方面,力求思路清晰,紧扣中文学术著作的理论逻辑和发展实践。

全书共分十章,各章主要内容概括如下:

第一章,学术著作出版活动背景分析。内容包括政治背景分析、经济背景分析、社会背景分析、科技背景分析。

第二章,相关概念与理论基础。内容包括中文学术著作、数字出版、全媒体传播的概念界定及理论研究综述。

第三章,传统出版产业。内容包括传统出版产业和传统出版产业链概述及我国当前传统出版产业面临的问题。

第四章,中文学术著作传统出版的发展现状。内容包括中文学术著作传统出版的特点、中文学术著作传统出版的政策环境分析、中文学术著作传统出版的市场环境分析和中文学术著作传统出版当前面临的问题。

第五章,中文学术著作数字出版的发展脉络。内容包括中文学术著作数字出版价值分析、中文学术著作数字出版的背景概述、我国中文学术著作数字出版发展模式变迁及中文学术著作数字出版的特点。

第六章，中文学术著作全媒体传播业态分析。内容包括中文学术著作全媒体传播现状和中文学术著作全媒体传播存在的问题。

第七章，中文学术著作全媒体传播的发展路径。内容包括中文学术著作全媒体传播的发展现状、中文学术著作全媒体国内传播的发展路径、中文学术著作全媒体国际传播的发展路径和对中文学术著作全媒体传播发展建议。

第八章，中文学术著作全媒体传播平台的构建。内容包括中文学术著作全媒体传播平台综述、中文学术著作全媒体平台的功能设置及其战略意义，以及中文学术著作全媒体传播平台的案例与分析。

第九章，中文学术著作出版智库知识服务发展与创新。从全媒体传播平台发展的角度，叙述了中文学术著作出版智库知识服务的发展背景，总结了中文学术著作出版智库知识服务的相关研究，分析了中文学术著作出版智库知识服务发展现状与困境，提出了中文学术著作出版智库知识服务发展的创新路径。指出了知识服务将是中文学术著作出版智库全媒体传播平台未来发展的主流模式。

第十章，总结与展望。内容包括研究结论、存在的不足与展望。

全书不仅融合了本行业专家学者的理论建树，还凝聚了产业实践领域的丰富经验，可广泛应用于我国中文学术著作的出版和传播，期望能对相关领域的教育工作者、研究者、实践者及感兴趣的读者提供有价值的借鉴和启发。书中不妥或未尽之处，敬请广大读者批评指正。

# 目 录

**第一章　学术著作出版活动背景分析** ……………………………（ 1 ）

　　第一节　政治背景分析…………………………………………（ 1 ）

　　第二节　经济背景分析…………………………………………（ 10 ）

　　第三节　社会背景分析…………………………………………（ 17 ）

　　第四节　科技背景分析…………………………………………（ 22 ）

**第二章　相关概念与理论基础** ……………………………………（ 31 ）

　　第一节　中文学术著作…………………………………………（ 31 ）

　　第二节　数字出版………………………………………………（ 40 ）

　　第三节　全媒体传播……………………………………………（ 45 ）

**第三章　传统出版产业** ……………………………………………（ 57 ）

　　第一节　传统出版产业概述……………………………………（ 57 ）

　　第二节　传统出版产业链概述…………………………………（ 65 ）

　　第三节　我国当前传统出版产业面临的问题…………………（ 84 ）

## 第四章　中文学术著作传统出版的发展现状……………………（91）

### 第一节　特点……………………………………………………（92）

### 第二节　政策环境分析…………………………………………（99）

### 第三节　市场环境分析…………………………………………（106）

### 第四节　当前面临的问题………………………………………（112）

## 第五章　中文学术著作数字出版的发展脉络……………………（119）

### 第一节　价值分析………………………………………………（119）

### 第二节　背景概述………………………………………………（126）

### 第三节　我国中文学术著作数字出版发展模式变迁…………（130）

### 第四节　中文学术著作数字出版的特点………………………（144）

## 第六章　中文学术著作全媒体传播业态分析……………………（149）

### 第一节　现状……………………………………………………（150）

### 第二节　存在的问题……………………………………………（157）

## 第七章　中文学术著作全媒体传播的发展路径…………………（167）

### 第一节　发展现状………………………………………………（167）

### 第二节　国内的发展路径………………………………………（172）

第三节　国际的发展路径……………………………………（188）

　　第四节　发展建议……………………………………………（199）

**第八章　中文学术著作全媒体传播平台的构建**………………（203）

　　第一节　综述…………………………………………………（203）

　　第二节　功能设置及其战略意义……………………………（204）

　　第三节　案例与分析…………………………………………（218）

**第九章　中文学术著作出版智库知识服务发展与创新**…………（237）

　　第一节　发展背景……………………………………………（237）

　　第二节　相关研究……………………………………………（238）

　　第三节　发展现状与困境……………………………………（240）

　　第四节　发展的创新路径……………………………………（241）

　　第五节　智库知识服务是未来发展的主流模式……………（248）

**第十章　总结与展望**………………………………………………（251）

　　第一节　研究结论……………………………………………（251）

　　第二节　存在的不足与展望…………………………………（253）

# 第一章 学术著作出版活动背景分析

PEST 分析模型是一种常用的宏观环境分析模型,包含政治(Political)、经济(Economic)、社会(Social)、科技(Technological)四个角度。本章利用此模型对学术著作出版进行行业发展背景分析,主要采用数据搜集、文献检索、政策文件解读等方式对我国中文学术著作的数字出版与全媒体运营发展背景环境进行深入剖析,以期对现阶段我国中文学术著作数字出版和全媒体传播所处的环境有一个宏观认知。

## 第一节 政治背景分析

政治制度和政治环境对于社会活动的影响至关重要,出版活动离不开特定的社会政治制度和政治环境。本小节总结了当下三个与学术著作数字出版和全媒体传播相关的政治因素,分别是国家扶持学术科研及学术出版、传统出版业数字化转型与数字出版产业化、媒体深度融合发展趋势,通过搜集相关制度、政策规划、法律条文等信息,分析其对中文学术著作数字出版和全媒体传播的影响。

### 一、国家政策扶持学术科研及学术出版

国家对学术科研的大力支持是学术成果产生的前提,而学术成果的高产出是学术出版市场繁荣的基础。本部分将分别从国家扶持学术科研及国家扶持学术出版的角度进行相关政策分析。

## （一）国家全面推动科技创新

《中华人民共和国国民经济和社会发展第十三个五年规划纲要》《国家创新驱动发展战略纲要》《国家中长期科学和技术发展规划纲要（2006—2020年）》等文件曾明确指出，科技创新是国家发展的重中之重，要引导领军企业联合中小企业及科研单位布局创新链，技术创新俨然已经成为发展的重要目标。2018年国务院发布的《关于全面加强基础科学研究的若干意见》中提出"到21世纪中叶，把我国建设成为世界主要科学中心和创新高地，涌现出一批重大原创性科学成果和国际顶尖水平的科学大师，为建成富强民主文明和谐美丽的社会主义现代化强国和世界科技强国提供强大的科学支撑"的目标，陆续出台《国务院关于同意设立"全国科技工作者日"的批复》《关于深化科技奖励制度改革方案的通知》《关于印发科技领域中央与地方财政事权和支出责任划分改革方案的通知》《关于完善科技成果评价机制的指导意见》等文件，为扶持学术科研提供了政策支持。

在具体的落实措施方面，我国大力支持学术科研及科研成果转换：中央财政设立"国家科技成果转化引导基金"，以财政支持国家重大科技成果转化；减免部分科技人员个人所得税、免征科研机构和高等学校部分收入的营业税和所得税、免征国家大学科技园和科技企业孵化器的房产税和城镇土地使用税、免征或减征企业技术转让所得税等措施，给予我国学术科研活动以税收优惠支持；以政府采购形式确保科创成果的市场需求等措施，来确保学术科研健康持续发展。

## （二）国家大力扶持学术出版

创新已经成为一个国家国民经济可持续发展的基石，在我国创新创业的浪潮之中，学术出版领域正迎来发展的好时机。2011年，新闻出版总署在《新闻出版业"十二五"时期发展规划》中提到，该阶段应当充分发挥中国出版政府奖、国家出版基金的导向作用,并将国家学术论文数字化发布平台列入"新闻出版精品生产工程",带动原创学术文献数字出版的产业化、规范化、规模化发展。2011年9月,《教育部关于深入推进高等学校哲学社会科学繁荣发展的意见》一文发表,提出实施高校哲学社会科学"走出去"的计划,我国人文社会科学学术期刊开启了"走出去"的局面,优秀的学术期刊开始在国际学术界显露头角。

2012年,新闻出版总署为加强学术著作出版行为的规范化,发布了《关于进一步加强学术著作出版规范的通知》,学术著作出版规范的执行情况被视作中国出版政府奖评奖、国家级优秀图书推荐、国家重大出版项目和国家出版基金申报与验收,以及出版单位年检、等级评估等工作的重要参考条件。2014年,国家新闻出版广电总局发布《关于规范学术期刊出版秩序促进学术期刊健康发展的通知》一文,肯定了改革开放背景下,我国学术出版特别是学术期刊出版取得的显著成就:期刊品种数量增长;出版质量和学术影响力显著提升,学科门类齐全、基本满足科研学术交流需要的学术期刊出版体系初步形成;已出现一批享誉国内外的知名品牌期刊。

2021年,为进一步推动学术出版的发展,中共中央宣传部、教育部、科技部联合印发了《关于推动学术期刊繁荣发展的意见》,提出了"推动学术期刊加快向高质量发展阶段迈进,努力打造一批世界一流、代表国家学术水平的知名期刊"的发展目标。

在中央政府的大力扶持下,各级地方政府纷纷响应,发布了各自的学术出版扶持计划。如"云南省哲学社会科学学术著作出版资助项目计划""湖北省公益学术著作出版专项资金项目计划"等地方资助计划,通过政府的出资支持,激发学术著作出版活力。

## 二、传统出版业数字化转型与数字出版产业化

由于新技术和新媒体环境的迅速更新迭代,传统出版业发生了翻天覆地的变化,但在内容形式、传播渠道等诸多方面展现出了一定的局限,难以满足互联网时代受众多层次、个性化的文化需求,故传统出版业开始进一步积极探索如何利用新一代信息技术,采用以电子书、数据库等方式提供内容服务,开始走上数字化转型升级的道路。

在此背景下,国家出台了相应的政策推动传统新闻出版单位数字化转型升级,使之顺利进行。从"十二五"的逐渐推行到"十四五"的继续深入,出版业的转型升级经历了一个有规划的、延续的发展过程。

### (一)数字出版产业政策与规划

关键数字技术创新发展和应用,推动了数字技术与出版业的融合,催生了现代化的数字出版产业。而产业的发展离不开政策的指导和规范,政府与各相关管理部门相继出台了众多与数字出版产业有关的政策,进行引导和管理。

1. "十一五"规划期间(2006—2010年)。2006年,数字出版技术、数字化出版成为科技创新的重点发展方向。同年颁布了《中华人民共和国国民经济和社会发展第十一个五年规划纲要》《国家中长期科学和技术发展规划纲要》《国家文化发展规划纲要》,将数字出版归入到科技创新领域之中。随后,在2008年,新闻出版总署成立了专门的数字出版机构,为数字出版的落地提供了保障。2010年,新闻出版总署继续出台《关于加快我国数字出版产业发展的若干意见》,强调了数字出版产业的重要性。国家对数字出版领域的重视程度越来越高,其地位和作用日渐凸显。

2. "十二五"规划期间(2011—2015年)。2011年,"十二五"规划中提出了出版业产业结构调整和升级的目标,出版产业从主要依赖传统纸介质出版物向多种介质形态出版物的数字出版产业转型。同年,新闻出版总署在《新闻出版业"十二五"时期发展规划》中提出,应当顺应数字化、信息化、网络化趋势,推进新闻出版业转型和升级。在此基础上,国家新闻出版广电总局于2014年颁布了《关于推动新闻出版业数字化转型升级的指导意见》,指出传统新闻出版业必须主动开展数字化转型升级,实现跨越与发展。同年2月,国务院出台了《关于推进文化创意和设计服务与相关产业融合发展的若干意见》,指出要加强出版产业融合发展新业态,加快数字转化和网络化,通过改进出版企业技术和环保水平促进出版业的创新和发展。2015年,国家新闻出版广电总局数字出版司确定了首批28家出版单位作为专业数字内容资源知识服务模式试点单位、32家试点工作技术支持单位。

3. "十三五"规划期间(2016—2020年)。"十三五"期间,数字经济备受关注,我国出台了多项与数字经济发展相关的政策文件,为数字经济的有序发展指明了方向。

2016年,《中华人民共和国国民经济和社会发展第十三个五年规划纲要》发布,提出要加快发展网络视听、移动多媒体、数字出版、动漫游戏等新兴产业。数字出版首次被列入国家五年规划纲要,其发展已被纳入我国国家战略的顶层设计。相应地,国家新闻出版广电总局发布的《全民阅读"十三五"时期发展规划》一文指出要加快推进传统出版单位数字化转型升级,推动出版与科技融合发展。同年6月,国家新闻出版广电总局数字出版司发布《新闻出版企业数字化转型升级软件系统技术需求框架》,列出了出版企业在数字化转型过程中所需要的资源标识管理及关联构建工具系统、数字化编辑出版工具系统、数据采集管理工具等技术需求,并推荐67家数字化转型升级软件技术服务商,为出版产业企业数字化转型升级提供技术支持与保障。

2017年,国家新闻出版广电总局联合财政部发布了《关于深化新闻出版业数字化转型升级工作的通知》,提出"推动新闻出版企业加快完成数字化转型升级"和"初步建成支撑新闻出版业数字化转型升级的行业服务体系"两个目标,通过优化软硬件装备、开展数据共享与应用、探索知识服务模式等措施大力推动新闻出版业数字化转型升级工作的进行。同年6月,为进一步提升传统出版单位数字化转型升级效益,引导传统新闻出版单位建立科学完备的数字化转型升级内部制度保障体系,中国音像与数字出版协会出台了《新闻出版单位数字化转型升级制度保障体系建设规范》,从战略规划、运营管理、出版管理、人才培养、版权保护、资本运营、风险防控、监督激励八个方面进行体系构建,为新闻出版单位提供了制度管理的参考,促进了出版单位内部体系健全。

4. "十四五"规划期间(2021至今)。2021年,"十四五"规划就传统产业数字转型升级这一问题提出要促进数字技术与实体经济深度融合,赋能传统产业转型升级,催生新产业、新业态、新模式,壮大经济发展新引擎等实施措施。2021年2月,国家新闻出版署发布《关于出版业科技与标准重点实验室名单的通知》,确定"新闻出版智能媒体技术重点实验室"等42家实验室为出版业科技与标准重点实验室。2021年4月,中国音像与数字出版协会知识服务与数字版权保护技术工作委员会成立,知识服务与数字版权保护技术工作进入到一个崭新的阶段。

(二)数字出版产业环境构建

在国家政策与发展规划等指导下,我国出版领域内部整体产业环境正在发生着激烈的变化,产业标准建立、行业标准统一、人才培养激励、数字版权保护等方面的建设正在如火如荼地进行着,良好产业环境的构建为我国数字出版产业化发展及出版产业数字化发展奠定了基础。

1.标准规范产业。2019年5月,中国音像与数字出版协会成立了团体标准委员会,发布了《ISLI服务注册元数据规范》等5项团体标准,立项了《数字内容资源分类规范》等21项团体标准。作为新闻出版标准体系的一项新生事物,团体标准的出现,客观上是对国家标准、行业标准、企业标准体系的重要补充,填补了我国新闻出版标准化体系的空白。

在行业标准层面,2019年7月,国家新闻出版署批准发布了14项行业标准,其中有10项属于数字出版行业标准,涉及数字图书、报纸新媒体、数字阅读、有声读物及AR技术等在出版业的应用。包括《出版物AR技术应用规范》《报纸新媒体内容传播量统计》《数字图书阅读量统计》《专业内容数字阅读技术》等涉及的4项标准(标准体系表、阅读功能与标签、产品封装、多窗口数据通信)和有声读物涉及的3项标准(录音制作、发布平台、质量要求与评测)等。

在国家标准层面,2019年12月31日,我国国家市场监督管理总局批准发布了169项国家标准,《新闻出版知识服务系列标准》(7项,GB/T 38376—2019 ~ GB/T 38382—2019)赫然在列,7项新闻出版知识服务标准涵盖了主题分类词表编制、基础术语、知识关联通用规则、知识单元、知识元描述、知识资源通用类型及知识资源建设与服务工作指南。我国新闻出版知识服务体系正式具备了国家划归的市场标准分类。

至此,我国新闻出版标准化工作形成了国家标准、行业标准、地方标准、团体标准和企业标准相互补充融通的多层次发展格局,标志着我国新闻出版行业标准体系建设迈入了市场化探索的新阶段。

2.行业标准统一。为形成完整的内容数字化加工规范系统,实现产业链延伸与增值,我国相关各部门推出《内容资源数据化加工》《数据加工规格》《数字出版产品内容标引规范》《新闻出版数字内容对象存储、复用与交换规范》《数字教

材标准体系表》《出版二维码技术应用要求》《复合数字教材制作质量要求》等行业标准。

统一的加工生产规范为出版物的采编印刷提供了巨大的便利。同时,以文件规范的形式统一行业标准能够加强行业内的协同合作性,真正地提高生产效率,构建互联的生产环境。

3. 人才培养激励。在数字出版产业环境中,我国不断改进人才的评价与选任机制,采取各种措施激励从业人员的生产积极性。例如:深化出版专业技术人员职称制度改革,创新评价方式,打破户籍、地域、身份等制约,畅通各类出版专业技术人员职称申报渠道;对从事与数字出版相关的非公有制经济组织、社会组织的出版专业技术人员推出考试、评审等措施;对出版企事业单位中经批准离岗创业或兼职的专业技术人员,将其创业或兼职期间相关工作业绩作为职称评审的依据。通过改革形成更加科学合理的出版专业技术人员职称制度,充分调动广大出版专业技术人员的积极性,营造有利于出版业转型升级和数字出版繁荣发展的良好氛围。

同时,为了大力推动新闻出版业人才建设步伐,培养一批新的面向现代化、数字化的数字出版人才,国家广播电视总局实施了"数字出版千人培养计划",阶梯式培养融合出版领军人才、骨干人才与专业人才。

4. 数字版权保护。由于网络环境的开放性与可复制性,电子数据的版权一直是一个模糊地带,新版《最高人民法院关于民事诉讼证据的若干规定》的出台,明确了电子数据的范围,为电子数据的信息版权提供了切实可靠的审查判断规则。2017年国家版权局还发布了《版权工作"十三五"规划》,强调数字出版中也要严格实行版权保护措施;并修订《著作权法实施条例》《信息网络传播权保护条例》等配套行政法规、著作权法律法规,使体系进一步完善。

### 三、媒体深度融合发展趋势

数字化技术的不断发展使各种媒介间的相互渗透与协调发展成为未来出版领域发展新趋势,传统媒体与新媒体融合而生的全媒体时代已经到来。在这一时代背景下,推动媒体融合发展已成为出版业的共识,而相关管理部门也出台一系列重要的融合发展政策,推动政策体系不断健全。

2014年,中共中央全面深化改革领导小组第四次会议审议通过的《关于推动传统媒体和新兴媒体融合发展的指导意见》指出,推动传统媒体和新兴媒体融合发展是适应媒体格局深刻变化,提升主流媒体传播力、公信力、影响力和舆论引导能力的重要举措;将媒体融合提升至国家战略高度。

2016年7月,国家新闻出版广电总局印发《关于进一步加快广播电视媒体与新兴媒体融合发展的意见》,强调广播电视媒体的融合发展已经是大势所趋。同年,中共中央办公厅、国务院办公厅印发《关于加快推进媒体深度融合发展的意见》,一方面明确了媒体深度融合发展的总体要求;另一方面从人才培养、资金使用等角度指出了融合的方向。除此之外,新闻出版广电总局公布的20家融合发展重点实验室和42家科技与标准重点实验室,以实验室作为重要试点,时刻紧跟新技术前沿,围绕出版融合重大课题、重大项目和重大发展方向攻关,为传统出版和新兴出版融合发展提供智力支撑、技术保障和示范经验。

2019年,科技部等六部门印发的《关于促进文化和科技深度融合的指导意见》提出,要推动媒体融合向纵深发展,加快党报党刊、通讯社、电台电视台等传统媒体的网络化升级,搭建"内容+平台+终端"的新型内容生产与传播体系,推动媒体深度融合。

2020年9月,中共中央办公厅、国务院办公厅印发《关于加快推进媒体深度融合发展的意见》,进一步强调了媒体深度融合发展的重要性,并指出要从优化资

源配置、运用先进技术、培养全媒体人才、强化资金保障出发,构建全媒体传播体系。各地相继出台了促进媒体融合发展的实施措施,由上到下初步构建了媒体融合的制度框架,为促进我国媒体融合发展提供了制度保障。

2021年3月,"十四五"规划明确指出,推进媒体深度融合,做强新型主流媒体;规划还将全媒体传播和数字文化列为社会主义文化繁荣发展工程,强调实施出版融合发展工程。同年5月,国家新闻出版署印发了《关于组织实施出版融合发展工程的通知》,强调推动出版业深度融合发展是一项系统工程,需要全面推进和重点突破相结合,在全面规划部署出版业融合发展的同时,以出版融合发展工程为重要抓手,聚焦重点领域和关键环节打造示范样本,引导带动全行业深化认识、提高站位、主动推进、系统谋划,形成融合发展、高质量发展的内驱动力和有效行动。坚持示范引领、分类指导、突出重点、扶优助强的原则,综合运用绩效评估、资金资助、宣传推广、案例教学、政策支持等多种手段,培育出版融合发展第一方阵。

## 第二节 经济背景分析

出版活动既具有文化属性,又具有经济属性。其中,社会经济的发展为出版活动提供物质条件,经济因素是推动学术著作出版的重要背景因素。本节通过文献查阅,分别从我国整体经济状况、出版产业、数字出版产业几个维度对我国学术著作数字出版和全媒体传播的经济背景进行分析。

### 一、我国整体经济状况发展良好

学术著作的消费属于满足基本物质需求之后的精神消费,因此本文主要考察人均可支配收入和全国居民人均教育文化娱乐领域支出两个指标。人均可支配收入是能够用作个人消费支出或储蓄的数额，它的高低直接影响消费者支出的多少，形成实际购买力。全国居民人均教育文化娱乐支出则直接说明全国居民在教育文化娱乐领域的支出情况，反映文化领域支出。从国家统计局提供的具体变化趋势数据可以看出，我国人均可支配收入和全国居民人均教育文化娱乐支出均逐年上升，人民生活水平逐年大幅度提高。在实现了"站起来"到"富起来"的目标之后，正大踏步地向着"强起来"的方向发展。教育文化是一个国家实现强国富民的根本，伴随着经济水平的提高，教育的发展必将成为重中之重，这也为学术著作市场的扩张提供了有利条件。

**二、我国出版产业持续发展**

出版产业作为我国文化生产领域的重要组成部分，其内容产品承担着宣传教育的功能，在教育领域扮演着举足轻重的角色。因此，我国最初出版产业实行的事业管理，目的更偏向于对文化教育领域的传播物进行严格的监管。而伴随着市场经济的发展和高新技术的冲击，事业管理模式现已造成出版单位发展缓慢与竞争力下降，产生的盗版横行、贩卖书号、垄断市场等行为则严重干扰了整体文化市场发展。因而，应逐渐将事业单位纳入到市场竞争中，进行企业制度改革。在此过程中，市场角度的分析对于出版产业的发展至关重要，因而广受关注。

（一）第三产业占比持续扩大

三大产业的占比是当前划分发达国家与发展中国家的一个依据，第三产业服务业的发展水平还是衡量一个国家发达程度的重要指标。根据国家统计局提供的我国2010—2019年的三大产业GDP占比变化趋势可以看出,我国2010—2019年第一产业一直保持较为稳定的占比,第二产业保持较高占比,但是总体上呈现出占比下降的趋势。这符合我国一直以来产业转型的发展现状。值得关注的是,第三产业在国内生产总值中保持较高占比的同时占比越来越高,并在2012年以后超过了第二产业的占比,成为国民经济产出的最大部类。且第三产业的总体发展呈现出扩大的趋势,在之后的发展中,第三产业预计占比将会继续扩大。

(二)文化产业成为国民经济支柱

党的十七大提出"推动文化大发展大繁荣",党的十八大将"文化强国"上升为国家战略,党的十九大强调要"坚定文化自信",文化建设在我国国民经济与社会发展中的地位不断提高,文化产业已经成为国民经济发展的新增长点和国民经济支柱产业。根据国家统计局提供的我国2012—2019年的文化产业产值数据,可以看出,2012—2019年我国文化产业产值总体上呈现上升的趋势,在2018年出现一个峰值,2018—2019年虽然产值上有所回落,但是总体上依然保持了较高的产值水平。我国文化产业增加值在GDP中所占比重不断上升,呈现出稳健增长的态势,继2016年增加值占比由3.97突破4.0跨越到4.14之后,2019年增加值的占比又是一个历史性的跨越。

(三)出版产业繁荣发展

文化产业的繁荣离不开各文化产业、各门类的共同发展。根据《文化及相关产业分类(2018)》对于文化产业的相关划分,出版产业所涵盖的编辑、出版、印刷、发行业务,在产业分类中占据了文化核心与文化相关两大重要领域的核心位置,出版产业在我国整体的文化产业中占据了重要地位。

# 第一章 学术著作出版活动背景分析

出版业在我国文化产业发展乃至国民经济发展中的重要地位没有改变。目前,第三产业尤其是文化产业在国民经济结构中所占的比重日益提高,文化产业已经成为带动国民经济增长的重要因素之一。作为文化产业中的重要组成部分,出版业在国民经济中亦占据举足轻重的地位,我国出版产业的繁荣发展是常态。当然,近几年受新冠病毒感染疫情影响,新闻出版产业出现规模下滑的异常情况,这也反映在国家新闻出版署2021年12月发布的《2020年出版产业分析报告》中。当新冠病毒感染疫情消除后,在原有各项条件不变的前提下,我国出版产业还将以常态模式发展。因此,下文的分析主要依据2020年以前的数据。

2020年10月,国家新闻出版署发布的《2019年新闻出版产业分析报告》(下称《报告》)显示,2019年全国出版、印刷和发行服务实现营业收入18 896.1亿元,较2018年增长1.1%;拥有资产总额24 106.9亿元,增长3.0;所有者权益(净资产)12 156.2亿元,增长3.0%。2017—2019年出版产业总体规模继续增长,经济规模保持平稳提升。2020年上半年受新冠病毒感染疫情影响,全国各出版公司均受到不同程度的影响,在生活生产逐步恢复后,出版业将整体恢复且逐步向好,延续"十一五"到"十三五"规划以来取得的重要成果,继续迈向新时代"十四五"发展新业态。

产业结构上,我国图书出版营业收入依旧保持较高增速,利润总额增长提速。值得关注的是,我国电子出版物出版营业收入增速显著加快,2019年已经超越传统的图书出版、音像出版等,位居所有出版物品类增速第一位,俨然已经成为出版业发展的重要板块。

出版业整体规模每年都在增加,每个细分市场也在同一时间增长。多元化产品的不断更新和多样化也反映出良好的市场效应。

## （四）数字出版产业高速发展

根据《报告》"十二五"时期以来，我国数字出版产业取得了高速发展，产业规模逐年递增，从 2011 年的 1377.88 亿元达到 2015 年的 4403.85 亿元，始终保持着 30% 以上的增长率，此后，发展规模持续上升，整体发展状态良好。根据 2019 年的数据，我国数字出版产业规模同样呈持续上升趋势，整体收入规模为 9881.43 亿元，较 2018 年增长 11.16%，成为产业发展的主要增长极。

其中，在线音乐达 124 亿元，网络动漫达 171 亿元，移动出版（移动阅读、移动音乐、移动游戏等）达 2314.82 亿元，网络游戏达 713.83 亿元，在线教育达 2010 亿元，互联网广告达 4341 亿元。数字出版板块中互联网广告、移动出版、网络游戏和在线教育最具升值空间。

### 三、财政政策支持数字出版产业

财政手段是国家用以宏观调控、实现资源有效配置的重要杠杆。财政调控作为数字出版宏观调控体系的重要组成部分和最有效调控方式，解决的是数字出版公共资金的投入与绩效问题。

2016 年国务院发布的《国家创新驱动发展战略纲要》曾指出明确目标，到 2020 年，我国知识密集型服务业增加要占到国内生产总值的 20%。同年中国新闻出版研究院正式建立知识资源服务中心。在国家出版基金、中华优秀出版物、中国出版政府奖等财政扶持政策中，数字出版的主题出版任务被不断强化，示范性作品层出不穷，2019 年 12 月公布的第七届中华优秀出版物（音像电子游戏出版物奖）30 个获奖作品中，有《信仰的力量》《将改革进行到底》等 18 个主题出版作品，占比高达 60%。这也体现在行业评价中。

由《报告》所反映的趋势可知，近年来中央和地方，都加大了对文化传媒项目的财政扶持力度。

(一)中央财政调控

在中央财政方面,2019年中央级的文化产业发展专项资金主要用于支持影视和文化两个领域的"走出去";2019年财政调控在数字出版领域的运用主要集中于中央文化企业国资预算金及国家出版基金中涉及融合出版的资金使用部分。《2019年中央文化企业国资预算的申报指南》表明,"仍然延续'规划制'+'绩效制'的方式,按照'退后一步,站高一层'的原则,继续在落实国家重点文化发展战略、推进文化领域供给侧结构性改革和调整文化领域国有资本布局结构三个方向给予重点支持"。

不同的是,2019年6月,中央文化企业国资预算陆续拨付至各企业,资金拨付更鲜明地体现了"扶优扶强、注重示范"的特点:部分市场化程度高、产业化规模初显的企业得到支持资金更多,国资预算的注入更有利于其做大做强,推进数字出版的产业化发展,进而更好地体现国资预算资金的示范撬动效应。2019年9月,《财政部办公厅关于编制2020年中央文化企业国有资本经营预算的通知》(财办教〔2019〕18号)文件下发,2020年中央文化企业国资预算的编制与以往相比,支持重点调整幅度较大。相对于2017—2019年的国资预算编制,2020年的支持重点具有"不变与变"的显著特点。

"不变"的是"落实国家重点文化发展战略、推进文化领域供给侧结构性改革、调整文化领域国有资本布局结构"这三大支持方向,沿袭了前三年的做法。"变"的是"落实国家重点文化发展战略"部分,新增了"发展骨干中央文化企业,推动产业关联度高、业务相近的国有文化企业联合重组,推动跨所有制并购重组,促进产业结构优化升级,提高规模化集约化专业化水平。推动全国有线电视网络整合和智能化建设,建立互联互通、安全可控的全国性数字化文化传播渠道""推

进文化领域供给侧结构性改革"部分,鲜明体现了数字出版发展由初级阶段向高级阶段过渡的特点——由转型升级上升到融合发展,由融合发展升级到深度融合。还新增了"支持运用新技术、新机制、新模式,加快融合发展步伐"的表述,强化5G技术、区块链、人工智能等新技术以赋能出版的趋势,突出项目、科研、人才、运营等新机制助力融合的重要性,隐含着数字出版公司制发展模式等传统部门制发展模式的扬弃与超越。"调整文化领域国有资本布局结构"部分,首次强调文化与科技、旅游、农业、制造业、建筑业等国民经济产业的融合发展,体现了文化对经济社会发展的辐射力、助推力和影响力。此外,对中央文化企业国际传播能力、中华文化的国际话语权也有进一步的强化表述。

(二)地方财政调控

地方性数字出版产业自2017年中央文化产业发展专项资金取消对其直接支持以后,一度陷入迷茫或中止状态,有的出版企业取消或调整数字出版部门,但有的出版企业按照公司制发展模式推进体制创新,建立适应市场化、产业化的造血机制。值得欣慰的是,近几年在地方财政层面,北京、上海、重庆、广东、陕西等省市财政厅局纷纷出台了一系列鼓励、支持和引导数字出版发展的专项政策资金措施,加强对数字出版的财政调控。

2019年,北京市先后出台了《关于推动音乐产业繁荣发展的实施意见》《关于推动北京游戏产业健康发展的若干意见》等政策文件,分别针对数字音乐与数字游戏的研发、制作、传播等关键环节出台了扶持措施,同时加大了财政资金投入力度,按照每年1500万元的资金规模,投入到奖励、扶持数字出版精品的生产之中;上海市以促进文化创意产业发展财政扶持资金,支持原创图书出版、报刊出版转型、发行渠道和实体书店建设、印刷产业与数字出版融合创新、版权产业与国际传播;广东省文化繁荣发展专项资金扶持文化产业发展项目,资助重点包括传统媒体和新兴媒体融合发展项目、文化创意和设计服务与相关产业融合发展项目等,资助范围包含数字出版、电子阅读器、数字报刊、网络出版、网络游戏、网络音乐、数字娱乐等文化新业态的生产、营销与服务全产业链;陕西省设立省级文化产业发展专项资金,重点扶持包括广播影视、出版发行、演艺娱乐等传统产业改造升级项目,网络出版、网络视听、动漫游戏、新兴媒体等文化新业态项目;重庆市的文化产业发展专项资金,支持了重庆出版集团安全阅读云(文化教育大数据中心)、西南大学出版社中小学分级阅读智能数字服务平台等数字出版项目;等等。

以上地方财政措施有效地促进了地方性数字出版产业的自我管理与自我发展。中央财政中止直接扶持,催生了地方政府的发展活力,使之能够根据自身发展需求实施个性化的战略。这是一种有效的补充和转换,减轻了中央财政调控压力,同时促进了区域性企业集团的集群化发展。

## 第三节 社会背景分析

出版活动是一种文化活动,从属于社会文化范畴。因而,社会环境对于学术著作出版的影响首先在于受众与市场这一立足点,而数字化设备与数字阅读方式都是受众在信息技术发展环境下形成的新需求,正是这些需求推动着传统的纸质出版方式向数字化转型升级。数字化阅读方式的普及又推动了知识付费时代的到来。知识内容通过印刷与销售实现价值的传统方式正在转变,互联网压缩了产业链条,扩大了原有的产品交易市场,能够更好地使学术著作(研究

者的科研成果)在展示、流通、评价过程中满足学术资源获取及学习两个层面上的需求。

**一、数字阅读的普及**

数字阅读的普及首先得益于数字阅读设备的发明创造与推广,电脑、智能手机、MP4等数字阅读终端设备的普及,打造了新的阅读方式。

根据中国互联网络信息中心(CNNIC)2021年2月发布的《第47次中国互联网络发展状况统计报告》显示,截至2020年12月,我国网民规模为9.89亿人,互联网普及率达70.4%,较2020年3月提升5.9个百分点。近十亿网民构成了全球最大的数字社会。截至2020年12月,我国的网民总体规模已占全球网民的五分之一左右。除此之外,网民使用台式电脑上网、笔记本电脑上网、电视上网、平板电脑上网的比例分别为32.8%、28.2%、24.0%和22.9%,均较2020年3月有所降低。

但截至2020年12月,我国网民使用手机上网的比例达99.7%,较2020年3月提升0.4个百分点。说明在互联网市场规模不断扩大的同时,也更多地呈现出了以手机上网为主的移动化发展态势。

互联网用户数量增多为数字出版市场的打开和持续发展提供了保障,尤其是移动设备的普及推广改变了使用纸质媒体的阅读方式,人们的阅读内容、方式和理念都在发生着数字化的变化,我国进入到了一个"数字阅读"的新时代。

在各类数字化阅读载体方面,2020年有超七成的成年国民进行过手机阅读;两成左右的成年国民使用平板电脑进行数字化阅读;除此之外,有超七成未成年人接触过数字化阅读。

我国网民数字化阅读接触率呈逐年增高的趋势。人们生活节奏加快使阅读时间碎片化,而数字出版的移动阅读终端解决了传统纸质出版物不易携带的问题,成为碎片化学习的优选方式。《2019年度中国数字阅读白皮书》显示,截至2019年,我国数字阅读的读者人数已经达到4.7亿人,人均电子书接触量近15本,接触20本以上电子书的用户超过整体人数的一半。可以预见,以手机为介质的移动阅读、社交阅读必将成为数字时代阅读的大势所趋。

## 二、知识付费意识增强

网络支付技术的成熟带动了知识付费理念的兴起与普及。优质数字资源的付费阅读逐渐被用户接受,为数字出版产业链的发展提供了良好的消费基础。知识付费市场的逐步成熟也为学术著作的数字出版和全媒体传播提供了现实基础。

2019年,知识付费步入到一个平稳期,以喜马拉雅、得到、知乎等知识互动平台为头部的企业布局逐步形成。此时的付费内容资源以音频为主要形态,辐射手机、智能音箱、车载电视等多种终端和应用场景。2021年4月,第七届中国数字阅读大会发布的《2020年度中国数字阅读报告》显示,随着我国居民数字阅读习惯的养成,越来越多的用户愿意为高质量内容买单,付费意愿高达86.3%。

知识付费已经历从2015年开始为期四年的快速发展,其用户规模从0.48亿上升到2.92亿,同时其付费转化率也由5.5%上升至10%,经历了从资讯、信息付费向教育、培训等领域转变的模式升级。表现出人们对于高效获取知识的途径具有一定付费意愿;同时从内容向服务产品形态演变,表现出用户已经不满足于单纯的内容供应。与目前已经有大量成熟产品及成熟运营模式的知识付费类产品不同,学术出版目前还停留在知识经济粗放时代——数字化内容供应还没有实现对于学术需求的进一步挖掘和满足。

## 三、学术著作市场持续扩大

一个国家的文化教育发展水平与人们对文化知识的获取程度直接挂钩,学术信息资源产业的主要功能就是进行知识的生产和传播,因而学术领域的发展离不开教育和科研的投入与支持。近年来,经济发展水平提高,社会各界对教育和科技的重视程度增加,我国对教育资金等各方面投入均有了较大幅度提高,教育水平逐渐提高,高素质人才数量不断增加。随着科教兴国、创新发展驱动等理念的提出与广泛传播,人们对知识的重视程度有了提高;互联网技术的出现与应用又解决了知识资源流通渠道与生产传播的问题,人们可享受到不同类型的知识培训,同时能感受到对知识资源进行不同维度开发的重要性,推动整个社会对知识开发和服务的重视,导致出版行业对知识服务也有了重新的认识。学术出版与学者群体同样属于整个社会的一部分,对知识的利用和交流形式也有着迫切的需求。

根据国家统计局人口抽样调查数据显示,2015—2019 年我国高中、大专及大专以上人口数量均逐年增加,受教育程度的增加将进一步拉动人们的文化需求,提高审美诉求和水平,从而提升对媒体内容质量的要求。从高等教育的发展情况来看,普通高校和研究生培养机构的数量呈逐年增长的态势,普通高校在校本科生、研究生数量也呈逐年增长的态势,高校的专任教师数量同样呈逐年增长的态势。具体数据如表1-1 所示。

表1-1 2015—2019年高等教育发展数据

| | 2015 年 | 2016 年 | 2017 年 | 2018 年 | 2019 年 |
| --- | --- | --- | --- | --- | --- |
| 研究生培养机构数(个) | 792 | 793 | 815 | 815 | 828 |
| 普通高等学校数(个) | 2560 | 2596 | 2631 | 2663 | 2688 |
| 普通高校在校学生数(万人) | 2625.3 | 2695.8 | 2753.59 | 2831.0 | 3031.53 |
| 研究生在校学生数(万人) | 191.14 | 198.11 | 263.96 | 273.13 | 286.37 |
| 普通高等学校专任教师数(万人) | 157.3 | 160.2 | 163.3 | 167.3 | 174.0 |

在校学生毕业论文的完成,以及全国科研、教育、医药卫生等领域约8000万专业技术人员科学研究工作的开展,都离不开学术出版资源的支撑,特别是对于研究前沿和重点的把握,更需要跨国出版集团将全球优质的学术资源带到中国市场。高校、研究生培养机构及学生、专任教师数量的逐年增长,为中国学术出版市场带来了更加强烈的需求,给在中国学术出版市场中的出版机构带来了机会。

在支持客体方面,建设世界一流大学和一流学科,是党中央、国务院继"211工程""985工程"之后在高等教育领域做出的重大战略决策,简称"双一流"建设。2015年8月,中央全面深化改革领导小组会议审议通过《统筹推进世界一流大学和一流学科建设总体方案》,开启了"双一流"建设的步伐;同年11月,国务院将"211工程""985工程""优势学科创新平台"等重点建设项目纳入"双一流"的建设,统筹推进我国建设"双一流"的进程。2017年1月,经国务院同意,教育部、财政部、国家发展和改革委员会三部委联合印发了《统筹推进世界一流大学和一流学科建设实施办法(暂行)》;同年9月,教育部、财政部、国家发展和改革委员会联合发布了"双一流"建设名单,即《关于公布世界一流大学和一流学科建设高校及建设学科名单的通知》,首批入围高校137所,其中世界一流大学入围高校共42所,一流学科入围高校95所,共有464个学科入围首批双一流名单;同年10月,习近平总书记在十九大报告中指出,要加快"双一流"建设。"双一流"建设的推进,推动了我国高等教育的发展,直接促进了高等院校的教师人才引进与生源扩招,为学术出版市场带来了新的机遇;同时入围"双一流"建设的高校对于学术资源数量与质量的需求更加广泛和深入,这也给学术出版市场带来了新的结构性机会。

当然,伴随着学术市场需求的扩大和数字化技术的应用,学术界出现了日益增长的科研需求与内容服务滞后的矛盾,即需要从提供文献信息内容向提供知识服务转变、从提供学术交流工具向提供学术发现工具转变。对于学术出版而言,须适应变化趋势,满足研究者使用需求,实现知识服务价值回归。学术界也在期待技术驱动带给学术研究新的变革。

## 第四节 科技背景分析

科学技术作为第一生产力,是促使社会不断向前发展的最活跃因素。科学技术对社会经济发展的推动作用不仅体现在生产技术的改进上,也体现在产业的结构性变革上。在文献分析中,虽然针对不同类型的服务内容,文献会涉及各方面重要技术概念与应用实践,但本文只选取其中具有共性和典型性的要素进行讨论,包含网络化存储技术、语义出版技术、关联数据技术、数据挖掘技术等。

出版业的科技环境具体指的是影响产业生存和发展的科技水平、科技因素及人们对技术的使用情况等。其中,数字技术对出版业的推动是明显的,其科技创新改变了信息知识内容的呈现、传播和消费方式,并驱动着产业链的重构和优化。

### 一、新兴技术在出版领域的应用

技术的发展和进步是数字出版和媒介融合顺利发展的前提。通信技术的进步、移动智能设备的普及、应用程序的优化、网络支付技术的成熟,都对数字出版产业链的形成和发展产生了积极又深远的影响。

《"十四五"规划》指出,以大数据、区块链、云计算、AI人工智能、VR、AR等为核心的新兴数字技术为数字产业的发展带来了新的机遇。在此背景下,出版业与新技术进一步融合,必将为传统出版业带来新的发展机遇。

(一)VR、AR、MR

VR(Virtual Reality,虚拟现实技术)、AR(Augmented Reality,增强现实技术)、

MR(Mixed Reality,混合现实技术)等丰富了内容呈现形式,使出版内容更加丰富、多元,变革了人类认识世界和改造世界的方式。VR、AR、MR技术在出版领域的应用,不仅为出版物的增值服务创造条件,还创造了新的出版形式,有着巨大的发展潜力,甚至有可能成为新的平台级应用。

(二)区块链

2020年,我国区块链技术研发不断创新,产业规模扩大,企业数量快速增长,技术的应用实践取得实际进展。在数字出版方面,区块链等技术主要用于数字版权保护,在优化内容发布环境上发挥了重要的作用。在数字内容分发方面,区块链技术的应用有助于实现数字内容在转售、借出、赠送等过程中的保护,如区块链技术可以协助数字创意实现更精准的版权定位,切实保护用户的创作、改编、加工等权益。如此,作为数字文化产业的核心与难点的版权保护问题,可以得到更加有效的处理,版权也可以进一步凸显其价值,进而使数字版权市场健康有序地运行。

(三)AI与大数据

在数字出版领域,AI(Artificial Intelligence,人工智能)运用计算机算法,将内容生产、分发等环节中人的感官信息、经验知识、逻辑判断等数字化,经过数据处理转化为服务的指导信息,以此来提高数字阅读内容的供给质量和精准化程度。

大数据等技术的应用可改进传统出版流程、提升出版效率,在选题策划、图书营销等环节均发挥着作用,基于大数据的智能分发和个性化需求分析正在改变着出版业的产品生产与服务模式。如人民法院出版社于2016年承建的大数据和人工智能平台"法信"与中国人民公安出版社2017年建设的公安专业智能化知识服务平台"中国警察智识数据库",都是利用信息的互联和共享实现数据的精准化服务。

(四)5G技术

2019年,我国5G正式落地,数据传输的速度将进入到一个光速时代,更快的传输速度、更大的存储容量、更清晰的声画等都是5G技术带来的变化。而在现有技术层面上的技术革新必将推动现有的生活方式、消费习惯等发生改变,也推动生产方式、产业分工等发生改变,在这个过程中如何利用5G技术,将会是未来较长时期出版业技术升级的新课题。

**二、实施出版产业新型基础设施建设**

2018年12月,中央经济工作会议首次提出新型基础设施建设(简称"新基建")的概念。习近平总书记指出,要加快5G基站、特高压、城际高速铁路和城市轨道交通、新能源汽车充电桩、大数据中心、人工智能、工业互联网七大领域的基础设施建设,涉及诸多产业链;强调要大力推进科技创新,着力壮大新增长点,形成发展新动能,满足高质量发展的需要。2019年,新基建被正式写入政府工作报告,我国文化新基建步入加速期,文化新基建的顺利实施将为实现数字化转型与融合创新奠定了基础。

新基建对学术著作的数字出版和全媒体传播的宏观影响,可以归纳为以下几个方面:第一,新基建的直接目的在于刺激经济发展。在全球新冠病毒感染疫情快速扩散蔓延使出口贸易与消费水平受到较大影响的情况下,投资成为刺激经济增长的主要手段,全国经济良好运转,保持稳定发展,是出版产业持续发展创新的前提条件。第二,新基建是为建立现代化经济体系的国家基本建设与基础设施建设,其最终目的是实现整体的技术升级、产业升级、经济结构升级,而明显提高的技术实力及更加合理的经济结构,可以推动我国出版产业的数字化和数字出版的发展。第三,技术进步具有低延时、高保真、全时空、多感官等特性,新基建导致的技术进步和生产力进步与提升,有力地推动了传播环境质量的提升。新基建项目的建设还使渠道和手段成为高效的公共资源,出版产业实现新的赋能。简而言之,新基建改善了出版所处的经济背景、社会背景和科技背景,进一步间接地促进出版业的发展。

另外,新基建的顺利进行,对数字出版与全媒体传播的直接影响也是显而易见的。新基建带来的技术便利,足够打破如今各行业之间的壁垒,促进各行业之间的跨界融合;新基建必然带来数字文化产业的新一轮产业交融,催生新的出版业态和传播形式,如近年来不断涌现的垂类直播、社交电商、算法媒体、云游戏、数字书刊亭、电子公交亭、农家书屋、国网职工书屋、教育融媒体等概念。行业新业态又将进一步引起既有的市场结构发生变化。

### 三、数字技术在学术著作出版中的具体实践

在信息化时代,信息成为重要的资源,掌握信息对于企业占领市场具有至关重要的作用,出版产业也不例外。新兴数字技术真正地应用到学术出版领域中,使传统的信息流动与传播模式出现较大的变革,互联网又使市场供求信息和产业内商业数据的传输更加高效开放,因而,数字技术能够更好地发挥学术著作的功能与作用。

(一)按需出版

1999年,计算机网络技术已经发展到可以实现"联机实时出版",或称"按需印刷"。顾名思义,这种出版模式指的是能够按照读者预定的需求来印刷图书,实现生产和需求的直接对接,进而有效改善图书脱销或库存积压的难题,降低管理、流通与存储的成本。凭此优势,这种实时印刷销售模式在全球普及开来。

按需出版的出版模式,能够有效增加小销量图书的销售,避免图书供需不对等时造成的经济损失。例如:某些绝版书、脱销书每年都有一小部分市场需求,受销售地区等因素的限制,部分读者的需求无法实现与满足,大规模的出版印刷

发售成本又过高且极易造成亏损。通过按需印刷能够有效解决以上难题,实现点对点的精准服务。以亚马逊公司为例,其"书浪"公司就致力于制作绝版图书、弱动销图书的按需印刷业务。我国的商务印书馆也开始了类似的尝试,借助数字技术提供搜索和推荐服务,将百年历史中的绝版图书通过按需印刷的方式进行二次使用。

由于学术著作专业性强、读者面窄、普遍发行量不大,按需印刷能迅速且低成本地完成小批量图书出版制作,目前国内很多出版单位都根据学术著作出版的特殊性,利用数字印刷技术采取按需印刷的方式出版该类书籍。

(二)在线数据库

数据库将数据进行汇集、整理并加以结构化,形成集成信息供读者和用户检索浏览,并通过有效的组织和管理,突破传统纸介质图书信息分散、检索不易等不足,实现数据库与数据库之间的汇聚与集中管理,扩展传统数据库的存储与检索功能。同时,利用算法、数据抓取等数字技术可以实现信息的关联或链接,为用户检索和使用数据提供便利。

(三)参考文献辅助编校系统

GB/T 7714—2015《信息与文献 参考文献著录规则》将文后参考文献定义为撰写或编辑论文著作而引用的有关文献信息资源,源于科学研究时需要参考的各类文献资料,是学术论文和学术著作中必不可少的元素之一。对于编辑来说,参考文献的校对是出版工作的重要组成部分,而参考文献编校一直是花费时间较多的工作,其准确性关乎学术出版的质量。在传统的出版工作中,对于参考文献只能依靠人工校对,费时耗力,且准确性有限,极容易出错。

近年来,为了克服学术出版过程中参考文献编校缺乏准确性的问题,国外一些软件公司开始研发参考文献的相关编校软件。国际上知名的参考文献编校软件包括 EndNote、Mendeley、ProCite 等。目前我国只有单机版的 NoteExpress 和西安三才科技实业有限公司自主开发的国内首款网络版 NoteFirst 参考文献辅助编校系统。为克服这一短板,我国正在积极地开发参考文献辅助编校系统。而编校系统的投入使用,是技术提高学术效率、服务学术科研人员的一项重要体现,对其进行系统的开发与应用,将对我国整体的学术严谨性起到积极的监督、促进作用。

(四)学术不端检测系统

在传统的出版技术条件下,对学术不端行为的辨别只能以肉眼方式进行。在大多数情况下,编辑人员仅能依靠经验判断,准确率较低,对学术不端行为的抑制作用较为有限。而在网络信息技术高度发达的情况下,网络资源极大丰富,包括期刊、报纸、会议论文集、硕博论文、学术著作等数据库相继建立,重复率或相似度检测的对比数据库日趋成熟,为学术不端检测系统的研制提供了更为便利的条件,极大地提高了学术出版过程中对学术不端行为检测的可能性。

近年来,我国一些软件开发单位陆续发布了各种类型的学术不端检测系统,目前具有代表性的主要有 CNKI 学术不端检测系统、万方论文相似性检测系统和维普－通达论文引用检测系统三种。学术成果的检测对于抑制学术造假、创造良好的学术环境发挥了重要的作用。

(五)智能辅助审校系统

随着知识更新的速度越来越快,信息发布、知识传播的时效性要求越来越高,新闻出版从业人员编辑加工文字的工作量越来越大,编校质量面临的挑战也越来越多。与此同时,人工智能技术、自然语言理解技术、机器深度学习技术的发

展,为内容质量把关和提升提供了新的解决办法。

2019年12月,方正电子正式发布了方正智能辅助审校系统V1.0。这是方正电子联合数字出版技术国家重点实验室、高等院校、行业专家等一起进行技术研究和攻关的成果,也是在众多新闻出版单位的积极参与和应用检验下,经过不断迭代更新的产品,在字词审校、知识审校、格式审校、逻辑审校等方面都取得了实质性的进展。该系统是专门为新闻出版机构提供数字化内容辅助审校的工具,能够对内容进行多方面检校,包括字词检查、标点符号检查、文章逻辑检查、上下文查重、专业术语检查、敏感词检查等。

方正智能辅助审校立足新闻出版行业,并逐渐向整个文化传媒领域延伸,为出版社、报刊社、民营书商、排版公司、互联网企业、政府机关等机构的用户及作者、工作室等个人用户提供强大且易用的智能辅助审校服务。

(六)新媒体传播平台

互联网已经成为强信息传播媒介的代表,靠互联网技术的发展和"互联网+"技术的推广,使各类新媒体的社会影响力日渐扩大,而信息成为产业发展的重要资源,掌握了信息就代表着掌握了市场与用户。与传统纸质媒介的传播方式相比,微博、微信等新媒体有着更强的感染力和传播力,能够产生更广泛的社会影响力,其原因就在于此类大众传播方式尤其注重与广大用户和读者的互动及所提供信息的时效性。大量的信息资源和用户的强互动,使用户能够产生较强的参与感,并积极参与热点讨论,从而进一步感知和体验更多增值服务。

利用新媒体平台,出版社能够使数字出版的生产模式实现"编、印、发"到"集、编、传"的转变。集,主要是通过数字技术收集整理好相关信息和资源,并进行系统划分;编,是通过出版单位内部沟通来实现各部门之间的协调编辑;传,是以互联网为依托,利用新媒体或新媒介进行出版内容和产品的推广宣传,突破传统的出版传播形式,实现在线平台和多媒体传播。互联网使线性产业链形成闭环空间,创作者、生产者和消费者可以直接连接与融合。这一变化的优势在于,在互动的环境中消费者忠诚度更高,反馈更直接,可促进产品和内容的创作与改进,实现良性循环。

新媒体之所以发展迅速,一方面是因我国的互联网技术日趋成熟,居民家庭中的互联网基础设备也比较完善,国家加强了网络宽带的基础建设、鼓励互联网技术的创新和应用,这使互联网传播具备了较为充分的条件,中国互联网用户得以迅猛增加,用户上网的时间延长,推动着媒体的传统传播方式逐步向互联网传播转化,新媒体传播的发展步伐也越来越快;另一方面,随着5G时代的到来,移动通信技术越发强大,人们的交流方式发生根本性的变革,传统媒体在我们日常生活中的地位逐渐削弱,人们可以利用手机解决生活中的大部分问题,如衣食住行、听音乐、玩游戏、看新闻等都可在手机上实现,人们对手机的需求越来越大,依赖性也越来越强。

对移动通信的发展而言,我国不断增多的手机用户为其带来巨大的市场和发展潜力。而电子数码产品如手机、平板、笔记本电脑等丰富多彩,能满足用户的个性化需求,也促使这些产品的需求量逐渐增加。数码产品已经成为人们生活的重要组成部分,它们使媒体传播的方式不再单一,而互联网传播又使传播的速度更快、内容更加丰富,与用户之间的互动也更加强烈。

## 参考文献

[1] 任山庆. 学报数字出版与新媒体传播研究 [J]. 陕西行政学院学报,2014(3): 116–125.

[2] 谷宇. 学术规范的历史性与客观性:由"汪晖抄袭门"评价参考文献的规范性 [J]. 科

技与出版,2013(6):119-122.

[3] 张立.国家知识资源服务模式试点研究[J].出版参考,2019(7):8-12,25.

[4] 薛鑫."互联网+"时代数字出版的趋势[J].出版广角,2018(3):41-43.

[5] 国家新闻出版署.国家新闻出版署关于组织实施出版融合发展工程的通知[Z].2021.

[6] 国家新闻出版署.2019年新闻出版产业分析报告[R].2020.

[7] 中国新闻出版研究院.2019—2020中国数字出版产业年度报告[R].2020.

[8] 中国互联网络信息中心(CNNIC).第47次中国互联网络发展状况统计报告[R].2021.

[9] 比达咨询数据中心.2019年中国数字阅读市场研究报告[R].2020.

[10] 国家新闻出版署.2020年度中国数字阅读报告[R].2021.

# 第二章 相关概念与理论基础

科学研究需要一定的理论依据作为支撑,才能更加充分严谨。本章通过梳理已有研究成果,对"中文学术著作""数字出版""全媒体传播"三个相关概念及"出版的双重效益"等相关理论进行内涵的阐释与界定,以及外延的概括。

## 第一节 中文学术著作

本小节结合学界、出版界、管理部门和基金机构等部门的理论基础,对"学术著作"及其相似概念进行辨析,以期对"学术著作"进行较为精准的界定,并进一步对"中文学术著作"的概念与特点进行内涵与外延的阐释。

### 一、相似概念辨析

要界定"中文学术著作",先要界定"学术著作"的概念,最后再回归到"中文学术著作"上。但是在以往的学界研究中,学术著作并没有统一的定义,常作为学术图书、学术专著的同义词相互交替使用。为进行更加精准有效的研究,本部分将对学术图书、学术专著、学术著作三个相关概念做系统梳理与辨析,以得到中文学术著作综合界定的概念。

#### (一)学界

学界对学术图书、学术专著、学术著作等相关概念常做模糊处理,概念之间不做精准区分,视作是以学术研究为主要内容的同一大类出版物。赵明节曾对"学术图书"和"学术专著"进行了区分,但是将"学术图书"与"学术著作"当成同义词使用。赵明节认为学术图书(学术著作)是具有独特新颖的观点、严密精巧的结构、独创的文风的研究著作,其基本质素在于原创性与学术性。李亚飞亦将"学术图书"与"学术著作"作为同义词不做区分使用。孙玉玲将三个概念相互交替使用,并将学术著作定义为"著者在理论上对某一知识领域或某一专题作较系统、较专门分析、研究后创作的作品"。胡红亮则将学术著作较为概括地定义为"研究人员根据相关研究成果、在其长期研究积累的基础上,针对某一问题进行深入阐述后形成的供记录和复制传播的正式出版物",并指出学术出版物须具有一定的形式要素和内容要素,一般应有标准的图书管理编号以便进行管理和传播。

然而一部分学者认为,学术图书、学术专著和学术著作并不是可以相互替换的同义词,而是存在一定的概念包含与被包含的从属关系。从属关系的观点主要有两大类:有的学者则将学术图书视作一个大分类,其下包含学术著作这一类型,而学术专著又从属于学术著作;有的学者将学术作为图书分类的标签,将学术著作和学术专著同时纳入到学术图书分类下作为平行概念。

叶继元将学术图书定义为"内容涉及某学科或某专业领域,具有一定创新性,对专业学习、研究具有价值的图书",他指出学术图书作为一个大门类,其下包括学术著作、学术专著、学术论文汇编/论文集、会议录,以及大学及以上程度的教材、教科书和参考书等,在定义中强调其专门性、创新性、价值性与学术规范性。从他对"学术图书"内涵和外延的定义可以看出,他认为学术著作从属于学术图书,而学术图书的范围大于学术著作,同时还包含了一般不被认为是学术著作的教材教辅、论文集等。

叶继元将学术著作定义为"以问题或专题为中心,具有创新性和逻辑性,能自圆其说的学术图书,包括学术专著、学术进展评论、著作性研究指南、手册等"。不难看出,叶继元认为学术著作是学术专著的上位概念,在学术著作的定义中强调其专门性、创新性和逻辑性。叶继元将学术专著定义为"对某一学科或领域或某一专题进行较为集中、系统、全面、深入论述的著作",一般是对特定问题有独到见解,且大多是"自成体系"的单著或两三人合著的学术著作,包括单本专著、多卷集专著、专著丛书等。在定义学术专著的过程中强调其专门性和独创性,要求其具有集中、系统、全面、深入的特征,在著者数量上可以是单人创作,也可以是几人合著。与其上位概念学术著作相比,学术专著的内涵更小、外延更少。此外,叶继元还归纳出目前学界研究者更多倾向于使用"学术图书"这一词语,而出版管理部门、新闻界常用"学术著作"一词,基金机构较多使用"学术专著"一词这个规律。

刘永红认为学术专著从属于学术著作,学术著作从属于学术图书,指出学术著作、学术专著、学术图书划分的最本质区别在于三者的"学术含量"高低不同。学术图书是"自然科学和社会科学的专业工作者或者研究者,对某一学科或某一知识领域,从理论上做较专门、较系统的分析与研究的著作,包括学术著作、学术专著及学术论文汇编/论文集、会议录、高校教材/教科书、某学科百科全书等工具书/专业参考书,以及其他学术普及读物等作品",该定义将学术图书创作主体限定为"自然科学和社会科学领域的专业工作者和研究者",强调了专业性、理论性与系统性。

在此基础上,刘永红将学术著作定义为"自然科学和社会科学的专业工作者或研究者,对某一学科或某一知识领域,经过较专门、较系统、较深入地分析与研究撰写而成,或在理论上有创新见解,或在实践中有新的发明,或具有重要的文化积累价值的研究型著作,且学术著作不包括学术译著、科普读物、教科书、工具书、专业参考书及论文集、会议录、多人学术论文汇编等"。该定义与以上学术图书的定义相比，外延范围更小，更加强调其深入性和其成果价值，且在把学术著作价值进一步划分为新理论、新实践和具有重要文化积累价值的作品。

在学术著作之下，刘永红对学术专著进行定义时指出，比起学术图书和学术著作，学界研究者们对学术专著的使用和研究均较少，并指出学术专著的内涵和外延为"自然科学和社会科学的专业工作者或者研究者，对某一学科或某一知识领域，从理论上做较专门、较系统、较深入的分析与研究，具有较高原创性，能够在理论上具有较高创新或实验上有重大发现的研究型著作，一般不包括学术论文汇编/论文集、会议录、大学及以上程度的教材/教科书、专业参考书，以及其他学术普及读物等作品"。该定义和学术著作相比，更加强调其高原创性和具有重大的学术价值，"学术含量"更高，但是其外延跟学术著作类似，没有明显的区别。

与以上两位学者观点不同，学界也有一种划分是将学术图书作为上位，将学术著作、学术专著、教科书、论文集等作为并行内涵。

胡婕认为学术图书是学术著作的上位概念，她把学术图书定义为"专业领域内的研究者运用科学的研究方法在对某一学科、某一知识领域或者某种客观事物的发展进行专门性和系统性研究后创作出的作品"，突出强调了专业性、科学性、理论性和创新性。学术图书包括学术著作、学术专著、学术论文汇编、高校教材和具有较强学术性的一般图书。和叶继元所提出的学术图书与学术著作的内涵相似，胡婕也将学术图书作为一个图书大分类，学术作为一个分类标签；不同的是胡婕将学术著作和学术专著视作并列的学术图书类别。

苗杨认为学术图书广义上是学术著作和学术专著的上位概念，指出学术图书一般由相应专业领域中术业有专攻的学者完成,由专业素养较高的编辑负责编辑出版工作,涉及内容高度专业化,往往具有较高的学术价值。这个概念比起其他定义更加突出强调了图书生产过程中编辑工作的必要性和重要性。

(二)出版界、管理部门和基金机构

在出版界、管理部门和相关机构发布的各种文件中也经常使用"学术图书""学术著作""学术专著""学术书籍"等相关概念,但是对于"学术著作"的定义暂未形成一个统一的概念。

2012年,新闻出版总署在《关于进一步加强学术著作出版规范的通知》中将学术著作界定为"作者根据某一学科或领域的研究成果而撰写的作品",强调这些作品或在理论上有创新见解,或在实践中有新的发明,或具有重要的文化积累价值。从定义中可以看出其主要强调的是专门性、创新性及价值意义。通知所指学术著作包括哲学社会科学、自然科学等学科的研究型著作,将通俗理论读物、科普读物等排除在外。

国家科学技术学术著作出版基金委员会在《2021年度国家科学技术学术著作出版基金项目资助申报指南》中亦使用了"学术著作"这个名词,但是并没有对学术著作进行概念的界定,而是将学术著作分为学术专著、基础理论著作、应用技术著作三类。国家科学技术学术著作出版基金委员会认为,基础理论著作是基于国内外已有资料和前人成果之上的理论创新,而应用技术著作是基于国内外已有资料和前人成果之上的实践应用,对学术专著主要强调其独创性和价值意义,"学术含量"更高。具体定义划分与成立条件如表2-1所示。

表2-1 国家科学技术学术著作出版基金委员会对学术著作的定义划分

| 分类 | 定义 | 成立条件 |
| --- | --- | --- |
| 学术专著 | 作者在某一学科领域内从事多年系统深入的研究，撰写的是在理论上具有创新或实验上有重大发现的学术著作 | （1）专门性、深入性、系统性、创新性<br>（2）价值意义 |
| 基础理论著作 | 作者在某一学科领域基础理论方面从事多年深入探索研究，借鉴国内外已有资料和前人成果，经过分析论证，撰写的是具有理论创新的、对科学发展或培养科技人才有重要作用的系统性理论著作 | （1）基于已有成果<br>（2）专门性、深入性、创新性<br>（3）价值意义 |
| 应用技术著作 | 作者把已有先进技术和经验及科学理论应用于生产实践，撰写的是能促进产业进步并给社会带来较大经济效益的著作 | （1）在已有成果的基础上<br>（2）应用性<br>（3）价值意义 |

人民出版社也曾制定了《人民出版社学术著作出版规范(试行)》，将学术著作(含学术译著)的概念界定为"作者在已有资料、前人成果的基础上，对某一学科或研究领域经过深入系统研究后撰写而成的，或在理论上有创新见解，或在实践中有新的发现，或具有重要文化积累价值的学术作品"，在此着重强调了研究的理论和实践基础。同时，出版物的专业性、价值性与创新性等特质备受关注，这与学界、出版界等多年来对于学术著作的定义相似。

### 二、中文学术著作概念界定

"学术"，在《辞海》中解释为"较为专门、有系统的学问"，《现代汉语词典》的解释为"有系统的专门学问"。可以看出，这两个解释都强调了学术的两个特征：专门性和系统性。而"学问"一词，其在知识的内涵上更加强调其系统性和客观性。如此，"学术"一词，可以解释为"专门研究某一领域客观事物及其运动规律的系统性的知识"。

综合以上各界对于学术著作的定义，可以将其大概拆分为研究基础、研究主体、研究对象、研究价值、研究特征几个元素。将以上研究或者文件中明确给出的学术著作定义进行详细解构与分析,结果如表2-2所示。

表2-2 学术著作定义解构与分析

| | 研究基础 | 研究主体 | 研究对象 | 研究特征 | 研究价值 |
|---|---|---|---|---|---|
| 《学术著作出版相关概念研究综述》 | | 自然科学和社会科学的专业工作者或研究者 | 某一学科或某一知识领域 | 专门性 系统性 深入性 | 新理论 新实践 文化积累价值 |
| 《学术图书路在何方?》 | | | | 创新性 系统性 原创性 学术性 | |
| 《中国学术图书出版发展研究》 | | 著者 | 某一知识领域或某一专题 | 专门性 系统性 | |
| 《学术著作可信度评价研究》 | 相关研究成果、长期研究积累 | 研究人员 | 某一问题 | 深入性 | |
| 《关于进一步加强学术著作出版规范的通知》 | | 作者 | 某一学科或领域的研究成果 | | 新理论 新实践 文化积累价值 |
| 《人民出版社学术著作出版规范(试行)》 | 已有资料、前人成果 | 作者 | 某一学科或研究领域 | 深入性 系统性 | 新理论 新实践 文化积累价值 |

由上表可见,已有的研究大多是从学术著作的研究主体、研究对象、研究特征做出界定,将研究基础作为定义的例子并不多,本文也采用这一做法。在研究主体方面,因为各界对"科学"的分类不一,若把作者局限于自然科学和社会科学领域,可能会造成对其他科学领域的疏漏,所以本文在界定时并不局限作者的研究范畴或范围。另外,有些界定将创作主体定义为"研究者"或者"研究人员",本文将创作主体界定为更加宽泛的"作者"。故本文综合以上文献和资料,对学术

著作和中文学术著作做出如下界定。

学术著作是作者针对某一学科或某一知识领域进行系统、深入地研究之后，产生的学术作品，或在理论上有创新见解，或在实践中有新的发现，或具有重要文化积累价值。中文学术著作则是作者针对某一学科或某一知识领域进行系统、深入地研究之后，产生的以中文写成的学术作品，或在理论上有创新见解，或在实践中有新的发现，或具有重要文化积累价值。

### 三、中文学术著作的范围

如中文学术著作的定义一样，各界对中文学术著作所包含的范围也莫衷一是。通过查阅资料找到如下观点。

2012年9月，新闻出版总署在《关于进一步加强学术著作出版规范的通知》中强调，学术著作包括哲学社会科学和自然科学等学科的研究型著作，不包括"通俗理论读物、科普读物"，并进一步指出"引文、注释、参考文献、索引等是学术著作不可或缺的重要组成部分"，这体现了学术研究的真实性、科学性与传承性，体现了对他人成果和读者的尊重，反映了学术著作出版水平和质量所在。

《中国学术图书出版发展研究》一文并未将学术著作的外延进行界定，但是从该文按八个不同分类标准将学术图书归纳成各种类型的内容来看，学术图书包括高校教材、参考手册和统计资料、文集、合集、大众型学术图书等。

2013年10月，《中国哲学社会科学类学术图书基本书目（1995—2005）》中确定了不属于学术图书的范围，包括各类大专以下（包括大专）教材，各类教学辅导材料、习题集，各类职业认证考试、等级考试教材及辅导材料，各类职业教育、岗位培训、励志类图书，各类科普读物、普及读物，各类文艺作品、工具书，各类政策法规、政府出版物等。

《2019年国家科学技术学术著作出版基金项目资助申请指南》把学术著作出版基金资助范围限定为学术专著、基础理论著作、应用技术著作,不包括译著、论文集、再版著作、科普读物、教科书、工具书等。《2021年度国家科学技术学术著作出版基金项目资助申报指南》曾列出不属于资助范围的情况,包括译著、论文集、再版著作(同一作者撰写的学术著作,从正式出版之日起5年内再次出版内容相同或相近者)、科普读物、教科书、工具书这几类作品。

2021年《云南省哲学社会科学学术著作出版资助项目申报公告》中指出,哲学社会科学学术著作的资助范围是"我省哲学社会科学工作者撰写的具有原创性、创新性和较高水平的学术著作"。申报出版资助项目,要体现鲜明的时代特征、问题导向和创新意识,着力推出高质量、高水平研究成果。基础理论研究成果,须立足学科领域和学术前沿进行深入研究,具有重要学术价值;应用研究成果,须对经济社会发展重大理论和现实问题进行深入研究,具有重要应用价值。

《河北省教育厅学术著作出版基金资助办法》(2018年6月)注明编著、译著、论文集,科普读物,教科书、一般工具书和数据库,音像制品、美术作品及文学作品这四类不属资助范围。

刘永红在《学术著作出版相关概念研究综述》一文中,概括学术著作的定义,总结出学术著作的主要类型,有助于划分中文学术著作的范围:一是学术成果专著,主要是指那些具有较高原创性、在理论上具有较高创新性或在实验上有重大发现的研究型著作;二是基础理论研究著作,主要是指具有理论创新性、对科学发展或人才培养有重要作用的系统性理论著作;三是应用技术著作;四是学术论文汇编/论文集、会议录(当然学术会议资料汇编、多人学术论文汇编都不视为学术著作,但作者本人就某一问题或某一专题撰写的学术论文集可被视为学术著作);五是其他学术普及类读物等作品。参考以上类型也可看出,通常而言学术

译著、科普读物、教科书、工具书、专业参考书等不纳入学术著作的范畴之中,但以学术专著、学术著作形式出版的教科书除外。

总结以上内容,对中文学术著作的范围即中文学术著作的外延,进行理论研究和实践使用的时候,一般很难准确列出哪些作品属于学术著作的范围,而应根据实际需要,列出非学术著作的范围。从上述文献可以归纳出,学术译著、科普读物、教科书、工具书、专业参考书等不具有原创性、专业性和创新性的出版物,一般不被纳入学术著作的范围。

## 第二节 数字出版

数字出版是一个伴随着技术更新迭代而产生的新概念,国内外目前对于数字出版并未形成统一的公认定义。本部分主要结合已有的文献和政策进行研究,对这一概念进行界定。

### 一、相似概念的辨析

作为新兴出版业态,数字出版发展过程中也伴生出数字出版概念界定的多元化这一现象,主要体现出对数字出版与电子出版、网络出版、移动出版等概念之间异同的辨析和理解。其中,不同的概念名称,代表着相应时代背景下的技术发展程度,是一种重要的表征。概念的演进也昭示着数字出版技术与产业的发展与革新。

(一)电子出版

1997年,国家新闻出版署颁布的《电子出版物管理规定》,将电子出版物定义为"以数字代码方式将图文声像等信息存储在磁、光、电等介质上,通过计算机或者其他具有类似功能的设备阅读使用,用于表达思想、普及知识和积累文化,并可复制、发行的大众媒体"。这里强调的关键:一是信息的数字化转化技术;二是以光盘、磁带、集成电路卡为代表的新型存储介质;三是电子传输与阅读设备。

(二)网络出版

网络出版是在电子出版的基础上,伴随着互联网技术的发展而出现的一种新的出版形式,是出版机构借助互联网进行的信息传播活动,也是出版机构通过编辑加工形成数字出版物,利用互联网进行发行销售的过程。2002年,新闻出版总署和信息产业部颁布的《互联网出版管理暂行规定》将网络出版或互联网出版定义为"互联网信息服务提供者将自己创作或他人创作的作品经过选择和编辑加工,登载在互联网上或者通过互联网发送到用户端,供公众浏览、阅读、使用或者下载的在线传播行为"。其中,出版机构须有合法的出版资质,数字化信息出版物是主要商品,互联网是主要载体与流通渠道。

## 二、数字出版概念的界定

随着互联网信息技术的不断发展,新的技术手段应用于出版领域,拓展了出版的内涵和外延,但作为一种新的技术、生产手段与产业模式,数字出版的概念至今尚无权威性的界定。目前,关于数字出版概念的界定,主要是从存储介质和技术方式、数字出版流程和数字出版特征等三个维度进行研究。

(一)学界

汪曙华认为数字出版应是"对数字化作品内容进行编辑加工,并将其复本向公众传播的过程",着重于关注传统出版的发行传播意义。谢新洲从存储介质和传输形式角度出发,认为数字出版过程是从编辑、制作到发行,所有信息都以统一的二进制代码的数字化形式存储于光、磁等介质中,信息的处理与传递必须借助计算机或类似设备来进行的一种出版形式。张立从数字出版的流程角度对数字出版进行概念界定,认为数字出版的主要特征是在出版的过程中,实现从作品的

创作、编辑和加工,到印刷、复制、发行和销售,再到最终消费者的阅读全流程的数字化。虽学者们选取的角度不同,但依据的都是出版业与现代化数字技术融合发展过程中的具体出版情况与发展趋势。

(二)管理部门及相关机构

2005年在北京召开的中国数字出版博览会上,"数字出版"概念首次被提出。2007年出版的《2005—2006中国数字出版产业年度报告》第一次对数字出版进行了定义:"数字出版是指运用数字化的技术手段从事的出版活动。它包括内容资源的数字化、编辑加工的数字化、印刷复制的数字化、发行销售的数字化、阅读消费的数字化。"

2010年,新闻出版总署发布《关于加快我国数字出版产业发展的若干意见》,正式提出了数字出版和数字出版产业的概念:"数字出版是指利用数字技术进行内容编辑加工,并通过网络传播数字内容产品的一种新型出版方式,其主要特征为内容生产数字化、管理过程数字化、产品形态数字化和传播渠道网络化。"这一数字出版的官方定义着眼于数字技术在数字出版过程中的应用,强调了数字出版生产、管理、传播和形态的数字化。

2011年,新闻出版总署发布的《数字出版"十二五"时期发展规划》纲要对数字出版的界定为:"数字出版是出版业与高新技术相结合产生的新兴出版业态,其主要特征为内容生产数字化、管理过程数字化、产品形态数字化和传播渠道网络化。由于其存储海量、搜索方便、传输快捷、成本低廉、互动性强、环保低碳等特点,已经成为新闻出版业的战略性新兴产业和出版业发展的主要方向,也是国民经济和社会信息化的重要组成部分。"从数字出版的产业属性看,数字出版的出版业属性并没有发生变化,出版业与高新技术的结合是数字出版区别于传统出版的最大特征。

此外，中国新闻出版研究院自2006年起，连续每年发布《中国数字出版产业年度报告》，数字出版产业的统计范围从早期的电子书、电子报、手机游戏和网络游戏、在线音乐和网络动漫等项目，逐步扩充到互联网广告、网络文学、网络教育出版、社交媒体出版和在线教育等新业态。但对于互联网广告、游戏等内容能否属于数字出版统计范围，学界和业界尚存在一些争议。

综上所述，随着数字技术对出版领域的不断渗透，新兴的出版形态和业态不断涌现，数字出版概念的内涵和外延都在不断丰富和扩大。但是从数字出版产生和发展的基础角度看，内容、技术和市场等依然是核心要素。参考上述定义，可以将数字出版的概念表述为：利用数字化技术实现的内容生产、管理与传播，以及服务活动，都可以属于数字出版的范畴，其生产的数字化内容、数字产品都是数字出版物。

### 三、常见的数字出版模式

数字出版的核心是数字内容创作与生产，内容在数字出版的发展过程中始终居于核心地位。数字技术使技术成为出版业新的生产增长点，传统模式下以出版社为核心的内容生产部门拓展为拥有数字化内容生产能力的传统出版社，以及具有互联网出版资质的数字出版商。前者主要是传统出版社的数字化服务业务；后者主要是各大新兴的网络内容经营平台或数据库等。

围绕着内容生产核心部门的各技术供应商，承担着为内容数字化提供技术保障的重要作用，这一部分是传统出版社所不具备的，也是最具有现代化、数字化特征的生产部门。这部分企业不生产内容，而是为内容转化和传播提供技术支持，是真正与技术发展息息相关的生产环节。例如：方正、汉王等技术提供商与传统出版社合作，对电子书内容进行管理加工；同方、维普等网络公司则主要针对学术期刊等进行数据库的建设和维护；数字内容发行企业则是为数字内容打造数

字化传播渠道,让用户接触数字内容。技术供应商与出版企业之间是合作关系,优质的内容生产与高效的采编传播技术可以实现真正的双赢。

从产品形态看,数字出版产品种类相当丰富,包括数字报刊、有声读物、网络动漫、互动小说、音视频网络课程、网络直播、数据库、网络信息服务等。产品形态的丰富能够带给读者更多的阅读选择,提升阅读体验。同时伴随着知识付费服务、跨平台内容生产、多媒体内容运营等的发展,新的产品不断涌现,数字出版产业正在利用"互联网+"的大趋势,不断塑造全新的知识服务格局。

目前出现的数字出版模式也使各类型出版社积极涉足数字出版,都想在数字出版产业格局中分一杯羹。一般来说,传统出版社采取将原有内容数字化、推出原创作品优先数字出版、自建数字平台来推出数字化内容、与技术服务商合作或向技术服务商提供内容以合作进行数字出版等多种方式,从事数字出版活动。

目前较为常见的有七种数字出版模式:

1. Kindle 模式。也就是阅读器和内容相结合的数字出版模式,这方面做得较为成功的是亚马逊,实现了数字出版内容和数字阅读终端设备的结合。长期传统书籍的销售为亚马逊积累了庞大的图书供应量,自行开发的 Kindle 阅读器则具有很强的技术优势,使亚马逊将其拥有的数目庞大的图书进行数字化处理后在 Kindle 终端上进行展现。集内容优势和技术优势推出的 Kindle 模式,使亚马逊在数字出版格局中占据了先机。

2. iPad 模式。这也是一种终端设备和内容相结合的模式。iPad 是平板电脑,功能更加丰富,阅读终端只是 ipad 的功能之一,它的兼容性要强于 Kindle,用户可以通过 iPad 获取更多内容供应商提供的数字图书内容。

3. Google 模式。Google 作为全球最大的搜索引擎,拥有较为稳定和数目庞大的用户,在此基础上,Google 将其拥有的海量数字内容进行整合,以提供数字内容供用户利用手机、电脑等设备在线或下载阅读。

4. 盛大文学模式。盛大文学模式是目前中国较为常见的数字图书出版模式。运作方式是通过盛大文学吸引作者进行网上写作,再将作者的作品进行网络宣传推广,允许读者免费阅读图书的部分章节,精华部分则付费阅读,所得收益网站与作者分成。

5. 方正模式。方正与中国移动旗下的卓望信息共同推出了阅读器,期待将丰富的出版内容与下游出版链相结合,以此方式进行数字出版。为丰富自身内容优势,方正还联手番薯网这一数字图书门户进行数字出版,用户可以通过番薯网进行图书搜索、互动分享、个性出版等操作。方正试图将数字出版内容提供商、阅读终端技术商聚合在一起,打通数字出版的上下游产业链,实现"云阅读平台战略"。

6. 汉王模式。汉王模式是典型的技术优先模式。汉王携技术优势首先占领了数字出版的下游,成为我国最大的阅读终端设备提供商;继而向数字出版的上游也就是内容挺近,逐渐发展自己的作者和作品资源。汉王试图融合数字出版的内容资源和数字内容的终端供应技术为一体。

7. 中国移动模式。也就是典型的手机阅读模式。中国移动首先运用的是收取流量费和包月费的移动手机阅读业务,用户可以通过移动网络下载或者阅读在线图书。随着数字出版的不断发展,中国移动正在试图建设无线电子书籍发布平台。

## 第三节　全媒体传播

数字技术的发展催生了大众媒介形式的变迁,不同媒介之间融合渗透并协同发展成为趋势。全媒体就是顺应发展融合趋势产生的全新理念。"全媒体"的概念由"多媒体"这一概念演化而来。由"多"到"全"体现了技术的全面突破,打破不同媒介形式之间的隔阂而进行的内容生产与传播已经成为趋势。而且在传播领域中,媒介形式的变化及内容、渠道、功能的融合,为人们创造了更加广阔的视野。

全媒体是继多媒体与新媒体之后的一种新生事物,因其发展时间尚短,所以目前学术界对其内涵还未形成统一规范的科学界定,还未在学界被正式提出,它只是来自传媒界的应用层面。

**一、媒介融合背景分析**

"媒介融合(media convergence)"这一概念最早在1983年由马萨诸塞州理工大学教授伊契尔·索勒·普尔在其著作《自由的技术》(The Technologies of Freedom)中提出,他在这本书中称媒介融合为"传播形态融合"。媒介融合又称为媒体融合,这一概念指各种媒介呈现多功能一体化的趋势。媒介研究理论中,媒体和媒介常作为同义词使用,或将媒介作为媒体的上位概念,或将媒介定义为渠道载体而将媒体定义为媒介+内容的形式。就技术发展背景而言,本部分着重关注技术发展促进传播融合的态势,因此对媒介与媒体的概念不做具体区分,统一使用"媒介融合"的表述。

伴随着技术的发展,新的阅读载体不断出现,传统的内容有了更多的展示形式,不同的媒介或内容载体因其特色在市场中受到不同消费者群体的喜爱。为扩大消费市场,充分发挥各种媒介形式在信息传输中的优势,不同媒介形态的"融合"成了大势所趋。狭义上的融合是将不同的媒介形态进行统合,例如:整合电子杂志、博客新闻、短信服务等传统出版物的电子形式。广义上的融合范围更广泛,突破了载体介质的限制,包括但不仅限于媒介形式、传播手段、版权、组织结构、内容形式等要素的整合。例如:报社、电视台等传统媒体与互联网及智能手机等新型终端结合,实现资源共享,衍生出更多种类和形式的信息产品,通过不同的渠道进行传播扩散。

媒介融合是信息时代背景下的媒介发展理念,不同媒介之间的界限不再分明,媒介形式和内容也发生了质变。这是在互联网和移动终端迅猛发展的基础上传统媒体的有机整合,这种整合体现在两个方面:技术的融合和经营方式的融合。

"融合"一词之中,包含了汇聚、相交和趋同的含义,因此,媒介融合是一种动态过程,并从单一类型的媒介形式拓展到报纸、电视、广播、城市大屏、短信等多种样态的媒体形式,这一多媒体趋势对社会发展已经产生了深远影响。互联网和移动通信技术的进一步发展,使这种多媒体趋势进一步加深。目前媒介融合达到了前所未有的广度和深度,而媒介融合的最终目标就是实现全产业、全媒体、全渠道内容生产与传播的全面深化与融合。

## 二、全媒体传播概念界定

"全媒体"的概念源自"媒体"。伴随着技术的发展,学界和以新闻报刊出版为主的业界,对于全媒体分别从不同的视角进行了定义与分析。

### (一)学界

"媒体"即媒介(media),来源于拉丁语"medius",指的是使信息传播得以实现的中介(物)。媒体通常被视作为一种传递信息或获取信息的工具、渠道、载体或技术手段等中介(物),包括书本、挂图、磁盘、光盘、磁带及相关的播放设备,在广义上,文字、声音、图像、动画等都可以被视作是一种媒体。但一般意义上认为的媒体是狭义上的,通常指广播、电视、报刊等大众媒体形式。

"全"的本义是完整、齐备,"全媒体"一词是在"media"基础上添加签注"omni(意为'全')",共同构成了"omnimedia"这一新词和新的释义。全媒体一词并不是从一开始就被大众传播界所使用,而是首先产生在美国的生活服务行业。1999年美国 Martha Stewart Living Omnimedia(玛莎-斯图尔特生活全媒体公司)成立,该公司是一家家政公司,但是却拥有并管理多种媒体,包括4种核心杂志、34种书籍、一栏荣获艾美奖的艺术电视节目、一栏在CBS电视台播出的电视周刊节目。"全媒体"是玛莎-斯图尔特生活全媒体公司的重要卖点,其目标受众是家庭主妇及类似的消费者,公司理念是为这些群体提供高质量的观念、资讯和相关产品,从而提升其生活品质。公司通过旗下的"全媒体"传播自身的家政服务和产品,囊括了报纸杂志、书籍出版、广播电视、网站等各个媒体领域,以"全媒体"战略布局、推广其家政服务和产品,这就是全媒体的雏形。

2000年以前,探讨媒体转型触"网"的研究不多,主要集中于报纸杂志开设网站、广电媒体直播春晚、进行网络互动等实践尝试。随着技术发展催生了新形态的媒体平台,围绕全媒体、新媒体、互联网、大数据、媒介融合及大背景下的电视媒体应对策略等研究逐渐涌现,新闻学、传播学、管理学等角度均有涉及。在中国知网(CNKI)收录的文献中,题名出现"全媒体"的就已经超过五千篇。围绕全媒体时代媒体发展,主要有两个研究的方向:一是媒体自身的全媒体化发展;二是在全媒体时代的背景下媒体如何转型及相应的措施。传媒自身的全媒体化发展,主要是从流程、产业链、企业运营等方面实现从传统媒体向全媒体转型。

21世纪以来,新的媒体形式与内容生产方式不断涌现,以往的媒体内涵日益丰富,所有借助视觉、听觉、触觉等感官形式向人类传播信息的渠道、工具和技术手段,都可以被称作是全媒体的表现形式。在现阶段的技术发展背景下,基于内容传播手段所依托技术的具体形态,全媒体可以理解为传输文字、图像、声音、光线、电信号等的载体全方位的信息展示方式。这是综合运用所有已知的传播工具与方法进行信息传播的一种全新理念和实践形式。

在研究领域,分别从外部形式与管理内涵的不同维度出发,对于全媒体特质的研究和描述主要有两类:一类是将全媒体定义为根据不同媒介形态的融合发展而形成的,这是对全媒体内涵的定义,或称"传播形态说";另一类定义则是根据不同媒介经营管理方式综合形成的全媒体概念,或称"运营理念(模式)说"。

周洋从媒体形态融合的角度出发,认为"全媒体"并不只是简单的不同传媒形式的堆砌,而是媒体深层次的融合发展与综合运用的统一体,通过使用尽可能多的传媒形式和工具进行信息传播活动,从而实现最佳的传播效果。彭兰从运营管理的角度出发,认为"全媒体"是一种全新的业务管理模式与发展策略,各类媒体设备与传播平台综合运用,实现单一到多元的信息传播,从而构建一个互联的媒体体系,实现业务的整合,最大限度提升信息传播的效率与效果。以上两种主要观点虽然视角不同,但都阐释了全媒体的一部分特征,强调由多元的全媒体体系的构建,实现媒介的融合,充分发挥媒介一切可以发挥的优势,确保传播目标的实现。

(二)业界

"全媒体"一词,首次以文本的形式出现在我国官方话语体系,是在2007年6月全面启动的"国家数字复合出版系统工程"发展规划中,提出要建立"全媒体资源服务平台""全媒体应用整合平台"等项目。此后"全媒体"在文章中的出现频率越来越高,各大报纸相应的发展规划也纷纷将全媒体实践作为重点。同年,国家新闻出版总署确定南方报业、烟台日报等数家报业集团作为试点单位,拉开了报业全媒体实践的序幕。学界和业界用"全媒体时代"来描述当下媒介所处的发展阶段,用"全媒体战略"来概括使传统媒体与新媒体深度融合的发展策略,用"全媒体报道"来形容借助多种媒介手段对新闻事件进行全方位、立体的报道。

2008年,央视在北京奥运会的转播中采用了全媒体传播,整合了电视、网络、广播、手机电视等传播渠道,标志着电视行业开启了全媒体探索的新纪元。同年,中文在线提出了"全媒体出版"的概念,争取打造任何人在任何时间、通过任何传播渠道都能获取想要的出版内容的数字出版形式。数字出版强调多渠道出版,在数字出版背景下内容可以通过纸质书、电子阅读器和互联网等多种渠道发布。对内容提供商来说,全媒体出版整合了媒体资源,实现了一种内容的多渠道扩散,增加了盈利渠道,提高了内容的覆盖率,实现了内容的增值;对于读者也就是出版内容的消费者来说,数字出版满足了人们对信息的个性化需求,读者可以根据自身需求通过不同渠道及不同的形式获取信息。

2010年,新华社新闻研究所课题组发布了《中国传媒全媒体发展研究报告》,较为权威地梳理了我国传媒的全媒体发展现状,总结了传统媒体再造业务流程、开发全媒体产品,向全媒体集团转型的现状、趋势和对策建议。

目前业界对于全媒体发展的趋势有了更深层的认知,在以新闻出版为代表的传媒领域中,全媒体发展趋势的社会影响力越来越大。烟台日报的总编郑强认为纸媒体的数字化必然将突破时间与空间的限制,实现信息的自由流动,大大加强传播能力。原中国广播电视协会副会长张振华认为电视媒体转型升级中要把握全媒体时代的"变"与"不变",坚持"内容为王"的原则。原中国国际广播电台环球资讯中心主任黄永国强调品牌建设的重要性,强调要打造全媒体时代的品牌公信力和社会影响力。

业界对于"全媒体""全媒体化""全媒体时代"等相关概念的认知与理解,更多来自于业务实践层面获得的价值认知。全媒体时代,全媒体化呈现出两种主要的形态:一种是传统媒体应对数字技术的冲击,为实现更好的发展或主动或被动地开始全媒体化进程;另一种是新兴的依托技术生产的供应商从零开始搭建新的媒体平台与产业体系。总体来讲,全媒体发展的趋势已经突破了简单的叠加阶段,发展到了媒体平台内部的融合发展与产业重构的探索阶段。

现阶段，我国全媒体可开发的空间依然非常大，新媒体并没有完全取代传统媒体，传统媒体的优势依然存在，并且在发光发热。新媒体在一定程度上补足了传统媒体的缺陷与短板，二者融合互动必将丰富媒介的形式与内容，提供更加高质量的服务。

### 三、全媒体传播的特点

全媒体是根植于媒体而衍生出的新的传播媒介，其特点可以从"媒体"这一视角出发，结合媒介融合这一发展背景进行归纳与分析，突出表现为不同形式媒体共同发展的融合性、媒介协同互动的系统性和产品种类的多样性。

（一）融合性

多元化的媒介形式催生了媒介融合的发展趋势，多媒体和跨媒体发展最终的落脚点都会是全媒体。全媒体实现了各种媒体形式之间的取长补短，正是这种打破了简单叠加的融合形式，使新旧媒体在更迭的过程中能够充分发挥取精华、去糟粕、真正实现"1+1＞2"的效果。这种融合不局限于同一内容使用不同传播载体，更包括整个信息的生产、管理与传播过程，实现了信息的全方位挖掘，满足用户日益多元化的需求。

（二）系统性

全媒体传播是以媒体平台为载体，媒体技术为支撑，利用网络共同构建出的一个强大的传播体系。对于传媒行业而言，这是一种新型的发展模式和策略，通过结合各种媒体，再次改造传播流程，产生新的传播模式，从而实现媒介融合。全媒体概念是一个整体的框架概念，包括一个完整的媒体系统。彭兰在《媒介融合方向下的四个关键变革》一文中将全媒体比喻成既庞大又精密的系统，包含了信息从采集、加工、组合到发布的全过程。这一过程由一个统一的平台进行操作,打破了传统单一或几个孤立媒体的格局,使生产流程中的每一个环节都有新的排列组合,且各个程序之间紧密、默契配合,维持整体媒体机器的良好运转。

(三)多样性

全媒体的"全"象征着产品的丰富和全面。全媒体最直观的表现在于能够充分利用已有的全部媒体形式进行信息的生产与传播,网络提供了一个中转渠道和表达平台,由此推出电子杂志、手机电视、有声小说等新兴的融合方式,而传统媒体利用这些新媒体的表达方式传输信息,满足了手中多样化的需求。同时,不同的数字化媒体之间的灵活组合,例如:手机电视上的图片为观众提供新闻背景、电子杂志中的视频短片调动起受众各种感官的功能,如此利用数字媒介能够全方位、多角度的展示信息,实现信息的有效理解与传递。

### 四、全媒体传播的发展趋势

20世纪末,西方国家已经开始结合科学技术和人类发展的需求,挖掘数字化媒体传播的趋势,以巩固并扩大自身在市场上的垄断地位。部分传媒机构率先提出全媒体的理念,并实施跨媒体运用,为自己谋得更大的发展空间和市场利益。

基于中国为传媒业提供的政策支持,凭借互联网的发展优势和发展潜力,我国开始研究全媒体传播,并重视科学技术,利用传统媒体人才优势和新媒体的数字化传播优势,将二者紧密结合,推动中国传媒产业由传统方式向数字化发展方向转型。要深刻把握住移动互联网这一强大的载体,不断创新技术,引领用户的价值需求,且为用户不断开拓创造新的需求,使其体验感更佳。同时,不再局限于传统的传播方式,深度融合手机、电视、互联网等电子产品,促进互联网媒体主流化,加快传统媒体的转型,确保信息的全方位传播。全媒体传播的发展之路,主要体现在内容、渠道和平台的融合,新的传播方式并不代表完全摒弃以前的媒体,而是要在此基础上,创新媒介形式、丰富信息内容、提升传媒技术水平、改革创新媒介融合体系,多途径传播准确的、有价值的信息,实现真正意义上有深度和广度的全媒体传播。在全媒体化的理念引领下,传媒行业顺应时代发展的新要求,在满足人们多元化需求的同时,也要保留自身的特色,并结合特定时期、特定背景的时代发展需求,建立新模式,建设新的人才队伍,在创新和改革中,向着全媒体传播的道路不断前进,促进传统媒体的完美转型,推动传媒整合,最终实现长远的发展目标。

综上所述,在传媒数字化背景下,媒介融合与全媒体传播是未来国内外传媒行业发展的大趋势。在全媒体化概念的引领下,我国的传媒产业面临着新的机遇和挑战,如何及时调整并构建发展战略,推动传统传媒与新媒体的融合,加强科学技术创新,促进媒介融合与全媒体传播的发展,是传媒行业需要积极探讨并解决的问题。

## 参考文献

[1] 赵明节. 学术图书路在何方? [J]. 编辑学刊,2002(2):17-21.

[2] 李亚飞. 我国学术著作出版赢利机制研究 [D]. 武汉:华中师范大学,2014.

[3] 孙玉玲. 中国学术图书出版发展研究 [D]. 武汉:武汉大学,2004.

[4] 胡红亮. 学术著作可信度评价研究 [D]. 武汉:武汉大学,2013.

[5] 叶继元.学术图书、学术著作、学术专著概念辨析[J].中国图书馆学报,2016,42(1):21-29.

[6] 刘永红.学术著作出版相关概念研究综述[J].内蒙古社会科学(汉文版),2019,40(4):206-212.

[7] 胡婕.数字化时代我国学术图书出版的知识生产路径探究[D].青岛:青岛科技大学,2020.

[8] 苗杨.我国学术图书的数字出版初探[J].吉林广播电视大学学报,2012(9):142-143.

[9] 新闻出版总署.关于进一步加强学术著作出版规范的通知[Z].2012.

[10] 人民出版社.人民出版社学术著作出版规范(试行)[Z].2017.

[11] 汪曙华.也谈数字出版的概念界定和发展路径选择[J].怀化学院学报,2008,27(12):155-157.

[12] 谢新洲.数字出版技术[M].北京:北京大学出版社,2002:12-13.

[13] 张立.数字出版相关概念的比较分析[J].中国出版,2006(12):11-14.

[14] 郜书锴.欧美学术期刊"开放获取"出版模式创新与实践[N].中国社会科学报,2020.

[15] 周洋.打造全媒体时代的核心竞争力:中央媒体新中国成立60周年报道思考[J].新闻前哨,2009(11):14-16.

[16] 彭兰.媒介融合方向下的四个关键变革[J].青年记者,2009(2):22-24.

[17] 吕道宁.解读烟台日报传媒集团全媒体模式:访烟台日报传媒集团社长、总编辑郑强[J].中国地市报人,2010(2):20-23.

[18] 张振华. "内容为王",媒体融合的不二法门[N]. 中国知识产权报,2016.

[19] 朱姝蓉. 全媒体时代的广播发展战略:第三届全国广播学术研讨会暨中国广播改革25周年高端论坛综述[J]. 中国广播电视学刊,2012(1):105-106.

# 第三章　传统出版产业

出版是一个历史性的概念,包括从物质基础、组织机构到产业集群与市场规则等各个方面的发展,都是在特定时代背景下文化产业发展实践与探索的结果。本研究的关注议题落脚点在现代化的数字出版领域,但是在论述之前,必不可少的是需要对现代出版领域所依托的出版产业和传统出版产业这两个概念进行剖析。现代出版是传统出版在技术发展背景下逐渐发展形成的一种新的出版产业模式,现代与传统是一种相对的时间与技术概念。现代出版的基础产业链逻辑与传统出版是一致的,符合"编、印、发"的底层逻辑结构,技术的介入为昔日的出版产业创造了新的生产动力和内容传播路径,演化出了新的出版产业模式。

在展开现代数字出版的研究之前,本章首先对传统出版产业进行深入的研究与论述:首先围绕着传统出版进行外延与内涵的理论分析,包括出版、出版业和出版产业宏观上的概念划分;继而以产业链的视角对传统出版进行中观层面的产业环节梳理;最后结合我国传统出版产业的发展历程,梳理我国传统出版产业发展的阶段、发展现状及发展趋势,为后文研究数字出版提供理论背景上的依据。

## 第一节　传统出版产业概述

传统出版产业是一个多元含义的概念,首先它是"出版"这一宏观概念下的具体分支,同时缀以"产业",必然是要将出版放置于市场之中进行研究。出版产

业在形成与发展过程中,在物质技术、管理模式和组织结构上与时俱进,发生着变化,也就有了传统与现代之分。本节首先从出版概念的广义出发,具体到出版业和出版产业两个中观的概念,进而再从出版产业的角度入手,对传统出版产业与现代出版产业进行划分。

### 一、出版、出版业与出版产业

#### (一) 出版

出版是一种人类文明,其目的在于传承人类文明,其功能是作为文明的载体实现文明的传播。出版的存在使人类文明得以记录、沉淀与发展,出版为人类的文明发展做出了重要的贡献。

出版是伴随着印刷技术发展演变而来的。我国古代用来书写的木片称为"版",我国古代的雕刻、雕版印刷、活字印刷、刻板、摹刻、版行等都已经蕴含了最早印刷的内涵。伴随着文化的繁荣与印刷技术的发展,小报、小说、话本等各类的阅读内容在民间流传开来,官报则在士大夫阶层中流行,出版活动日趋发达,逐渐形成了书商这一特殊职业,他们搜罗奇闻逸事、抄书印刷或走街串巷出售书籍,已经具备了早期的出版活动的雏形。只不过此时出版概念还是局限在印刷与售卖环节,尤其是印刷环节,当然这种局限与我国一直以来出版活动与印刷技术发展的强相关性是分不开的。

关于出版的定义与内涵,学者们也有着不同的理解。广义上有学者认为,将文字、图画或其他符号印刷到纸上,或把它们印成图书报刊的工作,统称为出版;狭义上有学者特将著作编印成图书报刊的工作定义为出版。还有学者将出版的定义扩展,加入唱片、音像磁带等的制作与售卖活动。显然,这些观点局限于出版物的印刷环节,在对我国出版早期的研究之中占据了主流地位。

1971年修订出版的《世界版权公约》中给出版下的定义为:"可供阅读或者通过视觉可以感知的作品,以有形的形式加以复制,并把复制品向公众传播的行为。"此时联合国教科文组织对于出版的定义已经具备了出版流程的整体概念,涵盖了出版物形式、印刷复制与发行传播的内涵。1973年英国的《大不列颠百科全书》中对于出版的定义为:"对书籍、报纸、杂志、小册子等印刷品的选稿、编辑和发行。"此时对于出版的定义具有了市场内涵,并且将编辑环节纳入考虑,出版被视作一个具备各项运行环节的行业。

从具体环节来讲,"出版"概念的逐步完善,打破了之前出版等同于印刷的认知,编辑、发行的重要地位被认可;从出版物上来讲,不再局限于纸质图书和传统的音像制品,文稿、信息、音像、影像、游戏等一切具备信息功能的作品都可以被视作是出版的产品;从市场环境上来讲,出版物的前期审定与后期传播售卖的制度秩序也备受关注。

然而出版的具体内涵和定义并不是一成不变的,是在技术的发展中不断演化的,尤其是在信息知识类型多元化、信息获取渠道多媒体化的当今社会。概括来讲,出版的基本内涵需要包括一个比较完整连续的链条:首先是作品的内容编辑,然后经过大量复制,拥有传播载体,最后通过一定的方式传播给公众。

(二)出版业

出版业在国内诸多已有研究之中,或被称为"出版行业",或被称作"出版事业",是从事出版活动的各个单位或从事相关出版活动的单位的总称。

《简明编辑出版词典》《辞海》中对于"出版业"的定义相似:出版业亦称出版事业,是组织著作物生产或搜集整理已有著作物,使之转化为出版物的社会生产部门。《辞海》指出,出版业包括精神生产和物质生产两种生产内容,出版物的直接物质形态生产,本质上是载体生产。除此之外,《简明编辑出版词典》中对"出版事业"这一概念的解释为：以编辑、出版、印刷、发行各种图书、报刊、音像制品等物,传播、积累一切有益于社会发展的科学、技术和文化知识,提供文化食粮的一个政策性、知识性、专业性的行业。《中国大百科全书·新闻出版》指出,"出版事业"从广义上泛指出版事业单位、企业单位和行政管理机关,包括了生产与管理部门;在狭义上则只指出版企业。

西方国家与我国不同的是,它们较少使用"出版事业",而多用"出版业""出版商"等称呼。英国《大不列颠百科全书》对于出版业的定义是基于出版这类涉及印刷品的选择、编辑和销售活动而扩展出的综合性行业。诸多关于"出版业"的定义在描述上虽有差异,但是可以归纳得到出版业的基本特征:出版是一种社会活动,出版业是基于出版活动形成的具体行业,出版业中各组织主要从事出版活动。

(三)出版产业

产业是一个中观概念,企业和单位作为微观的经济细胞,集群化发展逐步成为同类型经济细胞的聚合组织,构成国家经济目录下的某一个宏观门类分支。现代产业经济学对于"产业"的定义是:国民经济内部按一定的社会分工,专门从事同类生产经营活动的企业或单位的总和。

出版产业指的是生产图书、期刊、音像制品、电子出版物等多种内容和传播媒介的信息产业群。出版产业是以知识、信息为主体元素的特殊产业,具有文化积累和思想传播的重要功能。出版产业分为传统出版产业和现代出版产业两大部分:传统出版产业以出版图书、报刊等传统出版物为主;现代出版产业的媒介形式更加多样,如磁带、磁盘、光盘、在线出版物等,电子出版物是其重要组成部分。

出版产业的产品是出版物。出版物是商品,是一种既包含了经济价值,又包含了精神价值的特殊商品。伴随着市场和技术的发展,出版物的种类已经突破了传统的纸质报刊、图书、音像制品,扩展到了电子出版、网络出版、游戏等领域。

出版产业的基础是市场经济体制。在中国加入WTO之后,社会主义市场经济体制的建设加快,市场竞争越发激烈,实现经济效益和社会效益成为竞争的关键,市场经济体制的建设与完善关乎着产业的发展。

出版产业的经营主体是从事出版及相关活动的企业。企业集群组成产业,从2000年以后,在国家文化体制改革的大背景下,一些出版单位陆续由事业单位转变成企业,到2010年完全实现转企改制,事业单位到企业的转变体现了市场经济体制背景下的发展方向。在市场经济的大背景下,通过市场可增强竞争、激发活力,促进出版企业的自我发展与转型,因此,确立出版企业的经营主体地位是尤为重要的。除此之外,我国还推进出版企业的集团化,出版企业依托地域联系组建了出版集团,在资源整合和提高效率方面发挥了巨大的作用。出版产业已经成为我国国民经济的重要组成部分。

## 二、传统出版产业与现代出版产业

现代与传统是一个相对的概念。新的形式出现之后,生产效率更高、产业规模扩大、经济效益提高,整体上呈现出一种更加集约化的生产模式,相比较而言,曾经低效的、高耗能的生产形式被称为传统,这可以理解为是一个升级迭代的过程。传统出版产业与现代出版产业的概念在时间上呈现一个发展过程,《大不列颠百科全书》将出版分为四个时期:古代世界(1450年以前)、印刷术的传播(1450—1550年)、繁荣的图书业(1550—1800年)、现代图书出版产业(19世纪至今)。西方国家将19世纪作为现代出版产业的划分界限,原因在于从19世纪开始,西方国家工业化生产的印刷新技术开始运用,提高了图书的生产效率,降低了图书的生产成本。然而笔者认为这种划分现代的方式,只是相对于过去工作坊生产展现出进步与升级,单位时间内能够生产出更多的产品,但这只是生产力水平提高的一种表现,并不能在性质上以偏概全,因而,这并不能算是真正的"现代"。

20世纪40年代之后,电子计算机诞生,20世纪90年代中期,互联网席卷全球。数字技术的发展使新的技术已经渗透至各行各业,产业对内不断进行技术的变革与升级,对外与其他产业形成融合发展趋势,这使传统的管理方式、发展理念和产业格局等都发生了新的变化。电子书、网络出版、数字出版等概念的出现,引发了产业的颠覆性变化,现代出版的一大显著特点就是数字化;相对的,原有纸质图书的出版方式,就变成了一种传统的出版形式。

本部分对以纸质图书出版为主的传统出版产业和以数字出版为主的现代出版产业作具体划分,解析在新技术冲击下的出版产业演变与发展趋势。

(一)传统出版产业的特征

传统出版产业的特征是在特定的历史时代背景下形成的,是符合当时文化出版产业发展趋势的。然而在现今经济与技术改变的环境中,从这些特性中呈现出了一系列需要改进的弊端。

1. 传统出版产业最显著的特征是出版方式主要以纸质出版为主,出版物则以纸质的图书、报刊、画册为主。纸张能够传递信息,并且具有在某种程度上可长久保存资料的优点,但是也存在不便携、成本高的缺点。

2. 传统出版产业主要采取分散经营的模式,国家和政府在整体的资源配置中发挥着支配的作用。在改革开放和建设市场经济体制之前,我国的文化市场一直是一种卖方市场,出版产业以计划作为配置资源的基本手段。伴随着市场化程度的不断提高,传统依靠政策和政府的被动发展型经营模式,无法形成成熟的市场调配观念以应对市场变化,生产力的优势便发挥不出来,从而无法形成综合优势、整体优势。

3. 在传统出版产业的运营中,资源垄断现象十分显著。资金、作者、发行渠道和市场信息资源均被垄断,企业或单位通过垄断来占据市场获取利润,但也造成了市场化程度低、产业活力不足的缺陷。

4. 传统出版活动在文化与技术两个层面易出现偏颇或有所忽视。文化层面指的是出版人对于知识和信息进行的选择、审核和加工;技术层面则是指知识和信息通过出版技术实现纸质的实体呈现。我国古代出版活动较为依赖印刷术的发展变革,过分受制于技术这一层面;发展到现代工业化时代,纸质印刷已经普及,文化内容成为关注的重点,知识和信息的生产成为重中之重,但又易于忽视技术更新。

(二)现代出版产业的特征

现代出版产业相较于传统出版产业最大的特点在于技术与市场经济发展带来的现代性。

1. 现代出版产业与传统出版产业最直观的区别在于出版物形式。现代出版产业广泛地应用了高新技术,突破了传统的纸质出版,创造了新媒体平台,使网络出版物出现在人们的视野中;狭义的出版活动扩展为多媒体综合经营活动,实现多媒体互动运作。以信息技术为依托,出版产业与其他行业将进一步实现产业的融合,包括电影、电视、广告等行业。

2. 现代出版产业生产经营模式具有鲜明的现代性。现代出版主要采取规模经营的模式,以市场为导向,以效益为中心,突破了传统的政府配置资源。以市场为导向能够最大限度地释放生产力活力,增强市场的竞争力。目前在我国市场经济引导下的现代出版格局中,已经出现了跨地区、跨国家、跨部门、跨媒体的出版集团,得以实现市场内资源和信息的流通。

3. 现代出版产业的社会分工更加专业化。市场经济的发展使社会分工越发精细,现代出版产业的专业化分工也越发精细,专业的人做专业的事,生产的分工

明确、布局合理极大地提高了内容生产的效率,保证了生产的高效有序。

4. 现代出版产业的生产过程与手段更加现代化。计算机与移动互联网通信技术的应用带来了生产方式的电子化革新。计算机编辑排版、电子排版和数码印刷等高新科技成果的应用、网络销售平台的搭建、多媒体版权运营模式等互联网销售模式的出现,使传统的出版、管理和营销都发生了革命性的变化。

5. 现代出版产业的国际合作更加开放。现代出版企业和行业是一个开放的体系,是面向世界的,中国加入WTO之后这种开放的国际合作更具必然性。现代出版集团还以资产为纽带,通过并购不断扩大国际市场的占有率,发挥集团的规模经营优势,与国际接轨、与世界接轨,在经济全球化的大背景下,逐渐采用国际出版界的通行规则,提高国际化程度。

(三)传统出版产业与现代出版产业的关系

技术的介入体现了社会发展中人们的便利性诉求。数字出版的出现曾引发了"数字威胁论",有人认为传统的纸质出版物会在数字化浪潮中走向灭亡;还有人对此加以反驳,认为数字出版与传统出版会"平分秋色"、相互补充,而不是你死我活的单项选择题。实际上,数字出版顺应了多媒体社会之中的便捷性与互动性需求,这是传统出版所不具备的,这也是数字出版能够获得市场的重要原因。数字出版并非是对传统出版的替代,而是其延展,由数字化的技术力量实现内容信息的多媒体呈现。从一个宏观的角度来说,两者共同构成了一个"大出版"的环境,出版产业的运行管理、技术应用、发行渠道与销售模式等在数字化环境之中不断得以探索与融合发展。

在大出版环境中,传统的出版单位凭借着积累的作者优势,能够保持内容输出的持续性与稳定性,而数字出版由互联网技术能够实现全民内容生产的输出模式,两者在出版最核心的内容创造环节各具优势。传统出版社在数字化发展与媒介融合中也在不断尝试突破,通过内容融合技术实现产业链的延伸与扩展。数字出版商则发掘自身服务的优势,然而当前也面临着生产内容的良莠不齐,这必将促使其努力向传统出版靠拢,挖掘更加高质量的内容资源。数字出版是一种服务方式的升级,开拓了更加广阔的出版平台,传统出版的内容与数字出版的技术服务能共同构建一个良好的出版产业宏观环境。

## 第二节 传统出版产业链概述

企业之所以能够实现由集群化形成产业规模,在于他们经营活动的相关性,这种相关性就像一条"链"一样连接贯穿各个部分。传统出版企业的产业链,需依托产业链的组织结构,将相关企业的各个生产环节打通,以实现分工与合作。因此,本部分首先概述产业链与出版产业链的基础概念,进而对传统出版产业的产业链进行深入具体的研究,分析其具体价值和内涵、现状与问题等。

### 一、产业链

"链"的概念源自生物科学领域,生物链体系的错综复杂与连续纵横使生态系统得以维持平衡。引入到经济学领域中,形成如产业链、供应链、产品链等概念,"链"作为一种保证产业上下游连续的模型形式,被广泛应用在产业经济学中。"产业链"的概念最早来自17世纪中后期西方的古典经济学,与亚当·斯密的社会分工理论密切相关。但是最初的产业链更多局限于企业内部的生产过程上,类似于产品链,像一条滚动的传送带,将产品从一个车间运输到下一个车间。伴随着经济学的发展,现代产业链理论逐渐完善,马歇尔打破了原有概念上的局限,将分工理论的外延扩展到了企业与企业之间。

20世纪50年代开始,西方经济学家从不同的角度对产业链进行定义,但是关注点多在于产业价值链、产品链和产业集群等。从20世纪90年代开始,伴随着中国改革开放与市场经济建设的推进,产业链理论在中国开始本土化,引发了国内学者们结合中国特色社会主义市场经济进行深入研究。学者们从不同的行业出发,具体地展开了对于产业链的理论研究,包括城乡区域产业链、生态产业链、产业链的运行机制与模型等,学者们还从不同的角度出发对产业链给出了定义。

有学者认为,产业链是一种产业部门内在的经济联系,是一种时空上的顺序和客观存在的关联。还有学者认为产业链是产业内具有连续追加价值关系的活动所构成的价值关系,在产业内根据前后的价值关联组成链状结构。产业链还被定义为"一种空间组织形式"、企业对政府的相对关系、上下游产业或相邻市场的关联方式等。关于产业链的定义,由于微观与宏观的角度不同、产业内部的复杂性、不同产业关联内容的独特性等原因,其概念也呈现出复杂性和多样性。但总结学者们的共通之处可以看出产业链所具有的共性特征,即一种关联关系:产业链是一个完整的整体,体现了企业不同环节的联系,这些联系构成一个完整的整体,在产业链延伸的过程中,实现企业价值的增值与利益最大化。产业链本质上是一种经济与价值的联结关系。

## 二、出版产业链

出版产业链作为一项具体产业内部的链状经济结构,首先具有产业链的共性,同时具有出版产业独特的特点。出版产业链概念由产业链概念延伸而来,用产业链理论来分析出版产业这一特定产业领域可以得出,出版产业链就是指在出版物的扩大再生产中,出版关联企业基于出版价值增值所组成的企业联盟,是一个具有空间分布和时间顺序的链状产业组织。

产业链的基础是价值的增值,在这个时间和空间的链状组织结构里,伴随着环节的推进,产品的价值在不断被追加、被创造。出版产业链中的价值是通过出版物来实现的,编辑、印刷、发行各个环节的运行不断增加出版物的附加价值,进而推进市场进行销售,实现整个产业链的运行和商品最终价值。在过程的延伸中,产业链的各个环节之间伴随着信息的流动与传播,信息决定环节之间互动的效率。产业链的理想模式是优化合作和高效运行,构成产业链的各个企业是独立的市场主体,彼此因为环节之间的合作实现组织结构的构建,每一个环节都是不可或缺的,共同实现产品的价值增值和产业的运转。

出版产业链有纵向的、横向的、混合的,传统的关联企业主要包括编辑、复制、发行这三个主要环节,伴随着技术的发展和数字出版的探索,更多的类型进入出版产业链中,传统出版产业链也出现了新的变化和转型。

### 三、传统出版产业链的分析

产业链作为产业内部的组织结构,基于传统出版产业和现代出版产业的划分,产业链也呈现出不同的特点。本小节结合产业链相关理论,具体分析传统出版产业的产业链构成和价值,并就当前传统出版产业链的现状与问题进行剖析。

(一)传统出版产业链的构成与价值分析

传统的图书出版由编辑、复制和发行三个环节构成,相对应的部门和企业就成了产业链上的环节,三者之间相互合作实现出版物产品或服务的增值,通过出版物销售实现最终价值。其中,编辑环节是价值创造的核心,出版物的精神与文化价值源于内容的创造;复制环节是实现产品物质价值的关键,复制使精神和文化内涵具象化,为传播提供基础;发行环节则是通过产品和服务优化实现价值。三者之间构成直线链条,环环相扣,并在时间上有规律地推进运行,保证产业的持续发展。

可利用"微笑曲线"模型进行传统出版产业链分析。有上游、中游、下游三个环节是符合微笑曲线规律的。施振荣在1992年《再造宏碁:开创成长与挑战》一书中曾提出"微笑曲线"这一模型,描述了产业链上各环节的附加值形态,从左向右分为三段,左侧是技术专利的研发,中间是组装制造,右侧为品牌服务。图中的曲线代表了附加值获利情况,左右两端的位置利润较高,中段的环节利润较低,整个曲线的形状像一个微笑,因而被叫作微笑曲线。从曲线获利情况可以看出,在整个产业链中,前端的环节是生产的核心,因其独特性占据着利润高地;而中段的组装制造可复制性强,极易被取代,同时主要依靠大量的人力进行复制,因而利润空间较低;后端的服务销售环节也是利润实现的重要环节,企业利用市场规则进行产品的销售,最终实现产品价值,在整个曲线中也占据着利润高地。

传统出版产业链中编辑—复制—发行三个环节与微笑曲线中的三个阶段对应,编辑环节的企业完全掌握内容资源,位于产业链的高端;出版物的复制处于从属地位,依附于内容的生产,位于产业的低端;发行环节掌握大部分的市场资源,尤其是影响较大的发行企业控制发行渠道,拥有较大的增值空间,能够实现较大的利润。

在整个产业链中,出版环节是毫无疑问的核心,只有上游的齿轮开始运转,才能够保证下游活动有开展的物质材料。出版环节向下延伸时,出版单位凭借着多年的品牌运营,借助高质量的信息知识服务,尤其是在教育出版、专业出版等领域,可在长期积累的大量读者中建立信誉;向上延伸时,出版单位通过与作者及其代理人的合作,掌握了内容的直接来源和渠道,实力雄厚的出版单位能够保证其高质量内容生产,实现源源不断的知识创作,对整个产业链中游与下游的运转提供强大的推动力。

当然,伴随着精神文化生活的丰富和内容生产品类的增多,出版物的种类和形式也在发生变化,读者面对琳琅满目的商品也有了更多的选择。出版物的价值也需要在市场中通过销售实现,因而发行企业的影响力在逐渐扩大,有时甚至会出现发行环节主导产业链的情况。发行的渠道代表着市场意愿,在买方市场下,发行企业可能会参与到编辑的环节中,在编辑环节拥有一定的话语权,发行企业也能够因此获得较大利润。

与编辑和发行相比,复制环节呈现出明显的弱势,不掌握内容资源,不直接和市场挂钩,只存在于两个重要环节中,担任着承上启下的作用。因处于产业链的低端,进行着依靠技术设备的印刷活动,增值的空间较小,利润相对就较少。

从整体的角度来看,产业链整合了产业内的相关联企业,实现了内部的产业联动。在运行过程中各司其职又相互联系,整合了出版产业的各类资源,一定程度上提高了产业效率。

(二)我国传统出版产业链的现状分析

出版单位处于传统出版产业链中的上游,掌握着核心的内容资源。目前我国已经有超过500家的图书出版单位,图书的种类、印张、印数等都有了突飞猛进的增长,同时,在政府主导下的出版集团资源整合,使产业链实现了更统一的管理。

然而,就目前而言,我国传统出版社中还存在着一些问题。由于地域的划分,不同地区分别拥有自己的大众出版社、科技出版社、教育出版社,出版社同质化严重,出版的图书种类与结构也大同小异,造成了资源的浪费及产业的雷同发展,缺乏创新动力与活力。

印刷企业属于产业链的中游链接部分,企业市场化程度高、企业数量多,印刷环节也是从业人员占比最高的企业。根据《2020年新闻出版产业分析报告》中的数据显示,2020年全国印刷(包括出版物印刷、包装装潢印刷、其他印刷品印刷、专项印刷、印刷物资供销等)实现营业收入11 991.0亿元,较上一年降低13.1%;实现利润总额555.0亿元,较上一年降低28.3%。

发行企业是传统出版产业链的下游环节,也是精神文化内容形成具象产品之后推向市场的重要路径。20世纪80年代以前,国有新华书店呈现垄断态势,伴随着改革开放和民营发行企业的发展,垄断局面被打破,逐渐形成了国有、民营、外资"三足鼎立"的局面,在市场经济环境下,图书的发行竞争也愈演愈烈。

(三)我国传统出版产业链问题分析

1. 传统出版产业链各环节之间彼此割裂,协作程度低。产业链是一个连续的增值链接组织,各个环节共同构成了一个统一的利益共同体,上下协作才能实现高效运转,最终实现较好的经济效益与社会效益。然而上下游企业又是相互独立的市场个体,内部管理与外部互动上存在着差异,在战略合作过程中,易出现商业摩擦而造成产业链的运行阻滞;各环节之间也缺乏紧密的联系,这种松散的组织结构不利于上下游的信息共享和资源互通,造成雷同出版物的出现、图书积压、出版与发行企业之间的关系紧张等问题。

2. 产业集中化程度低,核心竞争力不足。与国内其他行业相比,我国的出版产业规模集中度明显偏低。尽管近年来我国出版产业已经根据地域形成了相当可观的出版集团,但是大多是依靠地域形成的地域集团,且多为教育领域,缺少多元化的产业集群,组织结构"同质化""低度化"问题严重,市场集中度低、离散高,缺乏凝聚力。

3. 产业链监管不完善,市场秩序混乱。由于各个环节中间是独立存在的企业个体,所以很难实现统一管理,合作主要依靠市场契约机制与诚信机制。然而,目前我国的法律法规在行业规范方面还存在着很大的缺陷,造成了上下游之间信息的断层和环节运行的不规范,给整个产业链带来负面影响。同时,由于出版物产品的特殊性,产品具有经济和精神双重价值和属性,而出版物作为价值的载体,又具有很强的可复制性,这就造成了印刷盗版书籍、恶意压价、内容侵权等,对市场环境和生态造成不良影响。怎样形成一个统一有序的市场体系,是目前出版产业发展面临的难题。

(四)传统出版产业链的数字化延伸

数字出版的核心技术是数字技术,数字技术的本质特征可以概括为兼容、共享和开放。而传统出版产业链的各个环节在数字化技术的介入下,正发生着翻天覆地的变化,不仅是生产传播方式所涉及的技术更新,更是整个产业由内而外的一场革命。

首先,数字化最直观的改变是产品形态,产品有了更多的媒体形式。在数字环境中,文字、图片、音频或者视频都可以转化成代码以"0"和"1"的形式存储、组织、处理和传输,产品的形式发生了变化,虚拟的数据给读者带来了存储、检索、使用上的便捷。当然,这些信息的数字转化,依靠的还是传统出版产业产品的开发,而对知识与信息进行数字包装,也是目前出版产业广泛探索的一种数字化运作模式。

同时,传统出版业务的组织结构在数字出版的影响下正在发生重组。数字出版降低了传统出版产业链中印刷、邮寄和发行的成本,使出版产业各个环节的相关企业在长久的发展中形成的相对稳定的产业角色分工发生了变化。但出版社拥有稳定的信息资源优势,依然占据产业链的头部。然而这种垄断的优势也在逐渐瓦解,网络的互联打破了许可制度的壁垒,知识和信息可以绕过出版直接通过互联网传播,传统出版企业编辑和审核的工作职责被弱化。印刷复制部分的价值被压缩,原本就处于微笑曲线低端的印刷复制企业更是面临着生存空间的挤压。全民信息生产和信息传播又冲击了传统的"编、印、发"模式。产业链上的各出版企业必须突破对产业链传统分工的路径依赖,发挥传统出版企业已经积攒的资源优势,通过数字化技术的融合应用,打破困局。

### 四、我国传统出版产业的发展历程和现状

我国传统出版产业经历了一个漫长的发展过程,伴随着技术的发展,呈现出突出的阶段性特色。本小节首先通过对我国传统出版产业的阶段划分,对传统出版产业进行宏观上的概括,继而对我国传统出版产业发展的现状进行描述。最后,结合历史发展与现状的分析,对我国传统出版产业发展过程中面临的问题做出梳理,并对发展趋势提出合理的预测,以期对传统出版产业的发展提供建议与帮助。

我国出版产业有着悠久漫长的发展历程。出版是人类社会文明的重要标志,是特定社会环境中政治、经济、文化内涵的反映,其基础是文字的发明与文化的繁荣,同时依托于造纸术、印刷术的创造与变革,而实现了更加高效的复制与规模化传播。在长达千年的历史中,我国出版从业者一步一个脚印地完成以上的每一个环节。物质条件的创造与完善是出版的前提,伴随着文字的完善,造纸术与印刷术的出现及不断进步,使出版活动进一步繁荣发展,为我国灿烂的文明得以保存与传播提供了物质基础。

出版活动中出版物是主要角色与生产、消费对象,而出版活动又受限于生产方式,因此本节根据出版物的生产方式,将我国传统出版产业发展的历史过程划分为六个阶段,并介绍我国传统出版产业发展的现状。

(一)发展历程

1.历史起源:物质基础与市场雏形。中国出版活动的起源要从文字的诞生说起,恩格斯在《家庭、私有制和国家的起源》一书中指出,文字的发明与在文献记录中的应用使社会过渡到文明时代。而这都与出版活动有着千丝万缕的联系。中国最早可考的文字是甲骨文,距今已有3200多年,文字经历了漫长的演变过程,蕴含了民族融合、地域兼并、文化改革等多重内涵,在形式的更迭与演变中已经成为文明的承载与呈现形式。

文字相比于口语的优势在于能够记录并保存,而文献的保存需要一定的载体,因此,造纸术和印刷术作为我国四大发明中的两种,对文献保存、出版活动乃至整个中华民族的文明发展都起到了重要的作用。105年(东汉),蔡伦改进后的造纸术打破了贵族对于文化的垄断,文字载体由昂贵的绢帛、竹简变成了用低价易得的渔网、树皮等材料制造的纸张,书籍的生产速度提高、成本下降,这为图书的大量生产和流通打下了基础,使社会文化得以发展、市民化程度得以提高。此时的图书制作或"印刷"主要采取手抄的方式,书籍的流通受限于手抄图书的人工成本与效率,发行主要以个体书贩为主。这种原始的手工抄写阶段从西汉末年一直延续到8世纪雕版印刷术的发明之后。手工抄写时间成本高、容错率低,而印刷术的发明,尤其是雕版印刷与活字印刷,进一步提高了生产效率,加快了书籍的流通。雕版印刷是按照一个版本原样复制的生产技术,克服了手抄的缺点,同一个版本可以重复多次翻印,生产效率大大提高。基于生产效率的大幅度提高,专门的印刷机构随之出现,这是中国早期专门化的出版机构雏形。

图书生产所需的物质条件不断改进,为出版物的规模流通进一步奠定了基础。最早的出版物流通与交换是书商对原作品进行印刷复制并公开售卖。在西汉时期的"槐市"中,开始出现买卖书籍或进行图书与特产相交换的行为,形成了一定的市场交易规模。之后又出现"书肆",人们专门在此交换图书,这标志着图书的交易已经发展为专门的市场系统。

2. 近代化:民族出版企业的春天。进入近代中国社会,在资本主义生产方式的冲击下,政治、经济、文化和社会生活都产生了巨大的变化。近代化是当时中国社会发展的基调和主线,中国出版的近代化是中国社会和文化近代化的一个反映。

伴随着生产力的继续发展和工业化的发展,这时出版印刷活动规模扩大,产业化生产逐步成型。在中国活字印刷的基础上,西方发明了更加高效便捷的铅活字,结合大机器生产实现了规模化印刷,工效更高、质量更好、产量更大、成本更低的机器生产更具有生产优势,传统的手工作坊式出版生产活动逐步转型。机械印刷技术在我国的使用源于近代传教士进入中国,将这一技术用于传播宗教信息或书籍的翻译和发行。英国传教士马礼逊(Morrion)于1815年首次将西方印刷术传入中国。伴随着近代资产阶级革命的发展,民族出版产业兴起,1897年成立的商务印书馆是这一兴起的标志,民族出版产业逐步取代教会的译书机构。这时候,在我国早期的民主革命与文化运动中,报刊出版和图书印刷成为传播思想的重要阵地。

在近代资产阶级革命与新文化运动中,民营的出版企业如雨后春笋般出现,知识分子利用所学知识投身出版行业,实现了出版的专业化与职业化,出版成为一种规模化的行业,有专门的组织与运行机构、从业人员、管理模式等,这都标志着行业的成熟。此时的出版内容围绕着"救亡图存"的时代主题,翻译西方书籍、办报、办刊,积极宣传西学进行思想的启蒙。此时西方出版自由的观念传入中国,成为资产阶级革命的一个重要口号,也是资产阶级反对封建专制,占领宣传舆论阵地的重要手段与武器。李大钊在1919年曾指出:"思想自由与言论自由,都是为保障人生达到光明与真实的境界而设的。"胡适、李大钊等人1920年在《争自由的宣言》一文中对"出版自由"的认知更加深刻,从规章制度与法律制定的角度提出,出版印刷活动与业务需要适宜的制度体系。中国近代知识分子在争取出版自由的权利中反抗着封建专制主义这座"大山",为我国出版产业的发展奠定了基础。同时,著作权、知识产权、进出口版权贸易的保护等意识也在近代化发展的大环境之中日益觉醒,并有了体系化、制度化的尝试。

在中国近代化发展过程中,出版产业依托着悠久历史形成的文化积淀,在近代化技术与制度转型过程中,实现了技术的全方位革新,包括印刷、造纸和装订等技术;同时,在"开眼看世界"的过程中形成了具有近代特色的出版理念。在此阶段,我国的出版产业作为一个产业体系基本成型。

3. 起步阶段:新中国成立之初百废待兴。战争的危害是毁灭性的,新中国的成立标志着民族的独立,越发稳定的国内外局势对经济的恢复和发展起到重要的作用。此时整个中国社会各行各业都处于一个百废待兴的阶段。据不完全数据估算,1949年全国仅出版图书8000余种,总印数1.05亿册,期刊257种,总印数0.2亿册,与中国当时4亿人口数量相比,实在是无法满足文化发展的需求。

1949年10月,政务院设立出版总署主管全国出版事业,主要职责是管理国家出版物的编辑、翻译及审定工作,建立及经营国家出版印刷、发行事业。人民日报1950年11月1日刊印的《政务院关于改进和发展全国出版事业的指示》(下称《指示》)中曾指出:"书籍杂志的出版、发行、印刷,是与国家建设事业、人民文化生活至关重要的政治工作。"届时国家采取"统筹兼顾,分工合作"的原则调整公私出版产业之间的关系,同时《指示》确立中央人民政府出版总署为中央人民政府负责指导和管理全国出版事业的总机关,出版产业中的各公私营书刊出版、发行、印刷机构在统一的方针下分工合作。书籍杂志的出版、发行、印刷是三种性质不同的工作,逐步实现科学的分工出版,对当时出版产业的产品种类、地区布局、组织结构的调整与发展均具有重要的指导意义。

自此之后,我国的出版产业在总体方针与规划的指导下,进入较快的发展阶段。出版社作为出版产业的核心,在此阶段焕发出蓬勃生机。到1956年底,全国已有出版社97家,出版图书28 773种,总印数17.84亿册,是1949年出版图书种类和总印数的3.6倍和17倍;出版期刊3.53亿册,是1949年的17.7倍。1956—1965年,我国的经济正在进行社会主义道路的探索,出版社的性质与发展模式发生了较大的变化。具体数据如表3-1所示。

表3-1　1949—1965年中国出版产业发展概况

| 年份 | 出版社总数(家) | 图书出版 | | 期刊出版 | |
| --- | --- | --- | --- | --- | --- |
| | | 总数(种) | 总印数(亿册) | 总数(种) | 总印数(亿册) |
| 1949 | — | 8000 | 1.05 | 257 | 0.20 |
| 1950 | 211 | 12 153 | 2.75 | 295 | 0.35 |
| 1951 | 385 | 18 300 | 7.03 | 302 | 1.77 |
| 1952 | 426 | 13 692 | 7.86 | 354 | 2.04 |
| 1953 | 352 | 17 819 | 7.54 | 295 | 1.72 |
| 1954 | 167 | 17 760 | 9.39 | 304 | 2.05 |
| 1955 | 96 | 21 071 | 10.79 | 370 | 2.88 |
| 1956 | 97 | 28 773 | 17.84 | 484 | 3.53 |
| 1957 | 103 | 27 571 | 12.75 | 634 | 3.15 |
| 1958 | 95 | 45 495 | 23.89 | 822 | 5.39 |
| 1959 | 96 | 41 905 | 20.92 | 851 | 5.28 |
| 1960 | 79 | 30 797 | 18.01 | 422 | 4.67 |
| 1961 | 80 | 13 529 | 10.16 | 410 | 2.32 |
| 1962 | 79 | 16 548 | 10.85 | 483 | 1.96 |
| 1963 | 78 | 17 266 | 12.93 | 681 | 2.34 |
| 1964 | 84 | 18 005 | 17.07 | 856 | 3.53 |
| 1965 | 87 | 20 143 | 21.71 | 790 | 4.41 |

根据以上数据可见1949—1965年这段时间内的发展,无论是从出版图书、期刊的种类还是总印数上来看,我国的出版产业都取得了阶段性的成果。

4.陷入困境:动荡十年的曲折发展。1966—1976年,我国经历了曲折发展的十年。在这十年中,文化领域各产业的发展都遭受到了前所未有的打击,历经近二十年建立起来的出版产业更是受到了极大的破坏和摧残。

如表3-2所示,在这十年之中,我国的出版社数量、出版物总数与总印数都呈现出发展十分缓慢的变化趋势。根据以上数据可以看出在这十年中我国出版产业整体上呈现出一个十分缓慢的增长态势。相较于1965年的数据来看,全国出版社的数量、图书出版总数、期刊出版总数都呈现出一个不增反降的态势。在这个特殊的发展时期,专业类书籍、科研类书籍、学术著作、文学创作等都受到了严格的管制,文娱事业一片惨淡与荒芜,出版产业更是在夹缝中艰难地生存。

表3-2　1966—1976年中国出版产业发展概况

| 年份 | 出版社总数(家) | 图书出版 | | 期刊出版 | |
|---|---|---|---|---|---|
| | | 总数(种) | 总印数(亿册) | 总数(种) | 总印数(亿册) |
| 1966 | 87 | 11 055 | 34.96 | 191 | 2.34 |
| 1967 | — | 2925 | 32.23 | 27 | 0.91 |
| 1968 | — | 3694 | 25.01 | 22 | 0.28 |
| 1969 | — | 3964 | 19.12 | 20 | 0.46 |
| 1970 | — | 4889 | 17.86 | 21 | 0.69 |
| 1971 | 46 | 7771 | 24.21 | 72 | 1.60 |
| 1972 | 51 | 8829 | 23.89 | 194 | 2.32 |
| 1973 | 65 | 10 372 | 28.01 | 320 | 3.22 |
| 1974 | 67 | 11 812 | 29.89 | 382 | 4.00 |
| 1975 | 75 | 13 716 | 35.76 | 476 | 4.39 |
| 1976 | 75 | 12 842 | 29.14 | 542 | 5.58 |

5. 走向繁荣：改革开放迎来新机遇。改革开放是我国社会经济发展的重要历史转折点。1978年党的十一届三中全会确立了"改革开放"的方针，进行社会主义市场经济体制的探索，我国各行各业都取得了举世瞩目的成就。文化领域内的拨乱反正确立了正确的文化发展方向，使出版产业内的生产力得到强有力的释放，传统出版产业迎来新的机遇。

但从数据上看（表3-3），我国的出版社数量、出版物种类、出版物总印数都有了显著的增长。出版社数量从1977年的82家增长为2000年的528家。图书与期刊的种类更是实现了超过10倍的增长，图书总印数也从33.08亿册几乎翻了两倍，增长为62.74亿册；期刊出版更是从18.8亿册增长至100.04亿册。根据以上数据可见1977—2000年这段时期内，我国的出版产业迎来了辉煌的发展，保持了稳定的增长趋势，成为国民经济产业中的重要支柱。

表3-3 1977—2000年中国出版产业发展概况

| 年份 | 出版社总数（家） | 图书出版 | | 期刊出版 | |
| --- | --- | --- | --- | --- | --- |
| | | 总数（种） | 总印数（亿册） | 总数（种） | 总印数（亿册） |
| 1977 | 82 | 12 885 | 33.08 | 628 | 18.8 |
| 1978 | 105 | 14 987 | 37.74 | 930 | 22.74 |
| 1979 | 129 | 17 212 | 40.72 | 1470 | 30.14 |
| 1980 | 169 | 21 621 | 45.93 | 2191 | 36.72 |
| 1981 | 191 | 25 601 | 55.78 | 2801 | 45.4 |
| 1982 | 214 | 31 784 | 58.79 | 3100 | 46.05 |
| 1983 | 260 | 35 700 | 58.04 | 3415 | 52.47 |
| 1985 | 371 | 45 603 | 66.73 | 4705 | 77.29 |
| 1986 | 395 | 51 798 | 52.03 | 5248 | 68.13 |
| 1987 | 415 | 60 213 | 62.52 | 5687 | 72.67 |

续表

| 年份 | 出版社总数（家） | 图书出版 | | 期刊出版 | |
|---|---|---|---|---|---|
| | | 总数（种） | 总印数（亿册） | 总数（种） | 总印数（亿册） |
| 1988 | 448 | 65 962 | 62.25 | 5865 | 71.2 |
| 1989 | 462 | 74 973 | 58.64 | 6078 | 50.74 |
| 1990 | 462 | 80 224 | 56.36 | 5751 | 48.12 |
| 1991 | 465 | 89 615 | 61.39 | 6056 | 54.44 |
| 1992 | 480 | 92 148 | 63.38 | 6486 | 62.73 |
| 1993 | 505 | 96 761 | 59.34 | 7011 | 64.21 |
| 1994 | 514 | 103 836 | 60.08 | 7325 | 63.86 |
| 1995 | 527 | 101 381 | 63.22 | 7583 | 67.02 |
| 1996 | 528 | 112 813 | 71.58 | 7916 | 68.06 |
| 1997 | 528 | 120 106 | 73.05 | 7918 | 73.3 |
| 1998 | 530 | 130 613 | 72.39 | 7999 | 79.87 |
| 1999 | 529 | 141 831 | 73.16 | 8187 | 96.78 |
| 2000 | 528 | 143 376 | 62.74 | 8725 | 100.04 |

不过，1977—2000年的发展过程中，也并非是一帆风顺的，各行各业都是在"摸着石头过河"的探索。在动荡的十年结束后的初期，经历了文化的荒芜，而人民对于精神文化产品的需求高涨，创造出了庞大的社会需求，这也进一步激发了出版社的生产能力。在此阶段，出版产业处于典型的卖方市场，出版物的生产速度大幅提高，但是依然追不上人们从束缚中解放出来的需求，整个文化市场是供不应求的。饱受摧残的出版产业也在这二十年左右的时间内，实现了突飞猛进的发展。

当然，这种增速与增幅是十分罕见的，且并非是市场运作下的自然经济过程。因而在国民经济恢复以后，人民生活水平日渐提高的整体环境下，出版产业高速增长的势头放缓。到了20世纪80年代中期，出版社的数量、出版物的总印数等都出现了增速放缓甚至是负增长的状态，这也正是我国文化市场饱和的一种

表现,证明了非常规的爆发式增长并不能真正地实现可持续发展。在这种饱和的市场状态下,卖方市场开始转变为买方市场,读者对于出版物的需求也呈现多样化的特点。相应的,出版物的生产也面临着市场化的调整,出版社需发掘更加优质的内容,编辑工作前移,且成为出版工作中的重要环节。在需要优质内容资源的同时,读者对于书籍和期刊的印刷材质、出版物的包装、出版物的宣传推广渠道等更加敏感。

社会主义市场经济体制的建设对我国经济的发展有着至关重要的影响。出版事业因其经济与文化的双重性,一直被视作是思想传播与社会教育的阵地,因而在行业管理上实行着事业化管理,但政府的宏观调控在一定程度上造成了企业的活力不足和发展阻滞。而在经历了对市场经济体制的深入探索与制度改革之后,调整图书结构、改进运营策略、树立品牌等都成为出版产业突破阻滞实现全面发展的可选择的途径与方法。

在临近世纪之交的这段时期,国民经济迅速增长、人民生活水平提高都为出版产业的发展奠定了物质基础。虽然面临市场饱和,但我国出版产业依然取得了重大进步,在纸质出版物的基础上,音像出版也得到了迅速的发展。磁带、光盘作为载体,能够突破文字的局限,实现声音、图像的传播,出版物的形式与内容也不断的丰富。各地区的出版单位及其相关企业也寻求集群化形成出版集团,实现集约化的生产,出版、印刷、发行各个环节的企业都在探索独立创新的经营模式与战略。

6. 数字化:出版产业的新探索。传统出版产业数字化探索的阶段并没有一个精准的时间点作为标志。在这个阶段,传统出版产业和数字技术通过共同发展与融合的过程,寻找新的发展方向与出路。

21世纪以来,伴随着互联网技术的发展,数字化浪潮来袭,传统的内容生产方式转变,进入到 UGC（user generated content）即用户原创内容的阶段。而我国的出版领域数字化的转型升级是有规划、有条理的,且被纳入到国家发展的总体布局中,从"十一五"规划开始到"十四五"规划实施,数字出版一直是备受关注的议题。2006 年,"数字出版"的概念被首次提及,国家"十一五"规划重点列出数字出版技术、数字化出版作为科技创新重点。2008 年,国家新闻出版总署成立科技与数字出版司,后更名为数字出版司。2010 年,国家新闻出版总署发布《关于加快我国数字出版产业发展的若干意见》,对数字出版的概念进行了界定:"数字出版是指利用数字技术进行内容编辑加工,并通过网络传播数字内容产品的一种新型出版方式,其主要特征为内容生产数字化、管理过程数字化、产品形态数字化和传播渠道网络化。"数字出版产业有了更为清晰的发展方向。2009 年和 2010 年,数字出版的产值规模已达到 799.4 亿元与 1051.79 亿元,《2020—2021 中国数字出版产业年度报告》显示,到 2020 年,我国数字出版产业整体收入达到 11 781.67 亿元,比十年前增长了 11 倍,数字化阅读质量逐步提升。

2012 年,"十二五"规划指出:"出版业要推动、加快从主要依赖传统纸介质出版物向多种介质形态出版物的数字出版产业转型,应用新技术、新装备、新工艺改造新闻出版流程,拓宽新闻出版服务领域,持续推进内容、形式、技术方面的创新。"2014 年,国家新闻出版广电总局发布了《关于推动新闻出版业数字化转型升级的指导意见》作为发展的指导,新闻出版业积极响应,切实保障政策落实生效。在项目的推动下,一批内容生产平台建立起来,涵盖了全媒体资源管理、选题策划、结构化加工、协同编辑等生产主体。值得注意的是,在内容传播渠道、经营管理机制等方面,传统出版与新兴出版的融合发展也进一步深化。

"十三五"时期,在"十三五"规划纲要《新闻出版广播影视"十三五"发展规划》等政策文件的指导下,我国数字出版产品种类和形式日益丰富,知识付费

市场呈现出繁荣景象。此时技术发展的主要特征为5G通信技术的进步,国内数字出版产品的类型逐步由"十二五"期间的电子书产品为主、少量的听书产品为辅的局面演进至电子书、有声书、数据库、电子期刊、在线教育、音视频直播、基于移动端APP的手机出版等多个产品类型并存的局面。其中,"十三五"的开局之年——2016年被称为我国的"知识付费元年",知乎、果壳、罗辑思维等平台相继推出知乎、分答、得到等知识付费产品,获得了大量用户关注与流量扶持,"知识付费"成了"十三五"初期新闻出版领域的"风口"。2016年亦是直播的重要"风口",网络直播崭露头角,多家新闻机构和出版企业涉足直播业务,开始了知识服务的全新尝试。2017—2019年,网络直播成了企业营销的"新战场"、新闻报道的"第一线"。2020年新冠病毒感染疫情的暴发助推了新闻出版领域对直播、短视频的应用,知识服务型直播为新闻出版机构带来了品牌效应,各新闻出版机构持续以时效性强、新颖度高的内容争夺用户的注意力。伴随着"直播+"成为数字媒体的标配,传统媒体纷纷"下场"转型,在抖音、快手、哔哩哔哩等视频平台营运官方账号,以更加亲民的形象出现在大众视野;而传统出版社也纷纷在电商平台开设直播间,以直播带货的形式营销图书,在短视频平台通过拆书、讲书的方式进行知识服务,赢得了不少读者的关注。

"十三五"期间,我国新闻出版标准化研究呈现出体系日益健全、效能有效释放、国际水平稳步提升的发展态势,新闻出版领域的标准化程度得到了显著提升,相关标准的研发工作常态化推进,标准的研发应用水平、数量与质量、覆盖面与体系化程度均进一步提升。《新闻出版数字内容对象存储、复用与交换规范》《新闻出版 知识服务 知识资源建设与服务工作指南》《新闻出版内容资源加工规范》《盲用数字出版格式》《声像节目数字出版物技术要求及检测方法》等系列标准在"十三五"期间颁布施行,有效填补了之前相关领域的空白。标准的制定与实施有效地支持了新闻出版转型升级实践活动的开展。

2021年,"十四五"规划就传统产业数字转型升级这一问题进一步提出:要促进数字技术与实体经济深度融合,赋能传统产业转型升级,催生新产业新业态新模式,壮大经济发展新引擎。在新的规划指导下,出版产业必将承接多年来沉淀的资源,积极发挥技术优势,实现新阶段的继续发展。

(二)我国传统出版产业发展的现状

2019年,在出版资本与人才资源上,出版传媒类集团公司及上市公司总体向好且市场规模进一步扩大。集团资产规模进一步扩大,利润总额增速加快,主营业务收入恢复增长,共有21家集团资产总额超过100亿元;其中,8家集团资产总额、主营业务收入和所有者权益均超过百亿。2019年出版传媒上市公司新增1家,出版传媒企业各项经济指标整体全面增长;同时新闻出版单位数量有所增加,印刷复制企业与出版物发行企业中,民营企业营收指标所占比重均得到提高,尤其在出版物发行企业中,民营企业在营业收入、资产和利润中所占比重继续提高。

2021年12月,国家新闻出版署发布了《2020年新闻出版产业分析报告》(下称《报告》),《报告》内容显示,2020年全国出版、印刷和发行服务实现营业收入16 776.3亿元,较2019年降低11.2%;拥有资产总额22 578.7亿元,降低6.3%;所有者权益(净资产)11 425.4亿元,降低6.0%。2020年,受新冠病毒感染疫情等因素严重冲击,新闻出版产业规模有所下滑,但发展基本面仍保持稳定。在产业结构上,我国图书出版营业收入依旧保持较高增速,利润总额增长提速,报刊出版营业收入保持稳定,利润总额增长。

地区结构上,我国东部地区出版产业的总体经济规模始终保持着强劲的发展势头。《报告》通过对全国31个省(自治区、直辖市)及新疆生产建设兵团新闻出版业的总体经济规模综合评价,广东、江苏、北京、山东、浙江、上海、福建、四川、安徽和江西依次位居全国前10,东部地区保持着出版产业布局中的强势地位。

## 第三节 我国当前传统出版产业面临的问题

我国传统出版产业在漫长的发展过程中已经取得了相当可观的成绩,在满足人民物质文化需求上发挥了重要的作用,同时在我国的教育宣传领域发挥着重要的引领作用,也形成了一些实力雄厚的出版集团。但是我国传统出版产业在市场经济体制竞争环境中与新技术冲击下,也面临着转型升级带来的问题,阻碍着产业的发展与进步,发现并解决好这些问题,对我国出版产业的持续发展具有重要意义。

(一)数字化转型概念不清

目前我国已经将数字出版确定为改革与转型的方向,但是对于数字出版的理解依旧停留在产品形式的转换上,如将纸质版图书转化成电子书,忽略了数字化转型是一个整体的概念,而是企业运行管理模式与产业链的全面数字化、现代化。传统出版企业与传统出版企业的数字化两者之间,实际上存在着巨大的差别。数字出版的主要特征不仅局限在内容载体的数字化,更包括内容生产数字化、管理过程数字化、产品形态数字化和传播渠道网络化等全产业链的数字化转型。

根据中国数字出版产业年度报告课题组发布的《步入高质量发展的中国数字出版——2019—2020年中国数字出版产业年度报告》显示:2019年,国内数字出版产业整体收入规模为9881.43亿元,较去年增长11.16%;传统书报刊数字化产品、互联网期刊、电子图书、数字报纸的总收入为89.08亿元,在数字出版年度总收入中所占比例为0.9%,相较于2018年的1.03%、2017年的1.17%和2016年的1.54%,收入占比增幅呈现出持续下降态势。传统形式的图书报刊等出版物单纯地进行数字化的载体转换,其竞争力仅存留在传统纸质媒体时代的优质内容资源,而多媒体文化产品凭借着声画影像的优势,如网络游戏、移动阅读、有声读物等,形成了传统出版所不具有的新的竞争优势。旧的优势和新的优势在市场上形成了新的碰撞,显然在依托传统资源优势改造出版物形式这一环节,传统出版产业已经显示出了劣势。

数字出版的概念更要扩展至全产业的范畴,而不仅是技术层面。"十二五"规划就曾经提到,出版产业要推动产业结构调整和升级。数字出版是一个宏观的产业布局的概念,出版物产品结构、出版产业结构、地区结构、出版及相关企业的管理模式等,都应被纳入到整体的数字化、现代化布局之中。

(二)出版人才资源匮乏

就我国目前的出版规模来看,人才资源是远远不能满足生产需要的。根据《2019年新闻出版产业分析报告》的内容显示,我国从事出版行业的从业人员数量连续下降,这和我国目前文化产业大跨步发展的现状明显相悖。人力资源的匮乏必然会引起行业发展的动力不足,尤其是在传统出版产业数字化转型的重要阶段,突显出对数字出版人才的需求,更强调掌握新的技术、新的管理方式的要求,同时还需要具有出版方面的经验和专业知识,而这种复合型人才在国内极其缺乏。因此,为了突破数字化出版转型所处的困境,适应这种新的变革,必须开展数字出版人才队伍的建设。

在大数据主导的新媒体时代,新闻出版产业需要从传统的纸媒出版向以数字化全媒体技术和互联网为依托的数字出版转型升级,不仅传统出版产业需要数字化转型升级,人才也需要数字化转型升级。原新闻出版总署署长柳斌杰曾多次强调,培养一批既掌握不断发展变化的数字出版技术,又熟悉出版专业知识,同时又擅长经营管理的复合型数字出版人才。这虽属不易但又是必须加强的任务。

目前文化出版产业面临着来自技术与市场的挑战,传统媒体与新媒体之间、传统销售渠道与网络零售平台之间的竞争就体现了技术更新和市场发展的新需求和新挑战。面对新媒体与网络零售平台的冲击,出版传媒企业在加快数字化转型的同时,也在积极探索内容、渠道、平台、经营、管理等方面的融合,推动行业内的企业跨行业、跨媒体进行资产重组,涉足互联网金融、在线教育、大数据、网络游戏等新业态,然而这也对从业人员提出了更高的要求。按照传统出版产业需求培养出来的人才,已经不能适应日新月异的行业市场变化,必须进行人才的转型升级,探索复合型人才的培养、寻找符合行业发展需求的高素质人才。

出版产业中的人才资源短板,不仅体现在数量上,还体现在人才资源的结构上。我国传统出版产业人才的技能,主要为纸质媒介相关的内容编辑、策划和营销技能,对于数字化的技能掌握较少。就目前而言,新闻出版业超过七成的从业人员集中在印刷复制这一环节。公布的2019年数据显示,全国新闻出版业就业人数为362.4万人,其中印刷复制业就业人数为272.8万人,在中高层的领军人才和骨干人才中,复合型数字出版人才、创新型数字出版策划编辑人才、开拓型数字经营人才缺口严重。现有的中高层运营与管理人员多为传统出版产业中具有多年工作经验的资深员工,面对数字化转型升级的迫切发展要求,具有传统出版背景的员工在思考习惯与行为习惯上对于数字出版的细节把握不足。数字出版与传统出版的融合与转型升级,需要各个层级的人才都具有复合的、多元的、交叉学科的能力。

(三)国际市场竞争力不足

改革开放以来,尤其在我国加入WTO之后,国际合作更加紧密。但是国外的出版集团也通过各种合作或者授权等方式,进入我国的出版市场,在某种意义上也对我国的出版产业造成了严重的威胁。国际出版是一个意识形态输出的重要过程,也是我国传播中国文化的重要途径,然而我国的进出口出版贸易明显存在弱势。《2019年新闻出版产业分析报告》数据显示,在2019年我国新闻出版物进出口营业收入为85.53亿元,在我国新闻出版总体产业收入中占比0.45%,营业收入增速下降、收入占比下降,但在总体上,出版物进口、出口金额均在增加,而贸易逆差有所扩大,国际市场这一领域依然存在较大短板。

我国在图书出版领域虽然已经具备成形的产业集团,但是还没有正式对国外出版公司开放,国外的出版企业通过驻华办事处或分支机构、参股出版企业等形式,参与到我国的出版市场中,充分发挥其技术上积累的图书制作优势,以获得更高的市场占有率。在销售领域中,一些大型的国际出版企业试图通过图书俱乐部的方式进入到我国的图书销售领域,如贝塔斯曼集团。在知识产权领域,我国的版权贸易虽然早已开放,但是针对国际贸易中有关出版业产权的法律法规暂未成形,贸易活动的开展受限于国际市场环境及不同国家间的差异,在制度上缺乏强有力的保障制度以确保自由贸易的开展。

# 参考文献

[1] 赵晓恩. 出版词典[M]. 北京:中国书籍出版社,1991.

[2] 龚勤林. 论产业链的构建与城乡统筹发展[J]. 经济学家,2004(3):3.

[3] 杨公朴. 现代产业经济学[M]. 上海:上海财经大学出版社,2005.

[4] 蒋国俊,蒋明新. 产业链理论及其稳定机制研究[J]. 重庆大学学报,2004(1):38-40.

[5] 李仕明. 构造产业链,推进工业化[J]. 电子科技大学社科版,2002(3):75-78.

[6] 郁义鸿,管锡展. 产业链纵向控制与经济规制[M]. 上海:复旦大学出版社,2006.

[7] 方卿. 论出版产业链建设[J]. 图书情报知识,2006(5):4.

[8] 徐艳,刘羽.IP 热背景下的传统出版业产业链重构[J].中国出版,2017(15):38-41.

[9] 国家新闻出版署.2020 年新闻出版产业分析报告[R].2012.

[10] 邓香莲.数字出版:传统出版产业链的价值延伸[J].科技与出版,2007(12):17-19.

[11] 毛蕴诗,郑奇志.基于微笑曲线的企业升级路径选择模型[J].中山大学学报(社会科学版),2012,52(3):13.

[12] 王建辉.中国出版的近代化[J].华中师范大学学报(人文社会科学版),2002(5):82-87.

[13] 李大钊.危险思想与言论自由[J].语文新圃,2004(9):10-11.

[14] 匡导球.二十世纪中国出版技术变迁研究[D].南京:南京农业大学,2009.

[15] 中国出版工作者协会.中国出版年鉴[M].北京:商务印书馆,1980.

[16] 曾庆宾.中国出版产业发展研究[D].广州:暨南大学,2003.

[17] 中国出版工作者协会.中国出版年鉴[M].北京:商务印书馆,1980.

[18] 张新新.吉光片羽:人工智能时代的出版转型[M].北京:清华大学出版社,2019:220.

[19] 李游.出版产业项目发展趋势与对策研究:以新闻出版改革发展项目库为例[J].出版发行研究,2016(6):19-22.

[20] 张立,介晶,梁楠楠,等.遭遇大数据时代的传统出版业[M].北京:社会科学文献出版社,2018:90-91.

[21] 黄先蓉,常嘉玲.我国出版产业转型升级趋势与政策建议:出版业"十三五"时期回顾与思考[J].中国出版,2020(22):19-26.

[22] 喻国明,郭超凯.线上知识付费:主要类型、形态架构与发展模式[J].编辑学刊,2017(5):6-11.

[23] 赵梦媛.网络直播在我国的传播现状及其特征分析[J].西部学刊(新闻与传播),

2016（8）：29-32.

[24] 柳杨. 直播时代出版机构营销模式探析[J]. 出版广角,2020（12）：19-22.

[25] 郎彦妮. "十三五"时期我国新闻出版标准化发展研究[J]. 出版发行研究,2021（5）：50-56.

[26] 国家新闻出版署.2019年新闻出版产业分析报告[Z].2020.

[27] 沈宁. 新闻出版青年创新人才培养激励的探索与思考：以山东省新闻出版行业青年人才培养为例[J]. 出版广角,2018（10）：26-28.

# 第四章
# 中文学术著作传统出版的发展现状

学术著作是呈现学术活动和研究成果的重要载体,学术著作出版活动是学术交流系统的重要组成部分,也是图书出版业的主要工作之一,重视学术著作的出版对于学术活动的发展有着重要意义。

中文学术著作的出版按传播载体分类,主要可分为纸介质型、光盘型和网络电子版。纸介质型是学术著作出版的传统类型;光盘型是纸介质型学术图书的一种辅助形式,光盘曾因储量大、便携而普及,但是伴随着云储存与移动存储的普及,这种形式逐渐退出主流;网络电子版是在网络上以电子图书的形式出版,它也是纸介质学术图书的辅助与演化形式。目前各类学术网站,如中国知网、维普、万方、超星阅读等都提供学术书目的检索和阅读,各大图书馆也建立了较为完备的互联网图书资源空间,海量的图书供读者阅读。

海量的信息知识对于检索和存储都提出了更高的要求,因而中文学术著作的出版也在探索着集约化的生产道路,传统的纸介质型图书出版方式呈现出去适应互联网发展的现代化趋势。因此,在研究数字化出版这一议题之前,首先需要对一直占据学术著作出版大半壁江山的传统纸介质型出版方式进行一个剖析。本章节将延续传统出版产业发展的脉络与基础,对我国中文学术著作传统出版的特点、政策、市场和人才培养等进行深入的分析。

## 第一节　特点

学术著作不仅拥有图书的记载、传播和积累人类精神文明成果及知识内容的功能,还同样具有相应的物质产品形态,其所特有的创造性、科学性、专门性、理论性和系统性使学术著作这一类别的出版物在出版过程中,既具备一般出版规律,又具有独特的出版特点。本节将结合学术著作传统出版的价值内涵对中文学术著作传统出版的特点展开分析。

### 一、学术著作出版的价值分析

学术著作类出版物是学术研究成果的物质载体,通过出版实现了学术研究过程和结果的记录与传播。对于学术界来说,这是对学术行为的激励;对于出版界来说,拉高了出版产业相关从业人员的准入门槛并有利于塑造严谨科学的出版氛围。学术著作自身特有的文化属性和出版业的产业发展是一个相互影响的过程,最终目的是实现学术价值与商业价值的结合。

#### (一)学术界与出版界融合发展双促进

学术领域与出版领域都是我国文化产业的重要组成部分,学术著作出版实现了将学术界和出版界两个文化生产领域有机地结合,而在两个领域中又存在着众多的互动空间。学术界源源不断地为出版领域提供高质量的学术内容资源,出版则使学术研究成果得以实体化,并能够进行广泛的流通与传播。

从学术界的影响角度来看,学术著作的出版对于学术与行业的发展都有积极的推动作用。对于从事科研的学者来讲,学术著作的出版发行对学术工作者是一种充分的激励,能够推动我国学术科研事业的发展,吸引更多的人关注、支持和献身于学术科研事业,从文化和科技创新层面上提高我国的国际竞争力。对于学术

## 第四章 中文学术著作传统出版的发展现状

界的发展而言,学术著作的出版是学术交流系统的重要组成部分。研究者的研究内容与学术成果需要一个载体来呈现和传播,只有落到具体可见的出版物上,学术成果才能够更加便捷地传递出去,得到同行的评价并实现学术的沟通与交流,研究者的研究才能够为人所知悉,并能在学术领域创造更高的价值。

从出版界的影响角度来讲,学术著作的出版有助于培养更加专业的学术型编辑人才。学术著作特有的学术性,使出版物的编校工作比一般的大众图书出版更加需要专业性和严谨性,这对出版业的相关从业人员提出了更高的职业要求。学术著作出版的背后不仅是研究者或学者的功劳,更离不开编辑的付出。学术著作的编辑通常具有更高层次的专业知识与能力,需要对作者的研究领域有一定的认知,能够辨别其理论、方法与结论正确与否,保证作品的质量,避免出版发行后在社会上引起质疑。这对学术型编辑来说,无疑是一种巨大的挑战。人才的准入门槛提高,又对学术著作出版领域的从业人员提出了更高的要求,只有优中选优的高精尖人才才能够满足业务发展的需要。人才选拔标准的提高对于产业的发展来讲是一种生产力层面的精进。

学术著作的出版还有助于出版社提升行业的整体形象,铸就出版单位的美好声誉,创造社会效益。一部好的出版作品能够帮助出版单位奠定自身在专业领域内的强势地位,进而使之转化成无形的社会声誉的基础,实现更加长远的发展。如1898年由商务印书馆刊行的《马氏文通》是中国现代语言学的开山之作,这一出版物奠定了商务印书馆在中国现代语言学领域的强大地位,获得了行业内外的认可。之后,赵元任、黎锦熙、王力、吕叔湘、高名凯等语言学大师的成名作均由商务印书馆出版,这使商务印书馆进一步强化了其在中国现代语言学领域内的学术出版专业地位。

综合来讲,学术著作的出版对于学术界和出版界具有双向的促进作用,且能够保证一个有机的良性循环过程。首先,两者的融合发展推动了我国科研学术领域的交流与互动,帮助读者获取学术资料,促进更进一步的科研,有助于实现某一专业领域的学术互动与思想碰撞。同时,因为学术著作的专业性强,其读者受众相对较窄,但是需求稳定,且读者多受过较高程度的教育,学术著作的出版发行也是在培养读者,使之成为新的潜在创作者的过程,以此保持了学术著作出版源源不断的生命力。

(二)学术价值与商业价值的结合与实现

图书是物质产品和精神产品的结合体,学术著作作为其中特殊的部类,其特有属性决定了它的社会效益远高于出版物售卖带来的经济效益,而实现学术价值和商业价值的结合是学术著作出版的重要目标。

在社会主义市场经济条件下的图书是商品,图书生产属于商品生产,物质生产规律贯穿整个生产过程。图书出版物在形式上是物质产品,在内容上却是精神产品,而学术专著精神价值中的学术价值超过一般品类的出版物,娱乐性较低、专业性与科研性更高,因此市场受众更加具有针对性,多为高知识层次读者,特定领域的学术著作受众更是针对特定专业领域的一部分人。这就决定了学术出版物在市场中的经济价值与其实际的学术价值并不相匹配,其学术价值与商业价值的关系并非是一个正向同步的趋势。在受众多元化、阅读娱乐化的大环境中,图书种类越发多元,严肃认真的学术著作并不一定畅销,学术价值和商业价值呈现出突出的分离状态。

从宏观上来讲,学术著作具有的学术价值是其他任何类别的图书所无法比拟的。首先,优秀的学术著作对于推动科研进步与社会发展的作用和贡献是毋庸置疑的,学术著作的社会效益是长期的、多方的,科研工作者、学术研究人员将几年、几十年甚至一生的思想精华汇聚到产品之中,其产出的价值具有浓缩性。同时,图书能够传播先进知识,提高劳动者的整体素质、创新精神和科研能力,从根本上促进国家发展,这一积极作用在知识经济时代和学习型社会表现得更为突出,也表现在学术图书中。学术著作的出版发行还使学术信息广泛传播,使学术资源在更广泛的范围里被认知、被利用。而学术理论一经与实践相结合,因其具有一定的前瞻性、预见性和渗透性,将会更好地指导实践的发展。学术类出版物的传播所产生的社会效益是远远超出其生产流通与售卖成本的。

学术著作的出版是一个学术价值与商业价值有机结合的过程,研究成果转化成物质形态的图书产品,通过编校、印刷、发行和流通售卖等过程到读者手中。当然,一般商品的经济效益主要通过价格来体现,而学术图书有所不同,市场上学术著作的标价多低于其自身价值,售卖数量却呈现出较为低迷的态势,但是一经发售,其使用价值是不可低估的。学术著作的出版"功在千秋",其长远的社会效益显著,如哲学研究、相对论的理论研究等相对于普罗大众来说实在是难以理解,但历史的发展还是证明了学者们的前瞻性思考给后人带来了巨大的福利,甚至改变了人类社会的发展进程。

因此,学术著作的商业价值不仅是通过经济收入来衡量的,学术研究的商业价值转化也是一个更加宏观和长期的过程,这里的商业价值已经被拓宽到一个更加宏观和广义的层面。

## 二、中文学术著作传统出版的特点分析

出版物的自身属性决定了其社会属性。在综合学术著作出版学术界与出版界、学术价值与商业价值等方面的比较分析基础上,本小节主要从以下四个方面对中文学术著作传统出版的特点进行归纳。

(一)策划成书与社会发展相关

选题策划是图书出版的开端,其目的在于为出版工作的整体运行提供一个框架与指导。对于学术图书而言同样如此,只有明确了出版和研究的方向,后续的

编校、印刷装订和发行销售环节才能有序地展开。而学术研究的过程漫长而艰辛，需要学者拥有广博的学识，并且在研究过程中必不可少地需要对领域内的已有研究进行深入而广泛的学习，而研究成果编纂成书的过程又往往比一般的大众图书具有强得多的学术性。学术研究的这种高投入与高时间成本，决定了学术研究成果须具有与投入相匹配的产出价值，对社会和国家的发展也具有更高的价值。

学术著作包含学位论文、国家基金项目、政府扶持的科研项目等，除面临毕业的研究生外，作者多是来自高等院校或科研院所的人才，项目的选题多与国家的发展息息相关。中央或地方政府也为学术研究提供了资金的支持，为学术研究提供物质基础。在各个专业领域，每年也会有具体的课题申请、学术会议与项目成果定期检查，可以说学术著作从最初的选题开始就和国家的方针政策、发展方向密不可分。关注国家与社会的发展脉络，通过学术科研弥补专业领域的空缺，聚焦我国学术研究的精进，通过各专业领域的理论完善为国家的发展政策提供理论指导，都体现了学者强烈的社会责任感与历史责任感。

（二）编校人员专业素养要求高

学术资料构成一个巨大的信息知识资源库，而科研工作者的研究不是闭门造车，需要使用学术资料，在前人的基础上推陈出新，不断地批判继承。学术著作的出版非常重要的一点在于实现了资源的留存，为后来者获取学术信息、开展学术工作提供了支持。学术图书出版是引导、传播和积累学术成果的重要手段。因此，学术图书的正式出版必须经过编辑的选择和加工，需要较通常更加严格的审核。作为信息传播中的"把关人"，编辑要对学术图书进行质量控制，这是一个去粗取精、去伪存真的过程，由此学术成果得到甄别和筛选，有价值的信息得以传播。一部分学术图书价值高，出版单位就会对其进行修订、再版、重印，这一过程再次对现有的学术成果进行了甄选,是一个不断完善和提高的过程。"把关"过程中,任何失误都有可能造成不可估量的损失,甚至曲解作者的学术研究,形成错误的导向,给后来学者的研究造成误导,或者给理论践行者带来错误的提示。具有专业化能力的学术编辑在学术著作出版"把关"这一环节中扮演着至关重要的角色,甚至直接关系出版单位的社会形象。

由于对于人才资源的高要求,在提供准入标准、引进优秀人才方面,出版界已经逐渐达成了共识。出版社招聘编辑岗位的人才要求通过学历考核,需要在高等院校受过本科教育,甚至具有硕士研究生以上学历,专业的教育背景将为人才提供坚实的理论基础和较强的专业能力。当然高水平的人才准入标准在一定程度上会造成人才资源的不足,这也是当前面临与需要解决的重要难题。为解决人才供需矛盾,很多出版单位也在努力探索多元化的人才培养方法,例如:教育背景与岗位培养和考察相结合、跨专业人才的培养、出版单位老带新的培养机制等。

(三)发行销售渠道较为狭窄

图书发行是图书出版的重要环节,又是连接生产与消费的桥梁。图书发行使出版物由文化属性扩展到具备商品属性,只有经过发行,出版物才能被读者知悉,消费者通过购买行为实现图书商品的价值,完成图书完整的出版流程。

学术著作的强理论色彩与专业性决定了其销售具有市场针对性,发行集中在专业的领域之中。一般的大众出版物内容的理解门槛低,在出版社和实体书店的宣传策划下,能够通过特定的角度抓住读者的兴趣点,激发其购买欲望。但是学术著作与一般出版物不同,作为学术研究成果的内容,为了便于理论陈述与延伸,大多使用高度提炼与抽象的思维表达或数据模型,无形之中就对读者设下了理解的门槛。读者需要有较高的阅读能力与知识水平,甚至还需要有一定的专业知识基础,因而学术著作的出版发行大多局限在特定领域的人群之中,在市场化的出版环境里,学术著作的市场显然更为狭窄了。

因作者与读者的专业化身份,学术图书传统的发行营销方式较为局限,制作海报张贴在书店的显眼区、设立图书畅销榜、名人撰写推荐语等大众图书常用的宣传方式,对于学术著作来讲收效甚微,无法有效实现其需求。学术出版物常见的宣传营销方式有利用作者的知名度进行宣传、高校图书馆采购等,较为依赖特定学术圈子的支持,很难突破市场局限,以打开大众市场之门。利用作者的知名度进行宣传,是让作者在他自身的研究领域进行宣传,由学者积累的社会声望和人脉资源实现学术著作的销售;高校图书馆采购是依靠图书馆与出版社多年来形成的互动模式,具有采购量大、需求稳定、退货少、跳过销售环节以节约成本的特点。图书馆采购这一方式主要基于学校的学科设置,首要目的是购进有使用价值的学术书籍为师生的学习和科研提供基础资料。总的来讲,发行和销售都是在特定专业领域内进行,类似于内部流通。

(四)各个出版环节成本较高

学术著作的成本也是影响市场范围的重要因素之一。依据传统出版物进行出版生产时产业链的组织结构,可将图书成本划分为选题策划成本、编校成本、印刷成本、发行成本、管理成本等,每一个环节都产生递增价值,相应成本的投入也是递增的。与一般大众图书注重宣传发行不同,学术图书更侧重于编校、印制和管理层面。在编校环节,学术著作的成书周期长,需要经过科学严谨的理论分析和验证与反复修改;印刷环节则受供需规律的影响,学术著作的印数相对较少,因此平均成本要高于大众出版物,平均成本高则相对定价高,高定价抑制了一部分需求,甚至存在因价格高而转向"盗版市场"的市场乱象;物流管理环节,学术著作在流通过程中市场竞争力弱,且需求具有不稳定性,极易造成仓库积压的状况,无形之中增加了成本。

价值决定价格,在实现较高的社会价值时,出版社也付出了高昂的成本。学术著作的出版物价值和使用价值,都远远高于市场一般出版物的价值和定价,但是根据价格影响需求的市场规律,通过过高定价实现盈利是行不通的,甚至抑制了消费者的购买欲望。如此,学术出版物市场呈现出一片较为低迷的状态,成本增加、产品积压、需求下降等都使学术著作面临着"卖书难"的困境。

## 第二节 政策环境分析

学术著作出版是一项关乎政治原则和社会发展趋向的社会活动,须遵循正确的政治导向以创造社会价值。为了促进我国学术著作出版产业的发展,我国经历了文化领域内的多重改革,而且,从经济基础到上层建筑,都在积极地为学术的繁荣发展提供坚实的支持与保障。

### 一、文化产业与文化体制

经济要发展,制度是保障。文化产业定义的确定与写入有关的文件为我国文化产业的发展提供了重要的前提和制度完善的契机,文化体制与时俱进的改革也为各文化生产部门带来了新的机遇。

(一)文化产业时代的到来

文化产业作为政府进行思想宣传与教育的阵地,一直以来受到严格的管理。伴随着市场体制的建设,旧的体制和政策不适合新的情况,文化事业的发展陷入困境,必须进行改革。

1979年,广州出现了第一家音乐茶座,市场力量开始渗透至文化领域;1985年,国家统计局出台《关于建立第三产业统计的报告》，确认了文化作为"产业"的性质，文化开始拥有了市场含义；1988年，国务院相关部门陆续颁布文化市场管理法规，正式确立了文化市场这一概念。2000年10月，通过了《中共中央关于制定国民经济和社会发展第十个五年计划的建议》，第一次使用了"文化产业"这个概念，提出完善文化产业政策、推动有关文化产业发展的任务和要求。出版业的产业属性开始受到重视，党和政府关于出版产业的政策越来越明晰和具体，市场也得到了一定程度的改善。

2002年是一个重要的转折点，党的十六大把"文化产业"写进报告，指出要支持文化产业的发展，增强我国文化产业的整体实力和竞争力。文化产业不仅具有意识形态的意义，也是经济发展的重要组成部分。作为文化产业一部分的出版业，其产业经济性质开始受到空前重视，我国正式进入到文化产业的时代。

2006年是"十一五"规划的伊始之年，到2020年"十三五"规划收官之年，文化产业的整体政策布局实现了历史性的跨越。2006年，国家"十一五"规划确定了文化产业的重点门类，为文化产业的深入发展提供了契机，促进了文化产业的高速发展。2011年，国家"十二五"规划进一步明确了文化体制改革与发展的重点任务，"十二五"期间我国文化市场不断拓展和开放，高新技术与文化产业进一步融合发展，文化产业在我国国民经济发展中的地位与作用日益凸显。为加强产业管理、增强竞争力，文化产业立法进程加快，国家在总揽文化产业全局的基础上，明确了文化产业支柱地位。2015年8月，《公共文化服务保障法》《文化产业促进法》被列入全国人大常委会立法规划第一档项目，国家从立法层面为文化产业的发展提供规范与保障。《网络安全法》《公共图书馆法》《电影产业促进法》《著作权法（修改）》《文物保护法（修改）》《广播电视传输保障法》相继颁布，逐步形成了一个较为完备的文化法律体系。

## 第四章　中文学术著作传统出版的发展现状

### (二)文化体制的改革演进

改革开放四十多年来,我国社会的方方面面都已经发生了天翻地覆的变化,伴随着市场经济的建设,各个领域的体制制度也发生了重大的转变。其中,文化体制的改革是为了实现社会主义制度在文化领域的自我完善和发展,对于丰富与完善我国的社会主义理论体系具有重要意义,为提高我国文化竞争力、综合国力与国际竞争力奠定了坚实的基础。总体而言,在我国文化体制改革主要经历了起步与探索、推进与加快、全面与深化三个阶段。

改革开放打开了社会改革的新局面,从十一届三中全会到21世纪初是我国文化体制改革的起步与探索阶段。1978年,中国共产党召开了十一届三中全会,确立了改革开放的方针目标,思想上实现了拨乱反正。1979年10月,在中国文学艺术工作者代表大会上,意识领域的松绑预示着文化体制改革势在必行。1980年2月,全国文化局长会议正式揭开了持续至今的文化体制改革序幕,会议明确了坚决、有步骤地改革文化事业体制的任务和目标。1989年国务院批准在文化部设置文化市场管理局,全国文化市场管理体系开始建立。1992年10月,党的十四大提出"积极推进文化体制改革,完善文化事业的有关经济政策"的基本方针。1996年7月,党的十四届六中全会强调"改革文化体制是文化事业繁荣和发展的根本出路"。随后,党的十五大和党的十五届五中全会都进一步强调了"深化文化体制改革"。这一阶段,从国家层面提出了文化体制改革的任务和一系列促进文化发展的方针政策,初步建立了相关的管理制度与机构,创造了一个良好的改革开端,文化产业政策得到初步完善,各项文化经营活动得到较快发展。

第二阶段是文化体制改革的推进与加快阶段。2002—2012年,改革步伐明显加快,文化体制改革日渐深入。2002年11月,党的十六大报告提出要"根据社会主义精神文明建设的特点和规律,适应社会主义市场经济发展的要求,推进文化体制改革"。2003年6月,中央召开全国文化体制改革试点工作会议,研究部署先行试点工作,包括深圳在内的9个地区、35个文化单位成为文化体制改革试点,试点地区和单位积极培育市场主体、深化内部改革、转变政府职能、建立市场体系。2005年12月,中共中央、国务院发出《关于深化文化体制改革的若干意见》,对文化体制改革的指导思想、原则要求、目标任务作了全面的阐述,要求加强和改进文化领域宏观管理的具体思路。2007年,党的十七大提出了"推动社会主义文化大发展大繁荣"的目标,强调"解放和发展文化生产力是繁荣文化的必由之路"。2011年10月,党的十七届六中全会通过的《关于深化文化体制改革推动社会主义文化大发展大繁荣若干重大问题的决定》阐述了文化体制改革的重要性和紧迫性。2012年,党的十八大再次强调"要深化文化体制改革,解放和发展文化生产力",一系列配套文件,如《文化产业振兴规划》《关于深化中央各部门各单位出版社体制改革的意见》等得到国家财政、税收等部门的支持,文化体制改革进入到黄金期。

党的十八大以来,我国文化体制改革进入到全面与深化的阶段。2013年,党的十八届三中全会提出实施"完善文化管理体制、建立健全现代文化市场体系、构建现代公共文化服务体系、提高文化开放水平"四项重点任务。2014年被称作"文化政策年",这一年我国颁布了一系列与文化体制改革配套的政策文件,如《关于深入推进文化金融合作的意见》《关于支持电影发展若干经济政策的通知》等,在文化贸易、文化创意、文化金融和电影等关键领域发挥了重要作用。同时,修订完善了《文化体制改革中经营性文化事业单位转制为企业的规定》《进一步支持文化企业发展的规定》《关于大力支持小微文化企业发展的实施意见》等一系列推动文化体制改革与发展的重要经济政策,为新一轮文化体制改革提供有力支撑,激发内在动力,促进繁荣发展。2016年针对重点领域颁布了系列专项文化政策法规,如《互联网直播服务管理规定》《网络表演经营活动管理办法》《文化市场黑名单管理办法》等。为深化文化领域供给侧结构性改革,引导社会资本积极参与文化领域政府和社会资本合作项目,继续推进国有经营性文化事业单位转企改制和促进文化企业发展,出台了《关于在文化领域推广政府和社会资本合作模式的指导意见》《进一步支持文化企业发展的规定》等一系列文化领域的规章制度。

文化体制改革是一个与时俱进的过程。2021年3月,十三届全国人大四次会议表决通过了《中华人民共和国国民经济和社会发展第十四个五年规划和2035年远景目标纲要》,在未来的五年中,"发展社会主义先进文化、提升国家文化软实力"依旧是发展的重要目标与任务,应当进一步健全现代文化产业体系和市场体系,深化文化体制改革,完善文化管理体制和生产经营机制,提升文化治理效能。

## 二、高等院校的扩招

高等院校和科研院所是当今学术研究的重要实践基地,其中,高等院校的研究生与教师队伍是我国重要的学术著作创作者群体,高校的发展关系一个国家学术领域的繁荣。为推动社会教育普及与提高,1999年在第十五次全国代表大会上,教育部提出了《面向21世纪教育振兴行动计划》,在九年义务制教育的基础上,推动高等教育的继续发展,贯彻落实科教兴国战略。

高等教育事业的迅速发展和高校在校人数的增加直接拉动学术图书的需求,为学术著作出版市场的从供到需的整体扩大创造了有利条件。1999—2020年我国已经公布的总招生数据如表4-1所示。

表4-1　1999—2020年普通高等教育本专科教育和研究生招生数统计

| 年份 | 招生人数（单位：万人） | |
| --- | --- | --- |
| | 普通高等教育本专科教育 | 研究生 |
| 1999 | 160 | 9 |
| 2000 | 221 | 12.9 |
| 2001 | 268 | 17 |
| 2002 | 321 | 20 |
| 2003 | 382.2 | 26.9 |
| 2004 | 447.3 | 32.6 |
| 2005 | 504.5 | 36.4 |
| 2006 | 546.1 | 39.8 |
| 2007 | 566 | 42 |
| 2008 | 608 | 44.6 |
| 2009 | 639.5 | 51.1 |
| 2010 | 661.8 | 53.8 |
| 2011 | 681.5 | 56 |
| 2012 | 688.8 | 59 |
| 2013 | 699.8 | 61.1 |
| 2014 | 721.4 | 62.1 |
| 2015 | 737.8 | 64.5 |
| 2016 | 748.6 | 66.7 |
| 2017 | 761.5 | 80.5 |
| 2018 | 791 | 85.8 |
| 2019 | 914.9 | 91.7 |
| 2020 | 967.5 | 110.7 |

从具体的数据与招生变化趋势来看，我国高等教育普通本专科和研究生招生的数量一直在扩大。到2020年，我国全部在校研究生人数达到314万人，普通教育本专科在校学生达3285.3万人，且高校扩招计划依旧在实行之中，高校师生的队伍都在不断地扩大。

高校的扩招增加了学校对图书资料的需求量，高校图书馆的馆藏书籍是重要的学术研究资料来源,也是学生日常学习与科研的重要信息库,藏书量也是学校参与教育评估的重要指标。而高校图书馆采购经费稳定增长,一定程度上扩大了学术著作的市场容量。

### 三、高校出版社改革

学术著作出版所依托的出版社须有较强的学术能力与专业能力过硬的学术型编辑。高等院校作为重要的学术与科研基地,在学术出版的产业链组织结构中拥有天然的优势,这使高校出版社在学术出版中占据着举足轻重的地位,因此对高校出版社的管理至关重要。

1988年,国家就规定了大学出版社作为校办企业享受税收优惠。从2003年开始,高校出版社的税收优惠政策发生改变,财政部、国家税务总局和教育部按照《中华人民共和国企业所得税暂行条例》,开始对高校出版社征收企业所得税。交纳所得税的办法是"纳税人每一纳税年度的总收入减去准予扣除项目后的余额为应纳税所得额",税率为年终利润的33%。高校出版社税收政策的改变为出版社加大营销投入、参与市场竞争提供了动力。2004年,财政部、海关总署、国家税务总局《关于文化体制改革中经营性文化事业单位转制为企业的若干税收政策问题的通知》规定,经营性文化事业单位转制为企业后免征企业所得税,原有的增值税优惠政策继续施行。

以基金项目助推地方高校出版社发展,现已成为我国地方高校出版社发展的重要路径,基金项目的推动为地方高校出版社的发展提供了高水平作者资源、人才队伍、图书质量管理和治理能力等多方面的路径支持。高校出版社以国家基金为抓手能够充分发挥国家层面对于学术出版的支持与保障。首先,国家出版基金

支撑的项目有着严格的管控流程与监督环节,申报、年检、结项、经费管理等均有严格的流程与把关部门。这一方面给承担学术出版的高校出版社提出了更高的资质与管理能力要求,但同时凭借对项目的严格管理与监督,能够实现创造高质量出版物的目的,有效地带动了学术专著的策划出版,有利于更好地实现学术著作的社会价值。

## 第三节　市场环境分析

1995年前后,我国图书市场的供需关系发生了较大变化,整体由卖方市场转向买方市场,即市场供给大于需求,学术著作图书市场竞争日趋激烈,出版社开始重视学术图书的市场化运作。学术著作自身的学术性与专业性在一定程度上导致了特定的市场范围划分,组织管理、市场流通环节和营销层面呈现出相应的特色。本小节从学术出版物的特有商品属性出发,结合传统出版产业链的组织结构和整体市场环境与体制背景,对中文学术著作的传统出版物市场进行市场环境层面的分析与归纳。

### 一、学术出版物的特有商品属性

市场分析首先要从商品本身出发。商品是市场上流通交换的主体,商品价值与使用价值的实现是市场各个环节之间能够连通的关键。买方市场的大背景下,任何产品的更迭周期都大大缩短,市场的新陈代谢速率提高,任何产品都无法长久地占据市场,而学术著作能够留存且长久产生影响力的一个重要原因在于其自身所带有的特有属性。

## 第四章　中文学术著作传统出版的发展现状

（一）学术研究资料的不可替代性

学术著作是一种特殊的出版物，是学术领域中的一种互动媒介，学术著作从类别上来讲具有不可替代性。长久以来，学术著作作为学术领域里内容记录与传播的媒介，发挥着重要的功能，承载着学术信息与知识，由图书出版物实现了专业领域内的传递；同时，在后来者的研究之中得到验证、辩驳或修正，以实现更加深远的价值。这一特殊类型出版物的自身优势和内在价值是任何其他出版物所不能取代、无法拥有的。也正是因为如此，相比于销量巨大但是很快就会被同类或新的出版物替代的图书，学术出版物在面临优胜劣汰的残酷市场规则时，依旧保持着不容忽视的存在感，并在图书市场中稳稳地占据一隅。

（二）出版物的价值实现具有延续性

学术著作因其对于人类文明的传承作用具有长久的社会价值，不会在历史的发展中被遗忘或消失，即使有了最新的甚至是颠覆性的研究推翻前者，前任学者的成果也是不可忽视的。学术出版物的投入高，具体社会价值的实现需要经过漫长的实践检验，但出版物本身就兼具经济价值与社会价值，经过商品交换的过程实现信息的传递，通过读者的阅读与使用进一步实现价值与效益。而且，学术著作因其专有的学术性，在出版之前往往都需要经历漫长的学术研究过程，通过各种研究方法收集数据与资料，最终以其成果浓缩成书。因此，学术著作的价值实现不仅是购买阅读这个简单的过程，其出版物深层的价值在于能够使特定的学术成果与理论流传延续，对不同时代的学者研究都具有指导与借鉴意义；同时能够作为当前特定社会的研究资料，对专业学术领域的发展还具有时代意义。

（三）学术著作的重要社会价值分析

国家要发展，社会要进步，文化需先行。中国有着悠久的历史，图书是将人类历史中的现今文明成果记录下来流传的重要手段，在文化产业快速发展的今天，图书出版对于国家的经济建设、精神文明建设、教育宣传等方面都具有重要的价值。学术著作首先是文化的精粹,也是一种精神力量,是社会经济发展过程中的重要精神动力,尤其为经济实践活动提供了重要的理论支持和价值观导向。在经济生活中,文化资料具有超越原材料、物质资料等的价值,成为社会生产的重要底蕴,渗透到经济活动的各个环节与部门,这种文化生产力不仅使各文化生产部门产生具体的经济营收,更是作为理论指导对于生产力与生产活动起着推动作用。经济基础决定上层建筑,上层建筑反作用于经济基础,文化生产力由此促进我国经济的进一步发展。那么,学术著作作为文化领域内学术研究成果的最高精华,其出版发行是推动文化生产力发展的一支重要力量。学术著作出版产业的发达程度,将是衡量国家、地区经济发展整体水平的重要影响因素。

在精神文明建设中,学术著作承担着传承人类优秀文化成果的作用。中华文化博大精深,有着悠久的历史和丰富的资源,这些优势为我国文化事业与文化产业的发展奠定了良好的基础。而出版的一个重要社会意义就在于能够将我国优秀的精神文明传承下去,在时间和空间的维度上产生强大的社会影响,还能够实现与国内外学者的学术碰撞,能够通过继承此前学者的优秀思想,为后来者提供"巨人的肩膀"。

在教育宣传方面,学术著作秉持着社会责任感与历史责任感,在潜移默化地影响读者。学术著作出版后不仅代表着某一特定专业领域的具体研究成果,更蕴含了学者严谨专业的科学态度和社会、历史责任感,这种精神的传递有利于在行业内形成和谐向上的学术氛围,并在全社会塑造良好的文化科研氛围,凝聚民族精神力量,塑造自尊自信、理性平和、积极向上的社会心态。

## 二、传统出版产业链分析

传统出版产业中各环节能够保证正常运行,是出版物能够顺利进入市场售卖实现价值的物质基础,而在商品实现"一手交钱,一手交货"的正式交易之前,出

## 第四章　中文学术著作传统出版的发展现状

版物商品在产业链上的各个环节之间流转,实现着价值的递增。

（一）产业链的物质基础

传统图书出版历经了漫长而曲折的发展过程,逐步形成了良好的出版物生产基础和成熟的产业链。传统的图书编校、印刷、发行形成了一套自己的运行机制,传统纸质图书的出版,不分类别都遵循这一套产业流程。

在学术著作出版中,其编校的难度要远远大于其他种类的出版物。因此,承担学术著作出版任务的出版社须建立相适应的组织机构,由学术型编辑首先"把关",再印刷发行进入流通,整个过程有赖于传统产业链的组织结构,同时又应该适应学术著作特有的属性,以实现整条产业链的有效运转,较强的连贯性也有利于提高生产效率。

（二）学术著作发行特点

学术出版物和其他任何类型出版物的宣传发行工作都不同,出版物的商品属性和市场受众使这一类别出版物的发行具有了特定的发行渠道、发行方法等。

信息资源的流动本身就构成图书发行的一个重要渠道,而学术著作的作者与读者是一个相对紧密的圈子,集中在某一个特定的专业学术领域内,其间信息的通畅是学术著作发行渠道的重要保证。出版物进入市场,零售商和经销商吸引读者又将图书销售到读者手中,这些过程都凸显信息的沟通至关重要,而市场信息的畅通能够帮助读者获知具体出版物的信息。不过,学术出版物在市场中的流转周期短,又极易造成积压,市场信息的传递不到位就容易丢失潜在用户,这些都严重阻碍了供需的对接,使市场效率下降,造成了学术出版物的发行难和销售难。

在发行的资金投入上,由于学术图书读者面窄,一般印数少、市场需求低,出版社从经济利益的角度出发,对宣传营销的资金投入更加谨慎,考虑具体的投入

产出,更多的资金分布到更加受欢迎、容易引起读者购买欲望的大众娱乐图书的宣传之中。学术出版物本就市场狭小,如此更是"雪上加霜"。"酒香也怕巷子深",学术著作的推广少,读者看不到相关书籍的出版,不知道需要的学术著作什么时间出版、出版社信息、购买信息等,导致目标读者缺少有效的市场信息。而当代的书店对于这类学术著作的营销,普遍缺少系统、快捷、全面、清晰的图书信息宣传体系。

### 三、市场环境与市场体制分析

我国从改革开放伊始就在探索新的市场体制。而市场是一个复杂的概念,市场体制中各个环节和组织部门的功能完善与协同配合是市场正常运转的重要保证,出版物市场也不例外。

#### (一)国家政策对学术领域的倾斜

学术出版物的市场相对狭窄,而学术著作对于我国学术领域的发展又有着不可估量的价值,因而学术著作的出版市场不能全部交给市场来调节。因此,在国家政策方面,尤其是资金支持上,给予了学术著作出版强大的支持,用以解决因销量小而出版难问题。出版基金是伴随着文化体制改革出现的,是构建新闻出版公共服务体系的立足点之一。在我国,国家层面的出版基金是由原新闻出版总署(现为国家新闻出版广电总局)、财政部等部门联合设立的,与国家自然科学基金、国家社会科学基金并列为我国支持科学文化事业发展的三大基金。

1996年7月,国务院正式批准设立"国家科技著作出版基金",各部委也纷纷成立了相应领域的出版基金,例如:新闻出版署设立"新闻出版署学术著作、重点图书出版专项资金"、机电部设立"中国电子高科技学术著作出版基金"、能源部设立"电子科技专著出版基金"、水利部设立"水利科技专著出版基金"、地矿部设

## 第四章　中文学术著作传统出版的发展现状

立"地质图书出版基金"、国防科工委设立"国防科技图书出版基金"等。不仅是中央提供政策支持,各地方以省为单位也设立了诸多出版基金,例如:贵州省设立"科技出版基金"、吉林省设立"长白山学术著作出版基金"、福建省设立"优秀著作出版基金"等。

出版社作为出版产业的核心部门,也积极设立基金为学术科研的发展提供支持,例如:重庆出版社设立"科学学术著作出版基金"、青岛出版社设立"青岛优秀图书出版基金"等。在所有出版社之中,大学出版社作为繁荣学术创作的阵地,在学术著作出版中占有重要位置,同时也设立了不少学术基金,例如:清华大学出版社设立"清华大学学术著作出版基金"、西安交通大学设立"西安交大出版基金"等。以设立基金的方式对学术科研出版提供资金上的支持,已经成为推动学术发展的重要措施。

从支持科研的资金数目上看,1999年我国科学研究与试验发展经费支出为678.9亿元,到2003年,这一项目支出经费已经达到1539.6亿元。根据最新公布的数据,我国2020年对科学研究与试验发展的支出经费已经增长至24 426亿元。总体上,截至2020年,中央财政共安排国家出版基金54.24亿元,资助了全国580家出版单位,5600多个优秀出版项目。其中,主题出版项目800多个,国家重点出版物出版规划项目1200多个;推出3000多项出版成果,有500多项成果获得中国出版政府奖等国家级奖项,有力促进了精品出版和文化繁荣,成为出版行业"树标杆、推精品、促管理、出人才、高效益"的重要推动力量。

（二）依赖政府而市场化程度较低

随着经济的发展和市场不断开放,出版业越来越与市场接轨。从整体来说,出版行业出现兼并重组、上市融资,并成立出版传媒集团,市场化、集中化的出版传媒集团成为出版产业的主力军。然而一些大学出版社虽然追求"事业化管理,企业化经营"的管理方式,却还未建立真正的现代企业制度。而学术出版活动必须适应市场规律,学术出版模式也必然包含于出版社的出版物市场经营模式之中。

基金管理制度在一定程度上帮助出版社解决了学术著作"出版难"的问题,但是依靠政府通过基金资助的方式管理学术出版并非长久之策,基金管理制度也存在一定的不足,例如:管理方法不够细致、项目资金采用的预算和决算缺乏严格核算、项目资金使用不规范等问题。同时,基金资助是补助性质的,具有一定的"托底"性质,实际的销售利润收入与成本并不对学术图书的出版起到调控作用,这种补助性资助的思维方式,造成了学术出版的消极规避市场的经营思路,这是社会机制和部门管理制度不健全的表现。

为规范国家出版基金的使用和管理,2008年,新闻出版总署、财政部联合发布了《国家出版基金资助项目管理办法》,声明国家出版基金是对不能通过市场资源完全解决出版资金的公益性出版物的补助,限于出版物直接成本费用支出。另外,财政部会同相关部门还先后制定完善了《国家出版基金财务管理办法》《国家出版基金管理委员会工作制度》等一系列规章制度,着力推进国家出版基金管理的科学化、精细化,逐步建立起一套科学规范的管理体制和运行机制,在一定程度上保证了出版资助有章可循。

## 第四节　当前面临的问题

综合以上分析,中文学术著作的传统出版产业发展面对一个机遇与挑战并存的局面,政策的支持与管理体制的完善无疑起到了保驾护航的作用。但是在日新月异的市场经济环境下,学术著作出版长久以来的积弊,正面临着市场迅速发展与新技术变革带来的重大冲击。

# 第四章　中文学术著作传统出版的发展现状

## 一、不利的社会文化环境

当代大众传播环境中,学术的传播代表着文化的最高层次,且与一个社会的文化水平密切相关,尤其是社会主体大众的文化水平相关。但伴随着社会文化的新生与更迭,学术著作的出版在文化环境变化的过程中呈现出弱势。

大众阅读习惯的改变,对传统图书出版行业造成了巨大打击。现代社会中生活节奏加快,快餐文化随之兴起,"短、平、快"的内容更受追捧。相应地,人们静下心来阅读的时间也大为减少,这对于阅读时需要深度思考的学术著作来说绝非好事。2020年公布的《第十七次全国国民阅读调查》显示,我国成年国民人均每天阅读纸质书不到20分钟;2021年公布的《第十八次全国国民阅读调查》显示,我国成年国民人均每天纸质书阅读时间为20.04分钟,有76.7%的成年国民进行过手机阅读,我国成年国民人均纸质图书阅读量为4.70本,电子书阅读量为3.29本。纸质阅读正面临着电子阅读的挤压,这对于社会文化建设可能并不是一件好事。"全民阅读"已经第八次被写入政府工作报告,也被写入了"十四五"规划中,但是促进纸质化沉浸式深度阅读与学习,依然需要付出努力。

市场供需变化还造成生产分类增多,图书市场定位难。伴随着国民经济生活水平的提高和社会生产力水平的提高,市场的供需关系发生了重大的变化,从前是生产什么买什么的"卖方市场",生产者占据主导地位,现在变成了读者想看什么就生产什么的"买方市场",消费者占据了主导地位。社会生活的丰富使读者的阅读兴趣多样化,在图书市场的分类上形成了众多细化的分支,形成了诸多小圈子,这些按照兴趣类别形成的图书阅读圈子有着一定数量的忠实读者群体。然而因为分类精准与细致的原因,任一类别的读者群体数量都不会太大,尤其是强黏性的读者数量更是少之又少。在学术领域中,学术研究是与时俱进的,伴随着学科融合与学科的精准分类,学科分支也不断细化、相互渗透,这就使原本具有相应专业领域的学术著作需要进一步精准化。这一趋势使学术图书市场扩容,但是新的研究方向和新的选题增加了学术著作的编校难度,市场定位精准到某一个细分专业领域,甚至是某一个更细小的学术分支。整体上学术图书市场是扩大了,但是每一门类学术图书的受众数量却紧缩了。

**二、学术不规范的消极因素**

学术著作的一项重要社会价值在于刊发传播学者的研究成果,并为后来的进一步研究提供支持。这就要求学术著作有着正确性与严谨性,从研究假设、研究理论、研究方法到研究结果都必须是经得起考验的。而学术领域内存在的学术不规范现象,对学术著作的出版与传播都产生了不良影响。学术规范是用以规范学术研究的重要准则,要求学者有较高的科研精神与严谨的科研态度。学术规范缺失或学术不规范主要表现在三个方面:学术泡沫、学术著述写作格式不规范、学术评价体系紊乱。

顾名思义,学术泡沫指的是学术领域内如同泡沫一样的缺乏实际价值的学术研究,被别有用心之人用以标榜自己曾经出版过学术书籍,以此来抬高自己的社会地位,换取社会名誉和经济利益。这类行为的目的不在于通过学术研究为社会的发展做出某种贡献,因此,在创作中存在严重的选题重复、学术造假、学术抄袭等不良行为。大量的泡沫涌入市场,读者难以甄别良莠,严重扰乱了正常的学术出版秩序。

学术著作写作格式不规范是一种学术不严谨的体现。学术著作中的引文出处、注释、参考文献及目录索引也是学术研究的重要组成部分,通过这些注释,读者可以很好地进行知识与理论的溯源,在前者的研究基础上进行文献的整理与归纳;同时明确的标注可以避免产生学术抄袭的误解,给学术编辑的编校工作减轻负担,提高出版的效率。学术论文写作方面的学术不端行为往往是故意而为之的,包括不尊重他人的著作权等,这都不利于学术之间的交流。

学术评价体系暂时还没有形成统一的标准。目前量化学术评价机制逐渐成为学术评价的主角,而通过期刊排行榜"以刊评文"成为学术评价的标准模式,因此出现了"重量轻质"的现象,也导致学术出版物的质量良莠不齐,不易准确评估,不利于学术出版市场的良性发展。

由于学术不规范行为具有反复性和复杂性,根治这类行为具有一定的难度。正因如此,我们要针对具体问题不断加强学术相关制度等的建设,依靠科学合理的制度有效遏制学术不端行为,促进学术繁荣发展。

### 三、学术著作发售渠道单一

学术专著的"卖书难"是这些年以来困扰学术出版的一个难题,除上文提到过的利用作者的学术影响力进行宣传和高校图书馆采购这两种特异性发行销售渠道,目前市面上的主要发行方式还有实体书店发售和通过出版社直接邮购。

学术著作书店发售这一条渠道和一般图书的书店流通售卖渠道并无区别,不同的是其他图书的主要渠道是新华书店,而学术图书的主渠道是民营书店,一般民营书店的销售额占学术著作总销售额的六成以上。但是,学术专著类出版物生命周期长、读者面窄,而民营书店在市场规则的驱使下,更愿意追求更高更快的周转率、动销率,学术著作与大众娱乐出版物相比弱势明显。

与传统的实体书店发售相比,学术图书经出版社邮购直销的优势凸显出来。出版社邮购直销是一种点对面的销售,出版社这一个点承担着出版发行与销售的全部角色,由邮寄系统将学术图书送到读者手中,真正能够实现刚性需求。读者的需求和出版社的供应由此实现了直接的线性链接,克服了一般书店因图书更迭快而造成的图书资源缺乏的缺点。当然,这种方式带来的物流成本将由读者自行承担,这无异于抬高了成本,原本成本价格就高的学术著作这时更是让人望而却步。

目前为止,学术出版物并没有形成一套完备健全的发行体系,实体书店的销售主要是和其他门类的图书统一进行,采用同样的销售管理方式与宣传操作。而经出版社邮购这种方式,对管理和人力资源提出了更高的要求,回报周期较长且成本较高。在此背景下,学术著作出版者正在努力将视线转向网络图书,或是与网络销售商合作经营,通过数字化的方式实现与读者的沟通,利用电子书这种形式降低流通成本、提高流通效率。这都对传统出版行业提出了更新的要求与挑战。

### 四、出版人才供需矛盾尖锐

学术著作传统出版面临的人才供需矛盾十分尖锐,而在出版产业链的各个环节中,专业型人才的缺口都是短板。学术型编辑人才缺口大的一个根本原因在于学术出版对人才的要求过于严苛,不仅要精通编辑出版领域的专业知识与实践技能,还需要对相关学术领域有一定的造诣。然而,目前国内并没有针对学术著作出版所需专业人才的健全培养机制,出版社的学术型编辑大多是在相关领域内积累了深厚的专业能力与编辑出版技能,这往往是新引入人才不具备的。出版社依旧采用在岗位上培养引入人才的方法,无形之中提高了出版社的人才培养成本和难度。

在发行领域,学术著作的出版发行,在传统上往往忽视营销宣传环节。原因之一在于出版社当时在整体出版产业链之中的核心地位,尤其是学术著作出版关键的内容生产环节只在于出版社编辑与学者或作者。原因之二在于学术著作这一出版领域并没有自己特有的发行体系,更多的是依赖已有的大众图书出版发行模式,甚至发行直接被忽视。学术出版中还缺乏专业对口的发行与营销人才,而如何针对学术出版物进行宣传推广、如何通过宣传营销提高学术出版物的销量、如何对学术出版物的读者及受众进行更加精准的定位,都是与一般大众图书的发行与营销有着较大的差异。出版社对发行人才的统一化管理,又忽略了出版物这一商品之间的属性差异与价值差异。例如:出版社的发行部或营销部,对发行人员的奖励机制多以短期业绩为导向,即以单种图书的销售业绩作为评定其营销能力的唯一标准。而学术著作短期内的业绩往往存在较大的波动,这容易导致发行与营销人才激情衰减,人才流动加快,迫使出版社的发行营销人才转到能够短期内获取绩效的图书领域,进一步造成了人才资源的匮乏。

## 参考文献

[1] 吴江江. 学术著作特征与出版政策研究 [J]. 出版广角, 1999 (12): 21-23.

[2] 詹一虹, 周雨城. 中国文化产业的管理问题及优化路径 [J]. 广西社会科学, 2017 (1): 182-186.

[3] 孟维星. 我国文化体制改革问题研究 [D]. 哈尔滨: 黑龙江大学, 2020.

[4] 孙保营. 以基金项目助推地方高校出版社特色化发展实践路径 [J]. 中国出版, 2021 (14): 46-50.

[5] 许迎辉. 科技出版基金设立十年来的回顾与展望 [J]. 编辑之友, 1999 (1): 13.

[6] 国家统计局. 全国科技经费投入统计公报 [Z].2021.

[7] 中国新闻出版研究院. 第十七次全国国民阅读调查 [R].2020.

[8] 中国新闻出版研究院. 第十八次全国国民阅读调查 [R].2021.

# 第五章
# 中文学术著作数字出版的发展脉络

21世纪初,全世界进入信息化、数字化、网络化的新时代,生活、生产发生了巨大的变革。我国以网络技术和数字技术为代表的信息技术则不断迭代升级,进入到一个全面数字化的阶段。但学术著作的数字出版变革不是一蹴而就的,在传统出版向数字出版转型升级的过程中经历了诸多的实践尝试。本章将围绕中文学术著作数字出版这一主题,首先对中文学术著作数字出版的价值优势和主要形式进行分析,在此基础上梳理其发展的背景与发展脉络,立足新的数字化时代的要求,对推动中文学术著作数字出版现代化发展的特点进行剖析。

## 第一节 价值分析

伴随着以信息技术为代表的现代科学技术广泛普及与应用,我国数字出版逐渐规模化、产业化,进入到蓬勃发展的阶段,并对传统出版产业产生了重大影响,也给出版行业带来了广阔的发展空间。本节通过对学术著作数字出版与传统出版的优劣势对比,对传统出版的数字化融合趋势进行论述,结合数字出版生产的新形式,对中文学术著作数字出版进行一个深入的价值分析。

## 一、数字出版与传统出版

从根源上来讲,数字出版与传统出版并不是相反的两个方向,而是"同气连枝"的转型与延伸,数字出版的出现与发展存在着必然性与重要性。数字出版相比较传统出版具有其发展的优势,出版产业发展的方向是传统出版与数字出版的产业融合与转型升级。

### (一)学术著作数字出版的优势分析

学术著作由数字技术形式出版,结合技术与内容两者的特点,扬长避短才能发挥出数字技术在学术著作出版中的优势,为学术著作出版带来新的活力。

第一,数字化出版提高了学术出版的效率。学术著作前期的选题策划和作者资源的选择,需要耗费巨大的人力物力,尤其是出版物的作者与编辑都需具备较高的专业技能,这背后蕴藏着的巨大培养成本是难以估量的。编校过程中,编辑与作者之间还需要经过反复的沟通,以确保出版物最终的质量与水平。在正式进入印刷流程之前,出版物需要经过一个漫长的过程,少则几个月、多则几年,甚至在编校过程中出现了新的研究发现和变化,随时面临着修改与推翻重来。一部优秀的学术著作的出版,往往周期长、效率低,而出版社是追求社会利益与经济利益的共同体,为了能够实现更良性的运营和长久发展,必然要寻求经济价值,这样才能够在市场上生存。因此,面临着低生产效率的学术出版物,出版社亟须提高生产效率。

数字出版的一大优点在于依靠网络技术实现了空间和时间的跨越,信息的获取和交流变得更加的便捷。例如:过去需要去图书馆查阅的数据资料,现在可以通过线上图书馆或者数据库快速获取;过去与作者异地沟通需要书信或者面谈,现在通过移动通信技术也可以即刻实现"面对面"的沟通;出版物的设计、装帧等细节可以直接制作成电子虚拟样品,设计的修改和讨论变得更加快捷,大大节省了样品印刷与送达的时间。从各个环节来讲,数字技术的使用减少了一部分人力工作量,提高了生产的效率,缩短了出版周期,有效地降低了生产成本。

第二,数字出版实现了学术内容集成化,能够满足读者的个性化需求。一本专业领域内的学术著作不能是断裂式的,内容上需要对此研究领域有全方位的掌握。人文社科领域需要对概念、定义有清楚的辨析,对研究的整体发展历史、现状及趋势有系统的了解;自然科学强调研究的严谨与科学,需要在已有的理论成果与研究基础上进行一次又一次精密的实验设计与实验操作,将综合的信息与知识集合成一部优秀的、有理论依据与历史溯源的学术出版物。数字化技术在实现内容信息集成方面能提供巨大的帮助。首先是资料获取方面,各种各样的图书资源信息库的建立,实现了信息的整合与分类,能够帮助使用者更好地检索与获取信息,满足创作的需求。同时,数据库内部运行的检索与数据关联体系,能够帮助使用者在检索某一个主题的时候主动链接相关的学术研究成果,形成一个更加全面的网络体系。如"中国知网(CNKI)"定期会根据社会热点,将相关研究者的论文集成一个专题进行发布,便于同类或同领域研究的开展。2020—2021年受到新冠病毒感染疫情的影响,知网推出了呼吸道疾病防治与疫病防控的研究专题。这类数据整理与集成措施,为学术研究提供了丰富的研究资料,数字出版通过连接网络锚点,实现了信息的集成,为获取信息提供了极大的便利。

第三,数字化出版应用的信息化管理模式,能够有效地解决库存积压。传统的纸质图书出版遵循的销售路径是实体店直接销售和网络店铺销售,卖不完的书退回出版社或形成库存积压。学术图书因为受众市场较为狭窄,退货率相对较高,出版社的库存压力较大,库存的管理和仓储成本增加,无形之中增加了出版社的经营风险。数字出版的信息互联优势凸显:一方面,数字出版物使用的电子书出版形式,不需要实际物理空间存储,降低了图书的存储费用;另一方面,可以通过精准定位目标读者,为学术著作建立对应的数据库,通过定向营销实现有效供需,根据需求进行生产,甚至实现"零库存",减少出版企业的经营风险。

(二)学术著作数字出版的劣势分析

优势和劣势是相比较而言的。数字出版对于组织结构、生产方式、产业链结构等都产生了较为剧烈的改变,然而不可否认,在某些方面学术著作的传统出版方式具有数字出版暂时无法替代的优势,这也是数字出版需要继续和传统出版进行深度融合的原因所在。

第一,学术著作是一种要求深度阅读的图书类别,而电子出版物的一大劣势就在于难以实现深度阅读。电子书出版是数字出版的重要形式之一,具有检索简便、易于存储携带等优势,尽管电子设备在阅读时提供给了读者记录笔记等功能,但是依然难以摆脱电子阅读物引导读者实现深度思考的局限。深度阅读的关键在于能够实现深入的思考、实现知识点之间的关联、构建一套属于自己的知识体系,而在阅读电子书时,读者过于依赖数字技术已经构建成型的知识框架与模型,大大降低知识获取的主动性,甚至造成阅读的惰性而习于"坐享其成"。

第二,技术对人才提出了新的要求,使本来准入门槛就高的学术出版领域面临着新的人才缺口。实现数字出版的一个关键在于各部分的技术渗透,"工欲善其事,必先利其器",而从业人员对于技术掌握的熟练程度关系出版企业的效率与效益。数字出版技术正处于一个不断革新变化的环境中,技术可以说是日新月异,传统出版产业内培养出的成熟人才不得不面临新的学习任务与职业挑战,虽然已有部分高校开始设立数字出版课程和学位点,但新型的人才培养还处于一个正在起步与探索的阶段,须"摸着石头过河",这与人才的巨大缺口形成强烈的矛盾对比。

第三,学术著作数字化出版过程大大提高了生产效率,但其反面是带来了学术风气的浮躁。过去学术研究所需资料存储在图书馆中,有时候仅仅一个数据就需要耗费巨大的精力来查找,而现在数量庞大可观的数据库提供了便利的检索条件,但数据库中的信息资源良莠不齐且验证成本高,这易于导致学术浮躁、学术造假抄袭等不端行为,严重影响学术界的发展。

(三)传统出版的数字化融合趋势

20世纪末、21世纪初开始进入数字化时代以来,至今已历经了二十多年的变革迭代,数字技术已经取得了巨大进步,学术著作出版也从量变逐渐过渡到质变的阶段。传统出版时代,学术著作的前期研究工作重视实地调查、文献研究及一些具体的实验数据分析,文字撰写则依靠纸和笔来完成;成稿之后通过纸质载体印刷成书,最后交付于线下书店进行营销发售。而在数字出版时代,前期的研究分析可得到技术的助力,如利用网络进行问卷收集、利用数字建模模拟工程试验、利用研究模型进行归因分析等;成书的载体更加多媒体化,为消费者提供了更加多元的选择,最后的销售更是突破了时间、空间的限制,能够更加精准地实现个性化服务。

与传统出版相比较,数字化融合出版的发展更能够体现现代社会的便利与高效。但是从根本上讲,这一系列出版流程的每一个环节围绕着的核心内容没有发生改变,学术出版的核心依旧是高质量知识信息的生产。数字技术改变了内容的生产方式、图书载体、运营模式、知识传播和沟通交流渠道等,打破了传统出版时间和空间的局限,改变了读者的阅读方式等,数据的集成则提高了效率,实现了效益的提升。可见,传统出版和数字出版的发展是并行不悖的。尤其是在技术快速发展的当今社会,如何适应技术快速的迭代更新,并应用技术发挥其积极作用,成为实现出版产业发展的关键。

## 二、中文学术著作数字出版的主要形式

技术应用的一个最直观的体现,就是出版形式的数字化。出版社依托长久发展所积累的作者资源和信息资源,通过线上文字与代码的转化,包括通过开发数

字化形式的出版物、建立专业集成数据库和手机端APP开发等方式,塑造数字化新的学术出版环境,创造新的赢利机遇。

(一)电子书

电子书可以说是最早的数字化图书形式。随着手机的出现和普及,利用TXT文档进行下载与阅读的功能得以应用,但是纸质图书转为移动端TXT文件存在着较大的版权争议,而大多TXT文档都是非正版转录的,这就对正版图书市场造成很大的干扰。其后,电子书终端阅读的时代到来,相较于传统的纸质图书、MP4、手机、平板电脑,Kindle电子阅读器等有更大的存储容量,一部Kindle的内存甚至可以媲美一家小型图书馆;同时伴随着云存储功能的开发和云存储空间的扩容,这一优势更加凸显。储量大且便携对于学术著作的编纂来讲是十分有利的,学术资料存放在手掌之间,能够便利地满足创作者获取信息、携带信息的需求,也能满足读者阅读兴趣多样化与随时随地阅读、书写的需求。

(二)数据库

专业数据库的建立是学术出版利用互联网技术实现数据集成与分类的重要方式,也是这类出版企业的核心环节。在数字技术发展过程中,专业数据库的产品形态从随图书附赠光盘进入到网站搭建。通过网站的搭建形成了一个庞大的资料数据库,网站方将资料整合后进行大数据分类,不同的网站形成相应品牌,在不同类型学术出版物的出版领域占据优势。如以提供期刊资源为主的学术资源有维普、万方等数据库,学位论文最为齐全的有中国知网,此外,还有高校图书馆与教育管理部门共建的本校硕博士学位论文库等。数据库搭建的意义在于为读者提供进行学术研究和写作的便利。除高校内部的学位论文数据库外,大部分营利性质的网站在提供服务时会收取一定的费用作为主营收入。当然,大部分高校都选择直接和数据库网站签约,网站对高校师生免费开放,由高校图书馆每年统一支付一定的费用购买其服务。

数据库网站的另一大好处还在于信息的使用记录,同一篇作品的下载量和引用量、具体项目支持方、作者信息等都有详细的介绍,且能够通过互联网链接设置实现直接的跳转与检索,能够形成庞大、完整的大数据平台。为读者提供更加人性化的服务,形成一种"只有读者想不到,没有读者找不到"的便利氛围,也能够为出版社提供更加精准的预测信息,关注学术上的重点主题,按需生产。

(三)手机应用程序

APP开发是移动端普及的必然趋势。传统互联网时代进入到移动互联网时代,人们对于信息获取的需求提高,但同时人们希望能够更加快捷高效地获取有效信息,寸步不离身的移动手机成了关键的数字载体。市场上的各大手机生产商的应用软件市场中,上架了众多阅读软件,能够通过手机直接实现检索、下载、传输、储存等功能。而且,移动手机上的应用程序种类多种多样,满足了读者的多样化需求。有些手机端应用程序是由传统网站开发的,例如:超星阅读、百度学术等,已经形成较大规模的网站平台手机端数据应用。除APP之外,各大图书馆的微信服务平台开通,读者可以直接注册检索电子版资料,随时随地都能够逛图书馆。还有出版社利用企业公众号中的相关功能开设商城,公众号通过信息传递可以定期推荐优秀书目,通过页面上特有功能的设置,读者还可以直接在阅读的时候进行订阅或购买。这些智能手机端的应用程序,一般是依托原有的数据库经整合、延伸而开发出的,然而逐渐适应人们日益普及的数字化阅读习惯,也是学术著作出版发展的一个重要方向。

## 第二节 背景概述

数字出版的演进直接原因是技术的更新迭代,但是其深层蕴含的背景更为复杂,包含我国学术图书出版面临的新政策、经济和行业大背景等多重原因。这是一个机遇与挑战并存的时代。本节对于中文学术著作数字出版的背景具体从技术、政策、市场和行业环境四个方面进行分析,以说明学术著作出版发展的环境。

### 一、技术环境:技术迭代升级的推动作用

科技发展的一大重要表现在于能够应用于实际生活和生产中,为人们带来切实的便利。在全球鼓励科技创新、创造的大时代,科技成果如雨后春笋般涌现,科技成果转化率大大提高,正改变着人们生活的方方面面。

这与传统出版的开端与发展过程是相近的。在传统时期,文字的简化、造纸术和印刷术的诞生,提供了充足的物质基础。数字时期则有汉字的数字化,磁、光信息存储技术的应用,IPv6 的建立与应用,3G 移动通信技术的应用与普及等,手机移动端的发展改变了传统的阅读习惯;flash 动画、音视频技术、web 控件、3D 技术、VR 及 AR 技术、大数据推算等新技术的应用,实现了技术的迭代升级。这些都为数字出版提供了新的技术支撑,进而探索万物互联,迎来物联网时代。例如:人工智能甚至被广泛应用于新闻写作,撰写速度和准确率甚至高于一般的人工撰稿;VR、AR 搭配智能设备,能够更加直观地呈现抽象理论与模型,阐释学术著作的内容,帮助读者加深理解;搭建数字化出版工作流程,利用网络互联的方式链接出版产业链中的各个工作环节,精准化对标问题,提高出版效率,等等。

当今的技术正处于一个不断迭代的过程,每一种新技术的产生都可能给某一产业带来翻天覆地的改变。当然,同时也要警惕"技术决定论"这种危险的观点,坚持内容的创作与生产这一出版物生产的核心。技术是文化内容生产的重要辅

助工具,同时也是文化生产的内容之一,但是精神文明领域内的创作,更重要的还是人的智慧,如果过分强调数字化和智能化,可能会加剧人与技术的冲突。过度强调提高效率、降低成本,而忽视内容的质量,同样会导致不良的发展趋向。

### 二、政策环境:全民阅读促进精神文明建设

"全民阅读"活动是中央宣传部、中央文明办和新闻出版总署贯彻落实党的十六大关于建设"学习型社会"要求的一项重要举措。2006年,在中宣部、中央文明办、新闻出版总署、文化部、国家广电总局、教育部、解放军总政宣传部等11个部门的共同倡导下,发布了《关于开展全民阅读活动的倡议公告》,倡议"让读书成为每个人日常生活不可或缺的一部分",使"爱读书,读好书"成为时代风尚,这导致全民阅读活动在全国各地蓬勃发展。2012年,全民阅读被写入党的十八大报告;2014年,"推动全民阅读"被纳入国家规划纲要,被列为"十三五"时期文化重大工程之一。全民阅读的宣传工作成效显著,2010—2014年,成年人图书阅读率由52.3%增长到58.0%,成年人数字化阅读率由32.8%增长到58.1%,成年人人均纸质图书阅读量由4.25本增长到4.56本,就数据来看,我国全民阅读工作取得了一定成效。

2016年,国家新闻出版广电总局发布《全民阅读"十三五"时期发展规划》,明确提出建设"书香社会"的目标。2017年,国务院法制办办务会议审议并原则通过了《全民阅读促进条例(草案)》,草案的目的是促进全民阅读、保障公民的基本阅读权利、提高公民的思想道德素质和科学文化素质,培育和践行社会主义核心价值观,传承中华优秀传统文化,推动社会文明程度的显著提高。2020年10月,中央宣传部印发了《关于促进全民阅读工作的意见》,将全民阅读与国家发展命脉进一步结合、升华。意见指出,要以习近平新时代中国特色社会主义思想为指导,以满足人民精神文化生活新期待为出发点和落脚点,在全社会大力营造"爱

读书、读好书、善读书"的良好氛围,引导人民群众提升阅读兴趣、养成阅读习惯、提高阅读能力,不断增强思想道德素质和科学文化素质,为实现党的十八大报告提出的"两个一百年"奋斗目标和中华民族伟大复兴的中国梦提供强大精神动力和智力支持。

### 三、市场环境:生活水平提高与知识付费

根据我国公布的《中华人民共和国2020年国民经济和社会发展统计公报》,全年全国居民人均可支配收入为32 189元,比上年增长4.7%,扣除价格因素,实际增长2.1%。全年全国居民人均消费支出21 210元,比上年下降1.6%,扣除价格因素,实际下降4.0%。又从2016—2020年全国人均可支配收入增长趋势可见,伴随着国家经济总体发展水平的提升,我国国民收入水平和消费水平稳步提高;同时恩格尔系数逐年降低,人民生活水平不断提高。2020年受到新冠病毒感染疫情影响,为防止病毒扩散,进行有效的防控工作,企业停工停产,恩格尔系数略有回升。

恩格尔系数的降低说明了我国居民的消费更加多元化,消费结构更加合理。在国民总消费中,教育文化娱乐成为国民支出的重要组成部分,除2020年受到新冠病毒感染疫情的影响,2016—2020年这一支出占比保持在11%以上,且呈逐年增加的趋势。据此可以看出,我国国民文化消费水平这段时期呈一个上升的趋势,人民实现了物质上的温饱,进一步追求精神上的富足。

人民文化消费能力水平的提升,刺激了文化消费市场,知识的创造与传播也成为可以获取经济利益的重要生产手段,知识付费逐步被越来越多的人接受。2016年被称为"知识付费元年",得到、知乎、分答、豆瓣阅读等不同模式的付费类产品开始在市场上崭露头角,知识付费成为一种重要的发展趋势,以付费咨询、付

费问答、付费阅读等多种形式出现。互联网时代各类信息汹涌而来,用户对高质量信息需求越发旺盛,由此衍生出的有声阅读、互动阅读、阅读分享社交等多种阅读形式,进一步促进了消费理念的升级。

### 四、行业环境:出版单位竞争激烈

伴随着产业化集群与生产效率的提高,出版领域内的行业竞争格外激烈,优秀的作者资源成了出版单位竞争的关键,同时在发行营销领域,媒介载体形式也成为竞争的对象。因此,出版单位之间存在着巨大的竞争压力,而不同的出版单位之间存在着较大的差异,占据着不同的优势市场。

学术作品出版主体单位主要有部委出版社、地方出版社及大学出版社等。部委出版社由中央部委及行业协会主管主办,拥有更多的行业资源优势及品牌背景优势,如中国科学院主管主办的科学出版社。中华书局及商务印书馆等则是凭借雄厚的学术实力背景吸引更多优秀作者,同时作为行业的"金字招牌",天然具有强大的社会影响力,在行业内占据了坚实的市场优势。地方出版社近年来发展较快,依托其地方特色所表现出的优势。如上海、北京等直辖市教育、学术发达,省会城市及地方的大学出版社也各有特色,都能充分发挥出相应的地方优势。上海有上海古籍出版社、上海人民出版社、上海译文出版社、上海三联书店有限公司;江苏南京有江苏人民出版社、江苏凤凰教育出版社等,尽管在成立时间上比前者晚,学术资源的积累方面差一些,但是我国出版产业地区集团的形成,给这类地方出版社提供了新的行业机遇;大学出版社更加侧重于教学科研,如北京大学出版社、清华大学出版社、北京航空航天大学出版社及广西师范大学出版社等,尤其在大学教材的出版销售上占据着重要的市场份额,这类出版社受相应高校学术方向与背景影响较深,往往专攻特色特长学科的出版。

除此之外,民营出版公司也在学术著作出版方面占有一席之地,与以上几种主要出版单位不同,民营出版公司的管理更加市场化,稿酬机制和营销推广方式更加灵活,能够吸引到一些优秀的作者。不同体系的出版单位各具特色,在整个行业中通过各种措施吸引优秀人才,相互之间形成了激烈的竞争。

在学术出版物媒介载体方面,行业竞争亦非常激烈。学术类图书的出版根据研究成本可以分为理论系统较为完善的大部头和短小精悍的学术期刊,也有不少作者在撰写较长篇的学术作品时,将其中一个关键的点提炼出来形成单独的、相较而言简短的作品,以期刊的形式进行投稿和发表。篇幅的长短一定程度上能够体现学术投入程度,学术著作成书篇幅大、探讨的问题更加复杂全面、耗时更长,且出版周期相对更长,经济效益也难以保证。相比之下,期刊凭借着篇幅更小、发表周期短、发表费用更低的优势,深受欢迎。因此,有些作者会倾向于将自己的学术成果在期刊上发表,这又造成了一定程度上的学术出版导向,使学术著作的创作和出版受到严重的挤压。

## 第三节
## 我国中文学术著作数字出版发展模式变迁

科学技术是第一生产力,而出版技术的发展是人类科学技术进步的一个浓缩反映。数字出版产业的发展与数字技术的更迭有着直接的关系,数字技术更新深层次激发了出版思维方式、出版组织结构、出版渠道、出版市场等全方位的变革。20世纪80年代中期电子计算机技术在我国出版领域的应用,20世纪90年代中期互联网技术的引入与在出版领域的应用,21世纪初IPv6核心网的建立、3G通信的应用、5G移动通信技术的创新及人工智能、大数据、云计算、区块链等新兴技术的普及与推广等,都推动着数字出版业向更高层次迈进。

# 第五章 中文学术著作数字出版的发展脉络

本节将立足技术迭代变迁的视角,对我国中文学术著作的数字出版演变脉络进行梳理:学术著作数字出版发展的模式,大体上遵循了一个由浅入深的发展历程,最开始是围绕着内容生产的传统优势进行数字载体转化,其中,电子信息技术奠定了技术基础;以后进一步发展到出版领域产业体系的革新,新的技术提高了生产效率,使产业之间的联系更加紧密;物联网技术则创造了一个多媒体的环境,全媒体运营成为一种新的趋势。

## 一、以内容数字化为核心的技术奠基(1985—1993年)

改革开放政策全面打开了发展的新局面,文化领域迎来了新的春天。20世纪80年代以来,电子计算机技术开始进入到中国并逐步影响各行各业,我国出版业在传统出版技术的基础上出现了向电子出版技术的演化,汉字数字化技术和信息存储技术的进步,也直接推动了传统内容载体的转化,奠定了我国出版领域数字化发展的技术基础。

### (一)电子计算机与汉字数字化

20世纪中期,世界上第一台电子计算机在美国宾夕法尼亚大学诞生,标志着计算机时代的开启。同期,为应对冷战危机,美国国防部远景研究规划局(Advanced Research Projects Agency)建设了一个军用网,叫作"阿帕网"(ARPAnet),利用四台主机搭建了一个网络体系,在这个网络中任一部分被破坏,其他部分仍然能够正常运行。20世纪80年代初期,网际互联协议IP和传输控制协议TCP成功研制并投入使用。这两个协议是相互配合的,IP是基本的通信协议,TCP是帮助IP实现可靠传输的协议,由此实现了计算机的相互通信,构成了一个开放的网络系统。80年代中后期,在美国国家科学基金会资助下,连接成功超级计算机,建立起全新的NFSNET网络,后发展成因特网(Internet)。

此时,在电子计算机技术的基础上,我国开始出现一系列出版技术突破,汉字数字化和信息存储技术的研制与应用,结合互联网的使用,突破了传统铅字排版的技术限制,真正地实现了高效低成本的出版生产。

首先是汉字的数字化与激光照排技术的变革。我国传统出版使用的是铅字排版印刷,在印刷车间内将反印的合金铅字一粒粒铸造出来,手工挑选铅字并排版,再进行压版、浇铸、上机,效率十分低下且容错率极低。为克服以上问题,1974年8月,国家出版局、一机部联合发布了《关于安排印刷技术改造急需重点印刷机械新产品试制任务》,决定自主研制计算机汉字处理系统,这一任务被命名为"汉字信息处理系统工程",简称"748工程"。此后,我国从1975年开始研制汉字激光照排系统,针对汉字数量庞大、笔画复杂及报刊图书排版精度和分辨率要求高等,一直以来困扰着出版印刷业发展的难题进行了攻关,应用汉字字形的信息压缩、激光输出精度等技术实现了跨越式的发展。1985年华光Ⅱ型汉字激光照排系统投入生产,1987年华光Ⅲ型出版系统顺利通过了国家验收,到1993年国内大部分的报社、印刷厂和出版社都采用了国产汉字激光照排系统。

其次是磁与光信息存储技术的发展演进。磁存储的出现颠覆了传统的纸介质存储形式,文字、声音、图像、数据图表等信息可以转化成电信号,刻录在磁介质上,可以重复输出并存储。20世纪90年代,我国主要使用磁带和磁盘这两种存储器,通过建立磁带数据库,将文献刻录在计算机的磁带上,形成磁带版二次文献。早期的机读磁带数据库是我国计算机情报检索系统的重要数据源。光存储技术的出现是信息存储技术的又一次变革,通过激光和介质的相互作用,使介质性质发生变化而将信息存储下来,主要的储存形式就是光盘,密度更高、容量更大、成本更低、检索更方便。因此,我国引进光盘载体数据库。1986年国家海洋局情报所最早引进国外的《水科学和渔业文摘》《生命科学文摘》两份光盘数据。

## 第五章 中文学术著作数字出版的发展脉络

到1992年初,我国已引进超过100种CD-ROM(只读式光盘)数据库。在引进的基础上,20世纪70年代末,我国已经开始研发自己的光盘数据库,磁光型和相变型两种可擦、重写光盘及其驱动器研制成功,标志着我国光盘及其驱动器开始进入国产化时代。

综合以上,随着电子信息技术与数字化出版技术的发展,在技术层面上为我国出版领域的变革奠定了技术基础。汉字照排技术和信息存储技术突破了传统的纸介质形式,传统的纸介质图书内容现由电子计算机转录到计算机中,建造了新的信息载体与信息数据库。这时网络信息技术成了各国经济增长的新动力。

(二)传统内容的电子形式转录

这一阶段的技术变革从根本上来讲是围绕着传统的生产模式实现效率的提高和成本的降低,也切实实现了出版领域内的生产力发展,跨出了数字出版最基础的一步,此时的数字出版技术呈现形式可以归纳为以下几种新型介质载体。

1. 磁带数据库。20世纪60年代,我国开始引进国外磁带数据库,主要用于情报检索的实验研究和情报服务工作。20世纪80年代,计算机检索、排版、图形处理和输出技术得到进一步发展,开始应用计算机系统进行排版设计、文字编辑、图文合成等。此时,数字化信息被存储在磁盘中供传阅使用,数据库、电子书、电子报纸等数量迅速增加。这时我国各情报所,包括上海情报所、一机部情报所、地址簿情报所、农科院情报所等重点部门,引入磁带超过1300盘,文献超过540万条,内容涵盖机械、化学、资源环境、化工、政府报告等各个领域。

在引进的基础上,我国研制了《中国高等院校学报论文文摘(英文磁带版)》磁带数据库,并在此基础上开展了SDI定题情报工作。到20世纪80年代中期,我国第一个计算机联机情报检索系统(BDSIRS)建成,为拥有300万篇文献的数据库国内联机检索网。同时,该数据库与美国DIALOG国际情报检索系统的电子计算机数据库成功进行了国际联机检索试验,标志着我国研制的磁带数据库已经具备了与国际文献检索系统进行联机检索的能力。

2. 光盘数据库。20 世纪 80 年代,中国图书进出口总公司与中国教育图书进出口公司已经开始从事 CD-ROM(只读式光盘)系统的引进工作,光盘数据库与磁带数据库主要用于定题情报服务、辅助图书采编、专利与成果检索等。

1989 年,我国第一个光盘数据库《中文科技期刊数据库》诞生。随后,我国涌现了诸多 CD-ROM 产品,如《中国化学文献数据库》《中国工商名录》《中华药典》等。中国科技信息研究所重庆分所 1991 年研制出的《中文科技期刊 CD-ROM 光盘数据库》是我国当时最大的综合性中文文献题录光盘数据库,收录了 4600 余种科技期刊,入库记录超过 61 万条。国家专利局与一些研究所也大力开发光盘数据库,当时光盘在海内外均有发行,覆盖了相关领域内的诸多论文文献和期刊。例如:1993 年上海有机化学研究所研制的《中国化学文献数据库光盘》、1994 年中国医学科学院医学信息研究所研制的《中国生物医学文献光盘数据库》。光盘数据库已经成为我国重要的集成型专业电子数据库,包括自然科学和人文社会科学在内的期刊文献超过 3000 种。

3. 数字模式内容采编。纸质书转电子阅读最大的难题在于阅读内容和电子阅读器的适配,与纸质书排版不同的是,电子书的排版更类似于网页的制作,需要适应不同的浏览器尺寸以达到更舒适的阅读体验。电子书的页面设计更加复杂一些,尤其是部分出版商会增加广告链接内容来实现盈利,这更增加了电子书内容排版的要求。

学术著作电子书排版的一个难点是学术内容特有的公式、实验绘图、数据文件等的电子排版。商务印书馆的电子书研发团队曾制定出专门的技术样式标准——DocBook,同时团队还开发了排版文件转换电子书的 XML 数据文件,能够实现公式的搜索、复制和文字的转码,使内容在电子屏幕上也能够完美地呈现,避免因乱码等问题给读者带来不便。1988年,北京北大方正电子有限公司推出了方正书版软件,在电子出版领域广泛应用,为内容的编、印、排提供了便利。同时,还有1987年中国印刷科学技术研究所推出的科印微机排版系统,具有更强的兼容性、价格较低,图表、文字等都可以实现自动排版编码,数字排版与激光输出的功能完善进一步提升了使用便利性。除此之外,还有在公式、表格、化学结构式等非文字排版中具有优势的华光排版系统和4S高级科技文献书刊编排系统的开发与推广应用。在数据库方面,20世纪60—70年代,数据库得到了突飞猛进的发展。在技术发展的推动下,除文本数据库外,超文本、多媒体技术催生了图像、视频等多种数据形式,数据库主体更加多元化。

## 二、数字出版技术体系的初步形成(1994—2004年)

20世纪90年代初期,美国IBM、MCI、MERIT三家公司联合组建了一个高级网络服务公司(ANS),建立了一个新的网络,叫作ANSNET,成为Internet的另一个主干网,Internet开始走向商业化。到1995年4月30日NSFNET正式宣布停止运作时,Internet的骨干网已经覆盖了全球91个国家,主机已超过400万台。1994年,我国正式接入互联网,成为世界上第77个拥有全功能互联网的国家。

1994—2004年是中国社会发展的重要转折点,社会主义市场经济体制的建设与2001年我国正式加入WTO加快了改革开放的步伐,全球化不断加深,信息产业成为全球经济新的增长点,互联网正在创造一个超越民族和地域的新的内容市场。在此阶段,我国的数字出版技术实现了新的跨越,尤其值得关注的是形成了较具整体性的产业体系,采、编、印、排、发整体产业链,实现了数字化技术的普遍应用。

## （一）出版物采编技术的数字化

互联网最显著的特征是突破了时间和空间的界限，利用数据网络实现了人与人之间的联系。在出版领域内，借助于互联网，实现了整个采编过程的一体化和网络化。

从传统的出版采编流程来讲，一般是采用信函的方式将作者的手稿投递给出版社，经过稿件的审理、修改、校编，最终刊印发行。在这一过程中，作者与审稿人之间要进行多次反复的联系和沟通，信函的邮寄还存在着时间较长与易丢失的风险，沟通的经济成本与时间成本都较高。而电子计算机技术的进步带来了生活与学习的极大便利，利用计算机撰写文稿和论文，形成电子稿件，利用软盘、硬盘、光盘等形式进行投稿，取代了传统的信函投稿，同时网络邮箱投稿也成为重要的投稿方式。编辑借助电子计算机对稿件进行审核，也进行编校，同时能够实现线上与作者的直接沟通，出版社的稿件采编效率大大提高。

在采编过程之外，数字技术对于排版工作的影响尤为深远。从20世纪90年代开始，伴随着计算机的普及，计算机排版软件应运而生，形成了配套的数字化出版技术体系，方正排版系统、华光排版系统、科印排版系统和引进的LATEX排版系统、Microsoft Word等现代排版软件的应用，大大提高了排版工作的效率与质量，出版领域进入到了现代化高质高效生产的阶段。以方正排版系统为例，该系统是国内期刊最为广泛使用的专业排版软件，方正书版7.0克服了图片插入文字时需要将图片转换成胶片需手工剪贴的不足，可通过混排技术直接进行图片和文字的综合排版。1999年和2004年，北大方正公司相继推出了方正书版9.0和10.0版本，功能进一步强化，排版的模式与流程更加简便，兼容性更强，能够处理不同格式的文件和图文。除此之外，华光排版系统凭借多文种排版的优势，能够实现各少数民族语言排版与公式、图文的混编而深受少数民族编辑部喜爱；美国

LATEX 排版系统能够克服不同期刊、不同排版标准的复杂性,简化了各种科学公式的排印;Microsoft Word 排版在我国应用的主要是 97 版及其后续版本,兼容性较强,能够直接插图制表,实现多种内容形式的混编。

(二)出版物印发技术的数字化

采编技术的数字化实现了效率的提高,推动着产业链下游链接的印发环节,必然要进行提效。传统的印刷技术手续多、耗材多、周期长,这使制版印刷环节必然要进行数字化的技术变革,计算机直接制版(Computer to Plate,简称 CTP)应运而生。

在计算机制版之前,我国印刷行业主要依靠光学照相技术制版,采用的是光学投影成像原理,将原稿成像在高感光版材上,经过显影、定影得到印刷版本,转而再进行印刷。而计算机直接制版则是采用激光扫描成像,通过激光束直接在版材上将图文数字信息扫描成像。数字印刷需要满足的条件,首先是印刷之前的信息一定要实现数字化处理。图文信息输出省去了照排胶片、拼版、晒版、显影等工序,可直接输出到纸张上;且数字信息存储在电子计算机上,随时可以修改,也大大提高了印刷的容错率。

21 世纪以后,数字直接印刷技术在我国逐渐普及。我国最早投入使用的 CTP 设备大都是进口品牌,例如:日本富士公司的 Luxel P-9600 CTP 型计算机直接制版机、捷成洋行的彩色柯氏数字化印刷机 Indigo E-print 1000、赛天使公司的全胜 3244+ 热敏型计算机直接制版机、美国 EGRM 公司的 Stingray 激光照排机等。在引进的基础上,我国也开始积极研发直接制版机,例如:北大方正与爱克发合作生产的激光照排机组成的 CTP 系统、北大与华通共同研制的 CTP 系统等。

传统的图书发售和阅读采用的是纸介质,电子计算机技术则突破了纸介质的局限,磁、光等新的信息存储方式创造了新的数字化发行模式,但是从根本上来

讲,内容还是不变的。因此,网络电子期刊、网络论文选集、网络文献等大多都是在刊发时转化为电子形式,同时发售电子版,发行的渠道和形式更加多样,也给了读者多一种选择。

20世纪80年代以来,电子期刊的建设和研究成为国家网络信息资源工作中的重要一环,第九个五年计划中"数字化图书馆"成为重点攻关项目,电子期刊纷纷涌现,数字化文献系统相继开通。万方数据、龙源期刊网、中国期刊网、维普中文科技期刊等网站成为学术文献刊发的重要渠道。

(三)数字出版产业链技术体系形成

出版物的采编引发各个环节的技术迭代更新,创造了一个全面数字化的新的出版产业链业态。网络平台的介入改变了传统的出版模式,一种方式是直接放弃纸质版而以纯电子模式出版,包括信息的数字化编印、直接跳过印刷环节、编校排版之后以电子书的形式发行等;另一种方式是传统出版物的数字化出版模式,电子书出版与纸介质图书的排版印刷平行进行,利用线下书店与网站等数字化渠道进行双线的发行和销售,这是一种传统出版模式的数字化过渡方式。

从根本上来讲,学术内容的创作核心围绕着内容生产、出版社、网络平台、数字出版商、用户等群体形成了新的产业链结构。数字出版商凭借着技术资源优势成为出版过程中的重要一环,也正是数字技术将出版产业链之中的各个环节更加紧密地联系在了一起。各个出版单位或出版环节分工不同,但是密切联系,并按照同一目的和统一的秩序构成了一个统一的多层次系统,使我国学术领域的数字出版体系初步形成。

## 三、数字出版产业规模化集群形成(2005—2015年)

"数字出版"这一概念在"十一五"规划时期正式被写入我国的国家发展战略

计划,其背景与倚靠的基础是这时的电子计算机技术与信息网络技术已经得以发展,并且已经初步构建了数字出版的现代化产业链。2005—2015年,IPv6核心网、3G技术等新技术的应用与推广,推动着我国数字出版技术向更高层次发展。在国家统一规划下,我国数字出版产业还走向了新的集群化,不断探索更加高效、更加个性化、质量更高的知识服务产业。

(一)现代网络技术的创新与发展

2005年,我国正式实现了互联网IPv4到IPv6的跨越,网络传输速度最快可达每秒10G字节,覆盖众多高等院校和科研院所,为学术领域的信息互动奠定了坚实的技术基础。学术文献采编平台也在建设与发展中,文献辅助编校系统、学术不端监测系统、文献期刊在线发布平台等的建立,进一步推动了信息的传播与共享。

2009年,我国正式发放了移动通信3G牌照,我国几家大的移动通信公司——中国移动通信集团、中国电信集团公司、中国联合网络通信有限公司拿到了3G业务经营许可。因此,2009年被称为"中国的3G元年"。3G技术最突出的成就在于实现了终端的融合,手机也从单纯的通信工具变成了新的阅读终端,实现了手机、电视、电脑的"三屏融合"和电信网络、广播电视网、计算机互联网的"三网融合"。手机作为新的阅读终端,以其强大的功能改变着人们的阅读习惯,其内容形式也突破了文字与图片的传统形式,以视频、音频、动画、web控件、3D成像与超链接等多媒体技术的形式出现,手机阅读成为新的阅读市场。

(二)项目带动产业的发展思路

"十二五"时期,我国新闻出版领域呈现出明显的项目带动产业的特点,即项目在带动产业转型升级中起到了重要的作用。"十二五"时期,国家新闻出版广电总局新闻出版改革发展项目库受理申报项目总计6176个,从项目分布来看,主要包括融合发展与转型升级、出版、复制印刷、发行、基地园区、"走出去"、动漫游戏、公共服务、体制创新与保障等九个类型,其中融合发展与转型升级占比达42.2%,在受理项目中占据主体地位。从入库项目来看,融合发展与转型升级类占49.3%、出版类占9.0%、复制印刷类占9.7%、发行类占7.8%、基地园区类占8.7%,动漫游戏类占3.6%、公共服务类占2.2%、体制创新与保障类占2.4%。对比项目申报类别分布,融合发展与转型升级类项目入库率最高,相较平均入库率高出38.2个百分点。

数字出版有了统一的发展规划之后,原来零散的格局根据业务的分类实现了聚集。在市场竞争中,同类出版企业或同地域内的出版企业是竞争关系,传统出版时代的信息资源垄断是实现市场占有率的重要依据,但是互联网标志着资源的共享,为了实现更好的社会效益,垄断型市场竞争转化成了集约化的高效生产。技术的更新打破了原有的产业链,使产业链具有开放性的特征,突破了壁垒而含纳了更多的企业和行业,在技术、市场、政策的共同作用下,出版企业开始走向开放性的产业集群。

(三)出版集群与出版网络构建

以清华大学出版社为例,2009年完成转企改制之后,该社在2014年成立了清华大学出版集团,凭借着在教育与科研领域内的优势,集团在同类出版企业的市场占有率中占据绝对的优势,学术出版方面更是建立了专门的学术出版中心。所出的自然科学、人文社科、工程技术及医学等专业领域的学术著作、教科书和学术期刊等,在国内外都具有十分显著的影响力。

2008年我国第一家国家级数字出版基地——上海张江国家数字出版基地正式成立。此后,各地区纷纷申请设立区域性的数字出版产业基地,相继获批成立。2010年数字出版联盟成立,联盟在国内数字出版的生产发行、版权交易等环节共同协作和提供支持,并开拓更加广泛的合作。在此基础上,全国各地的联盟、基地、产业园等新的出版体系如雨后春笋般涌现,形成了点、线、面相连的一个整体的出版网络格局,出版企业通过各种方式实现互联,达到合作与共同发展的目的。

2008—2012年,我国共建立了包括上海张江国家数字出版基地在内的9个国家数字出版基地,涵盖上海、重庆、杭州、湖南、湖北、天津、广东、山西、江苏9个省市,形成了以我国东部经济较发达地区为主,向华中地区辐射的产业集群布局。数字出版基地的建设有利于扩大产业聚集效应,充分利用资金、资源、技术等优势,更加适应竞争更趋激烈的国内外市场环境,加速传统出版产业的转型升级。

出版集团与出版基地的建立大多依托地域之间的临近关系,如此能够更加便捷地利用地域的市场资源。也正是因为地域上具有相邻性,其发展模式与发展思路上契合当地的发展特色,能够实现更精准的服务。

### 四、探索技术与知识的全媒体发展(2016年至今)

每一次技术的发展对出版业来说都是一场新的机遇。人工智能、3R技术等的出现为出版企业提供了一系列新媒体流程和操作范式,提高了生产管理的效率。数字加工、数字教育、数字阅读、数字印刷、数字发行等领域内,人工智能强大的数据处理功能的应用,进一步推动了数字出版的转型升级,在这一形势下,出版业进一步探索着技术与知识的多元化媒体形式。

(一)新技术时代的到来

推动学术出版的发展已被纳入新闻出版业"十三五"规划,也成为重要的发展工程之一。同时,学术期刊集群化发展也已经成为增强实力、推动转型、提升品牌的重要途径,成为学术期刊发展的重要趋势。搭建学术期刊资源服务平台,各学术期刊的资源、平台、人才、运营等方面优势互补、协同发展,已经成为学术期刊集群化发展的新方式。学术期刊集群化发展从综合性、全领域海量平台向同一垂直领域专业平台转变。行业垂直领域第三方学术期刊平台将大量涌现。

人工智能的一大特点在于代替人工从事诸多劳动密集型的工作,并且处理速度更快、数据处理结果更精准、数据随时存储与可调用等优势都是人力所无法比拟的。例如:人工智能客服机器人可以连续24小时为全国各地各种语言的消费者提供服务,根据问题词条进行匹配进而给出答案;在消费服务中,数据推荐能够帮助消费者更加精准地定位兴趣与购买意向;通过处理消费者购买信息,构建消费行为习惯模型,以统计分类的方法对消费者进行精准定位,为市场发展提供可参考数据等。

5G技术是数字发展的又一次跨越,工业和信息化部于2019年6月正式发放了5G牌照,包括中国移动、中国联通、中国电信和中国广电四家企业,标志着我国正式步入5G商用元年。由于更快的速度、更大的容量、更高的传输质量,可以毫不夸张地说,5G技术的优点对于出版过程中的选题策划、内容生产、产品营销等各个环节都具有提质增效的作用,实现了信息更加高效的整合,同时弥补了以前数字出版所存在的诸多不足,为出版业的发展提供了一个更加有力的发展环境。

还有AR、VR、MR虚拟技术的应用,扩展了数字出版的传播渠道,科技感和创新性吸引了越来越多的消费者。文字内容变成了"现实",消费者对于信息知识的感知更加直观与生动,阅读方式发生了新的变革,也实现了信息的服务转型。

整体而言,技术的发展依然是不断向前的,在原有的基础上不断催生着新的因素,出版业也在技术这一生产力的推动下不断走向新的变革。技术的深度融合,也推动了内容产业的智能化进程,人的感官信息、经验知识、逻辑判断与机器算法糅合,提高了内容供给质量和精准化程度,机器和人之间迈向"双向理解"和"双向学习"的深层互动。

## (二)打造全媒体信息平台

技术实现了行业内的联动,同时也实现了不同行业之间的联动与融合,图书出版与传媒影视、网络电信、教育等行业的融合加深,并扩大为一个更加宽泛的范畴,媒体之间的界限变得模糊。多媒体传播、跨媒体传播和"中央厨房"等多种途径的传播方式涌现,信息的传播突破了媒介形式的限制,以各种不同的呈现方式发布,内容实现了最大化地利用,融合了声音、图像、触觉等各个可以利用的感官对象,创造出新的载体。于是更多的媒体被纳入到传统产业链之中,逐步形成了全媒体产业链形式。例如:凤凰出版传媒集团曾出版的《走进百家名村》,以纸质图书、网络和光盘三种形式同时出版;《非诚勿扰》通过纸质图书、网络、阅读终端、手机图书等多种方式复合出版。同一内容的全角度运营和发布,一方面提高了信息的利用效率、降低了信息生产的成本,充分发挥信息所具价值;另一方面,不同载体的运用拓展了阅读方式,为读者提供了不同的选择,开拓了市场,加深了产业的融合与多元发展。

"十三五"时期,以知识付费、直播、短视频为代表的知识服务产品的类型日益丰富。2016—2020年,我国数字出版产品种类和形式日益丰富,知识付费市场呈现出繁荣景象,"直播+"也成为数字媒体的标配,传统媒体纷纷在抖音、快手、哔哩哔哩等视频平台上营运官方账号。传统出版社也纷纷在电商平台上开设直播间,以直播带货的形式营销图书,并在短视频平台通过拆书、讲书的方式进行知识服务。如清华大学出版社通过利用京东、亚马逊、掌阅等平台销售纸质图书或电子书,开发有声听书等音频阅读产品,销售视频课程产品等,通过多种渠道实现图书的推广,充分发挥了互联网提供的各种媒介和渠道优势,甚至可以说是以一种无孔不入的姿态经各种渠道进行销售。由此又提升了出版物内容的影响力。

2019年,商务印书馆推出了一个依托新媒体技术的知识生产服务平台——人文社科知识服务平台,包括Web站点、手机APP建设等,提供交易、订单、结算、物流等全线服务,建立了电商业务体系。在生产端,商务印书馆实现了编印发一体化的出版流程;而在运营端,商务印刷馆实现了全媒体产品的生产与服务。商务印书馆的全媒体生产服务平台提供了全媒体形式的知识产品,包括电子书阅读、名家讲堂音视频课程、数字图书馆、精品工具书库和导师专家资源等,充分利用了新技术,实现了从数字出版到个性化知识服务的转型升级。

## 第四节 中文学术著作数字出版的特点

社会经济的发展、科学研究的发展及技术革新、出版机制与阅读环境的改善等,都是出版业发展的重要条件,每一个环节都是必不可少的。其中,出版技术的发展是一个复杂的延续过程。技术的发展首先是人类有目的的创造活动,在人类历史的发展中,技术进步本身就是一种文明创新。而出版技术的发展从历史的纵向角度来说必然是不断前进的,学术著作数字出版是基于新时代技术更新而产生的新的技术革命。通过对出版技术的发展脉络进行梳理,可以归纳出以下几个发展特点。

### 一、循序渐进的发展过程

数字出版是一个连贯的演化过程,技术的创新与普及是不断前进的,伴随而来的企业生产也在不断地探索新的路径。20世纪末开始出现电子出版物、互联网阅读等新的阅读载体,21世纪初数字出版正式写入国家的发展规划,直到目前数字出版的产业范畴仍在扩大,且在我国文化生产领域中占据重要地位。其整体发展的过程也是连贯的、持续的,与政治经济文化环境的发展相互影响、相互促进。

### 二、发挥多媒体渠道优势

在多媒体时代,信息的传播讲求全媒体、全方位的运营,其内容就像是一棵树的主干,由此衍生出无数的分支。全媒体、全渠道内容生产与传播模式的形成,将更多的组织纳入到出版产业链中,新的价值附加模式改变了以往传统出版的盈利模式。过去,传统出版企业的盈利模式相对单一,主要依靠版权和内容销售分成获取营利。但是数字出版出现之后,电子图书、数字报纸、互联网期刊、影视版权等产业使出版产业的盈利模式变得丰富多彩。

不同的媒介渠道代表着不同的受众需求,有着不同的市场定位,这就需要进行充分的市场调研,以掌握用户数据,进而进行高效精准的知识服务。例如:短视频领域内,受众年轻,追求声画和音效的全方位感受,内容更加短小精悍;慕课平台的受众多为学生,有着对高等教育课程的高需求,因此平台的内容更需要注重学术性和专业性;知网、维普等数据库的受众多为研究者、学者,用于开展研究,所以需要更高的学术严谨性,页面也更加简洁甚至单调。

针对不同的信息和内容属性,不同媒介或渠道的营收方式也各不相同。娱乐化的手机阅读软件中,内容大多用以消遣,严谨性相对较低,在阅读过程中还穿插广告以实现企业营收,这也成为一种重要的收入途径;短视频平台则直接推送纸质图书的购买链接;高校讲堂类课程的学习,同时也售卖相关专业书籍与教科书材料等。渠道的开拓为内容生产与发行销售等各个环节都创造了新的发展机遇,全媒体型的渠道开拓正在成为主流,形成新的市场形态。

## 三、以人为本的发展导向

前文提到的阅读终端变化、宣传发行渠道变化等都是出版物内容传播的外化延伸,而出版作为一个知识生产的产业,最后落地的根本是消费者的内容需求。其中,学术著作的出版在知识服务中占据着重要的地位,也是学术创新的根基。

差异化的内容生产也逐渐出现在主流市场之中。有一些传统著作的内容较为专业化,对于不太了解该专业知识的"外行人"设置了天然障碍,但知识只有"看得懂、听得懂"才能真正地发挥效用。《明朝那些事儿》虽不是明朝史学专著,但是却因趣味性和一定的历史学术性在市场上广受好评,吸引了大批读者对于明朝历史的研究兴趣;《苏菲的世界》将哲学世界映射到一个小女孩的生活成长中,主观上阳春白雪的哲学思维以一种更加通俗易懂的方式进入市场,这本书作为畅销书在国内外市场上都备受欢迎。数字出版更是利用数字技术和媒介传播力量扩大了市场范围,使一些专业的文化知识能够进入到大众市场,这也促使学术出版领域的知识内容进行大众化转型,如高校历史学教授开直播讲述历史故事。

消费者是出版产业链中最终实现图书价值的最后一环,满足消费者的需求是市场发展的重要规则。出版物的编写形式、传播途径、个性化服务转型等都是应用技术满足当今消费者越来越丰富的市场需求的体现。

## 参考文献

[1] 中国新闻出版研究院. 第十二次全国国民阅读调查 [R].2015.

[2] 中国新闻出版研究院. 第十二次全国国民阅读调查 [R].2015.

[3] 中央宣传部.关于促进全民阅读工作的意见[Z].2020.

[4] 国家统计局.中华人民共和国2020年国民经济和社会发展统计公报[Z].2021.

[5] 艾媒咨询.2020年中国知识付费行业运行发展及用户行为调研分析报告[R].2021.

[6] 李建红.勇者 智者 探路者:社科文献出版社的数字化生存之路[J].出版广角,2008（12）:26-28.

[7] 李游.出版产业项目发展趋势与对策研究:以新闻出版改革发展项目库为例[J].出版发行研究,2016（6）:19-22.

[8] 张立,介晶,梁楠楠,等.遭遇大数据时代的传统出版业[M].北京:社会科学文献出版社,2018:90-91.

[9] 李游.出版产业项目发展趋势与对策研究:以新闻出版改革发展项目库为例[J].出版发行研究,2016（6）:19-22.

[10] 黄先蓉,常嘉玲.我国出版产业转型升级趋势与政策建议:出版业"十三五"时期回顾与思考[J].中国出版,2020（22）:19-26.

# 第六章
# 中文学术著作全媒体传播业态分析

2008年以来,全媒体传播在新闻传播领域不断被提及,有广泛的影响,"全媒体战略""全媒体格局""全媒体平台"等诸多业界用语成为热词。而随着互联网的快速发展和5G时代的到来,受众接收信息的方式、途径及心态都发生了极大变化,表现手段创新、细分受众需求等成为全媒体传播下进行媒介融合的需要。

学术著作是呈现学术成果和传承学术思想的载体,中文学术著作的发展关乎着对我国学术水平和学术能力的评价、关乎着我国出版业的发展变革、关乎着学术资源的普及及劳动者素质的提高。特别是在当今知识经济时代,借助传统的纸质出版这一单一传播途径已无法满足受众需要,其高成本、获取难、滞后性等固有问题难以解决。这对中文学术著作借助全媒体传播手段推动学术信息的广泛传播,具有更突出意义。

但在现阶段,中文学术著作全媒体传播面临着动力不足、模式单一、供给结构失衡等诸多问题,而全媒体传播经由十余年的快速发展,发展模式越发趋向稳定、统一,在进一步向纵深发展的同时陷入瓶颈期。在这些因素的作用之下,一方面,中文学术著作的全媒体传播未能达到理想化状态,而对全媒体的认知偏于粗浅,使中文学术著作的全媒体传播停滞在数字化层面;另一方面,全媒体也应当针对中文学术著作提供创新性路径和方法,推动进一步提高中文学术著作的影响力。

## 第一节　现状

本研究结合国内外学者的研究成果与业界的实践成果,将中文学术著作定义为:"作者针对某一学科或某一知识领域进行系统、深入地研究之后产生的并以中文写就的作品,或在理论上有创新见解,或在实践中有新的发现,或具有重要文化积累价值。"在传统的纸质出版中,中文学术著作存在出版要求高、难度大、市场小等问题,学术出版能力较低。而数字出版的出现解决了纸质出版的难题,全媒体出版能力大幅度提高。出版能力的提高致使中文学术著作出版数量快速增大,但数字出版的膨胀式发展和过剩的出版能力也一定程度上造成了学术著作质量的下降。

与之相应,中文学术著作的全媒体传播平台也具有专业化程度高、指向性强等特征,其针对受众基本上是学术界群体。然而在网络媒介时代,获取学术著作的难度和成本降低,被排除在学术界之外的"学术大众"出于学习知识、开阔视野、闲余消遣等原因,也会加入到用户行列之中,用户的概念和范围将被重新定义。全媒体传播环境为中文学术著作寻求大众化和小众化的协调发展提供了可能性,如何平衡二者之间的关系仍是值得探讨的关键点。

同时也应注意,传统纸质出版的式微不可逆转,然而从纸质传播到全媒体传播,绝不仅是外在形式和传播载体的变化,即中文学术著作的全媒体传播不是简单地把纸质内容复制在互联网上。然而,从认识到这个问题至今,中文学术著作全媒体传播还未能完全走出这一定式。

### 一、内容:中文学术著作的出版品质

从中文学术著作的作者角度看,在现有的学术评价体系和学术考核机制下,

## 第六章　中文学术著作全媒体传播业态分析

学者发表学术著作的需求越发出自获得学位、职称及项目等功利性需要,而出自从事科研本身的需求越来越少。"唯SCI""唯论文"的风气都直接影响学术著作发表的数量和质量。我国学者大约90%的SCI论文都在国外学术期刊发表,这就直接导致了大量优质稿源的流失。出于功利主义,一方面,影响学者的心态,致使其产出能力和水平下降;另一方面,则有可能带来学术腐败而影响学术著作质量。功利主义、实用主义的风气需要通过评价机制的变革来进行一定程度的抵制。

此外,由于一些学术著作篇幅较长、专业性强、组稿难度大,在出版环节的编辑校对中,对于编校人员的编校能力及知识素养都要求极高。而有时间参与到出版各环节的专业人员数量少,往往可能出现由于编辑经验不足、水平有限而造成专业术语等方面的疏忽和错漏,以及审稿能力不够、整理水平较低而造成文章前后逻辑不连贯等问题,从而影响学术著作的质量。同时,在全媒体传播环境下,对于编校人员的新媒体熟练程度和相关技能也提出了挑战,这一领域专业人才的缺失与否关乎学术出版的效率和质量。

整体而言,目前我国中文学术出版物质量堪忧。从学界学术环境来看,浮躁的学术氛围下难以产出高质量学术作品;从出版界环境来看,存在着重利润而轻内容的趋向,市场环境有所恶化。

国家政策资金扶持等提高了学术著作的出版能力,然而这种产能过剩在优质稿源有限的情况下,造成了一批学术著作的重复出版。这集中体现在两个方面:一方面,在学术著作选题上的重复和跟风现象严重。当一个学术热点话题产生,学者争相研究以期获得成果,会在短期内产生大量相同议题的学术著作,在内容上不可避免地出现同质化倾向。另一方面,由于垄断版权,一些出版社会反复出版自身销量高的学术著作,像一些明星类著作,在不同出版社或不同时期经历了

多次出版,但在内容上并未有大的不同和创新。而有些冷门领域的学术著作,则可能出现找不到出版物或是绝版的现象。稿源和出版的双重因素互相作用,极易造成学术研究及出版的结构性失衡。

重复出版造成了严重的资源浪费,不仅会加剧出版社出版能力的过剩,还会导致学术著作选题创新性降低。大量同类题材的学术著作同时出现并投放市场,不仅不利于打造精品化的学术著作,甚至可能造成恶性的市场竞争。

提高中文学术著作出版物的整体质量是中文学术著作全媒体传播现阶段的必然要求。而同时,高质量并不意味着高销量,许多高深、严肃的学术著作只能让部分专业人才阅读领会,其晦涩难懂的表达形式使部分读者退却。因而,如何在保有学术思想和学术研究内核不变的情况下,使之相对"通俗易懂",也是当下出版学术著作时需要考量的因素。精品化的学术著作不仅要求学术著作内容上乘,同时还需要表达手法的辅助及装帧设计的到位,从选题到出版都需精准把握市场需求,从而使之不再被束之高阁,在得到更多专业人士选择的同时,也能吸引更多非专业读者的兴趣和认可。

## 二、途径:中文学术著作的全媒体传播平台

学术平台是汇聚学术力量、稳定学术交流、传承学术思想的重要载体,搭建高水平的学术平台成为当下许多学术机构及组织的重点任务。与以报纸、期刊作为主要传播载体的纸质出版不同,中文学术著作目前还应致力于打造数字化传播平台,诸如数字图书馆、学库、微信公众号等,其中最具影响力的为中国知网、万方数据知识服务平台、维普中文科技期刊数据库、超星数字图书馆、读秀学术搜索等。

(一)学术平台的优势和不足

在学术著作全媒体传播平台建设中,互联网技术解决了许多难题,比如在校

## 第六章　中文学术著作全媒体传播业态分析

验学术著作原创性最初步的查重步骤,利用网络可以快速高效完成,这是纸质出版难以实现的,极大地节省了人力物力。同时,全媒体学术传播平台也具有即时性特点,用户可以快捷地获取所需要的学术信息,随时阅读大量的学术著作。

然而,从专家审稿到编辑分类,中文学术著作全媒体传播平台并不能完全依靠电脑或者数据而减少专业人才的录用。反之,由于数字出版物的数量激增,各大学术著作平台在专业人才的配备上还有较大欠缺,从而导致了有一些数据库和数字图书馆入藏的学术著作品质较低、内容重复、侵害学术版权等情况。

从中文学术著作全媒体传播平台的建设看,我国中文学术著作数字出版还未建立起具有高权威性和国际影响力的平台,也还未建立起统一的行业规范。如知网期刊多使用 CAJ 格式,万方数据库则为 PDF 格式,而方正多为 CEB 格式。因发布格式不同,用户使用这些平台还需要下载安装不同的阅读器,降低了用户的使用体验,增加了使用难度。此外,由于各大数据库、数字图书馆等未受统一的规范化管理,从审稿到编辑入藏,又到用户检索,都是在本平台的规范体系和标准下运行,而未能进行有效的共享,这在很大程度上造成了资源浪费。

(二)专业化和整合发展的矛盾

在数字图书馆和数据库构建中,两类词汇高频出现:一是"大型智库",即覆盖范围广的综合型学术平台;二是"专业平台",比如许多高校搭建校内学术平台,一些领域要求搭建如"艺术学库""国学库"等平台。

综合型数据库收集入藏各研究领域的学术著作,覆盖率高、面向的用户群体范围较广,能满足不同领域用户的使用需要,并为其提供所需的相关海量资源。而海量资源在另一层面却降低了检索有效资源的效率、增大了用户的阅读压力。以中国知网为例,网友曾调侃称其"上至学术大拿,下至小学日记",许多"无效文献"被收录至库中,且有大量的重复内容,甚至有部分的错误数据被收录其中,因信息太过庞杂而使用户难以高效识别并获取有效信息。同时,这些学术平台虽设置有学科类目,但其划分呈现出粗糙的泛化特征,对于学术著作的分类并不细致且有疏漏,很多优秀学术著作由于归类错误而难以被用户有效筛选,使之在平台的角落里"蒙尘"。

而一些专业细分平台由于只服务于特定领域,在收录学术著作时,对其筛选更为专业和细致,在此类学术平台进行关键词检索时,能够有效提供具有价值和强相关性的文献,同时聚集起一批研究本领域的学者,形成专业群,对于加强学术交流等具有重要意义。而此类平台大多服务于学科成熟、学科类目划分明确的领域,对于一些小学科、交叉性学科、边缘性学科并不友好,一些跨领域的学术研究成果,则很难对其进行准确、精细的查找。并且,此类学术平台通常在本领域内享有较高的知名度,当其他领域学者跨领域进行学术研究时,往往对这些平台及其特点不易熟悉了解,由此会产生一定的壁垒作用。

当然,这两类学术平台各有优势、难分优劣,二者之间也正在逐步完善,以建立供沟通和资源共享的桥梁,比如超链接跳转等。从而进一步搭建更专业、更开放、更高效的中文学术著作全媒体传播平台。

(三)商业性和公益性的矛盾

同样,出于学术著作本身的专业化特质,其作者群和读者群大多为同样研究本领域的专业高度重合的学者群体,群体数量较小。而处于学习型社会中,许多"非学术专业人士"群体也有学习中文学术著作、领受先进学术思想的想法和需要。中文学术著作在讲求专业性内容和高品质成果时,也要注重用户需求,转变固有的"高姿态",在把专业学者群体作为核心群体、满足其学术研究需要的情况下,兼顾其他"学术大众"的需要。

在知识付费时代,中文学术著作由于其高价值,不再是完全免费提供的公益

## 第六章 中文学术著作全媒体传播业态分析

性产品。对于核心群体而言,由于目前诸多学术平台与各学术组织、各大高校有合作及使用协议,机构付费购买数据库向其机构内部成员免费提供资源,这就极大地降低了此类用户阅读学术著作及进行学术研究的费用。但对于非机构内部成员或其他边缘用户来说,想要阅读大量的文献,购买文章是一笔不菲的开支。

一些需要付费的学术著作,付费的要求在一定程度上意味着大量心血和成本的投入,意味着高品质、高质量、高价值。然而对于非专业领域的用户而言,他们往往难以通过作者、期刊类型、关键词等去辨别一篇学术著作优质与否,以及是否是想要获取的学术资源,此时收取一定费用更像是一种"劝退"。虽然大多数学术著作的首页显示摘要,但摘要在很多时候并不能清楚描述本文论述的内容,甚至会出现"货不对板"的情况;另外一些平台会采取试读的方式,用户可以免费阅读前几页文字,而论文的前面部分又多为概述性质,缺少实质性内容。在收费形式上,有单篇购买、包月不限量等方式。然而,这些手段并不能很好地解决部分用户付费阅读后,仍然会因实际内容与预期内容不一致而产生心理落差,有"花了冤枉钱"的想法。不同于其他商品,知识型商品在购买后很难再要求"售后"。因此,学术著作平台应当针对这些潜在用户,对平台内的学术著作进行更完善的归类、划分及内容提炼,帮助其辨别并挑选合适的学术著作。

有必要扩大中文学术著作的影响力,让先进的学术思想影响更多人。中文学术著作不应当只局限于部分专业群体,而应在公益性和商业性之间找到平衡点,这是中文学术著作全媒体传播平台进一步发展的出路。在许多收费的商业数字图书馆之外,也需由国家牵头建立公共数字图书馆,通过购买部分版权,由浅入深地入藏高质量中文学术著作,吸引更多读者阅读,让中文学术著作的社会效益得以更大程度地发挥。

### 三、形式：多数为纸质读物的数字化出版

全媒体传播虽强调多媒体、多平台、多渠道，但以目前中文学术著作的全媒体传播来看，大多仍然是单一地将纸质出版物的内容"复制粘贴"或者"扫描"至互联网平台，并未有效结合多媒体这一优势，音频、视频相关内容较少，在出版之外也未利用好全媒体产品营销的受众广、成本低等优势。对于全媒体传播的浅薄认知，使中文学术著作全媒体传播并未真正形成融媒发展，这也是目前中文学术著作全媒体传播效果较差的原因之一。

在数字化信息时代，纸质出版向数字出版的过渡转型已经是不可逆转的趋势，而纸质出版和数字出版的此消彼长，归根结底取决于人们选择哪种呈现手段。在目前，数字出版虽已撼动了纸质出版的地位，但由于人们当下对其认识不深入，仍将数字出版简单归结为内容在电子阅读器及网络上的呈现，使数字出版还未能完全独立于纸质出版的发展。这也决定着纸质出版和数字出版在很长一段时间内将彼此共存，在互相影响和作用下，展现出全媒体传播背景下的新形态。

随着手机、电脑等电子移动终端的快速发展和广泛普及，人们的阅读习惯和阅读方式更多地趋向于数字阅读。在快节奏生活方式下，电子读物等更能满足人们在碎片化时间内的阅读需要。数字阅读的兴起，伴随着国民阅读量的正增长和纸质书籍的萎缩。以学术期刊为例，传统的纸质期刊依靠广告、发行贩售来营利，而其读者面窄，订阅量少，且生产内容、组织撰稿的成本高，虽有一定的资金补助和支持，但其传统的发展模式已经不能满足期刊长期的发展需要，向数字化转型是必然趋势。同时，学术期刊的数字出版，能在很大程度上消减学术信息的滞后性。学者在纸质刊物中获取和交流学术信息，耗时耗力，难以看到即时性的科研内容。而数字出版能使最近的学术研究成果第一时间得到发布和推广。现在诸多学术期刊已经采取数字出版优先、纸质出版随后的方式，然而，很多学术上的评估仍以纸质期刊作为评价的最终定稿，在学术评价体系中纸质出版的"含金量"

仍大于数字出版。

不同于其他图书出版,对于学术著作而言,纸质出版是经过时间检验的具有标准化意义的范形。已形成了一套完善的格式、流程体系,这种格局是难以打破的,特别是在数字出版还未完全规范化的时期,对于专业性、规范性等要求较强的学术著作,数字出版还不具备完全替代纸质出版的能力。而在中文学术著作的全媒体传播当中,纸质出版正在与数字出版进行高效对接,对学术著作的数字化传播模式进行创新。目前中文学术著作的数字出版大多仍遵照纸质出版物的出版规范,绝大多数纸质出版物也以数字出版物的形式在互联网上轻松可得。

数字出版日趋成熟,已超越了传统的纸质出版模式,出版产业链也逐渐完善。这是我国出版业的未来发展方向。中文学术著作数字出版发展迅速,但数字出版期刊的各项规章和管理制度依旧不够完善,在发行量统计、影响力估算、用户下载付费许可等层面依旧有许多问题亟待解决。

## 第二节 存在的问题

全媒体传播背景下学术著作的传播形式产生了极大的变化,虽然传统的以纸质图书为载体的出版形式仍有其被广泛认可的标准化优势,但数字出版的快速崛起已占据了半壁江山,全媒体传播成为当下的必然选择。媒体的融合发展能在很大程度上拓展学术著作的传播渠道、增大其曝光度,但在实现媒体融合的过程中依旧存在着盲目、单一、投机等问题。比如集中于数字化的文字内容出版,而忽视了音频、视频、图像等其他全媒体传播形式;将全媒体传播简单地等同于全媒体出版,忽略了全媒体作为当下最有力的传播途径对于扩大中文学术著作影响力的作用;中文学术著作全媒体传播相较于国外还有一定差距,国际影响力还未得到提升;经营模式、学术平台机制还存在着诸多亟待改进之处等。

全媒体传播为中文学术著作的发展提供了更多可能性,中文学术著作应把握这一机遇,转变原有的意识及观念,积极融入全媒体传播的新态势中,主动选择具有多样手段的全媒体传播,进一步提高中文学术著作的学术影响力。

### 一、易被忽视的声像出版

在全媒体出版中,声像出版在学术著作领域并不占据主导地位,但其具有生动直观、传播速度快、易于理解等特点,尤其在语言教育及学术交流中发挥着不可忽视的作用。声像出版起步较晚,早期以录音带、录像带、激光碟等形式出现,且成本高、出版收藏难度大,声像资料难以进行共享。而随着技术进步和视听设备的推广普及,声像资料的收集、出版、入藏、共享的成本也逐渐降低,然而,对其进行分类归档、收藏管理、建立共享平台等仍有诸多难题。

不过,在全媒体传播环境下,相较于广泛应用的印刷出版(即纸质出版)及快速蓬勃发展的数字出版,中文学术著作的声像出版依旧是容易被忽视的薄弱一环。视听行业虽然是当下关注度最高、最热门的行业之一,但整体上聚焦于日常生活及休闲娱乐,学术著作在其中占有的比例较低。中文学术著作并未利用好声像出版这一传播形式。

#### (一)广播电视

全媒体传播背景下的传统广播电视行业,也在不断寻求媒体融合发展的新模式。而作为面向大众的媒介,其在全民科学教育和学术思想传播中发挥着重要作用,但其栏目策划及设置的目的主要在于"普及",并不适合作为传播专业性极强的学术著作的平台。

以CCTV为例,CCTV-10作为科教频道,是中国科教文卫大众传播的第一平台,它对科技类、教育类、历史文化类三大栏目进行了许多改革和创新。诸如《探索·发现》《地理·中国》《自然传奇》《读书》等节目,形成了弘扬科学精神、展示精神文明的教育平台布局。而对于学术著作,各类节目中时有提及,但并未设立专题栏目进行学术著作的分享和解读。其中,《读书》这一节目自2011年设立起,即以"和大众分享好书"作为栏目宗旨,旨在用丰富的电视手段传递书中的精华和信息。《读书》栏目采取日播模式,时长从最开始的30分钟缩减到了现在的10分钟,而根据猫眼数据,在央视节目直播关注度市场占有率排行榜中,此档栏目未曾进入前百。同时,《读书》在设立之初,多为撷取古今中外经典优秀诗歌、小说、美文;经过历年发展,其分享书籍范围也逐渐扩展,但学术著作占比极低,只涉及个别明星作品及文史类学术著作。

在CCTV-10中另有一档明星栏目《百家讲坛》,2001年开播以来一度享有较高的知名度。《百家讲坛》选材广泛、追求学术创新、鼓励思想个性、强调雅俗共赏、重视传播活动。以讲座的形式,邀请了易中天、钱文忠、王立群、周国平等知名学者作为主讲人。在电视栏目之外,还出版了《百家讲坛》系列图书,并与喜马拉雅等听书平台合作。然而《百家讲坛》虽曾涉及文化、医学、经济、军事等各个方面,但如今多以文化题材为主,旨在为观众构建中国文化、中国历史的时代常识,与进行中文学术著作传播还有较大差异。

而在广播栏目中,学术著作几乎没有任何占比,多以新闻类、经济类、娱乐类为主,收音机也逐渐从越来越多的家庭中退出,而在仍有较高收听率的车载广播中,更多为音乐和娱乐分享。总而言之,当下的广播电视并不能给学术著作传播提供良好的平台及环境。

(二)网络视听

网络视听行业的格局与广播电视有部分相似,且娱乐化、碎片化特点更为突出。《2021年中国网络视听发展研究报告》中,将综合视频用户定义为"最近半年在网上看过电视剧、综艺、电影的用户",这意味着当下视频平台的主要业务集中于制作发行电视剧、综艺、电影等节目,而认为其他方向的市场价值不大甚至被忽视。腾讯视频、爱奇艺、优酷视频、芒果TV、哔哩哔哩等平台,更多的是以娱乐型软件定位,抖音、快手等短视频平台多传播碎片化信息,更不具备传播学术著作的条件。

美国的TED(Technology,Entertainment,Design)是一家私有非营利机构,以其组织的TED大会著称,每年邀请世界各地精英人士参会演讲,将其做成视频放在网络上供全球观众免费分享。TED在学术领域有极大影响力,许多精彩演讲也会被作为教学视频来分享学习,且TED网站的视频、字幕、演讲全文、译文等设置清晰有序,内容和形式都极为丰富。而在中国,这样的开放性学习平台架构起步晚且经验不足,以网易公开课为例,它以"让分享知识成为习惯"为口号,而且作为国际开放课件联盟(OCWC)成员之一,主要是"搬运"国际名校公开课及TED演讲等,带来的学习资源虽广泛却也浅薄,难以实现专业性学术著作及学术思想的传播,也难以满足用户深度学习的需要。此外,像中国大学MOOC及爱课程等,也都存在着此类问题,虽以全球化视野设计,但在语言上局限于汉语;虽以大规模为建设目标,但随着用户规模扩展也难以使平台正常运转。我国急需打造属于自己的品牌,为中文学术著作的传播提供良好的平台。

在音频平台之中,喜马拉雅为市场占有率第一的平台。其在版块设置方面单独列出了"畅销书"及"好书精讲",其中包含着小说、史学、文学等有声读物,也有如《乌合之众》《万历十五年》《人类简史》等明星学术著作。且喜马拉雅学习资源十分丰富,从人文语言到科技经济,包含国内外大学的精品网课,已经成为部分用户获取知识及了解信息的方式。但由于喜马拉雅更多采用UGC(用户内容生产)模式,在降低了准入门槛的同时,也容易导致内容的低质化和同质化;而其付费模式又一定程度上为用户筛选出了一部分更为专业的精品视频。然而在目前,学术著作还未能在喜马拉雅平台广为传播,平铺直叙的念白也难以具有较强吸引力,如何将学术著作以更生动的音频形式表现还是一个未解决的问题。

(三)学术资料

声像传播对于部分学术著作而言是一种传播形式,而对于研究声像领域的相关学术行业而言,则是重要的学术资料。比如声像档案管理、声像司法鉴定,再如音乐艺术及中国各地方言研究等方面,单纯的文字记录及描绘远不及声像资料鲜活、准确,这些领域的学术著作出版时大多配备光盘或音频文件。与此同时,我国目前还未建立起全国性的声像资料平台。

因其使用大量磁性材料,传统的声像资料保存困难。为防止消磁而致资料失真,对于放置环境等也都提出了较高要求。不同于传统纸质资料,传统声像资料不仅难以保存,而且寿命更短,其内容的播放和提取,也需要不同型号的器械来辅助。数字化时代给声像资料的保存提供了更多可能,但相较于纸质出版物的数字化,声像资料的一大痛点是占用着极大的数据量和内存空间,而压缩技术等虽快速发展,但压缩后避免不了资料失真。同时,数字声像资料在分类、编排上还未形成体系标准,在目前一些数字声像图书馆中,还未对入藏声像资料进行统一的格式规定,这导致了现有的声像资料存在管理混乱无序的现状。

数字化管理是目前整理声像资料的最有效方式,要建立一个足够大的存储平台,例如:云空间、云平台缩小实质占用空间。同时,也需要存储格式的数字化统一,实现规范编目排序,为用户提供更为便捷的检索服务。

## 二、全媒体出版之外的全媒体营销

全媒体出版通常是指出版物一方面以传统方式进行纸媒发行；另一方面以数字出版物的形式通过互联网平台、无线阅读平台及阅读器等终端数字设备进行同步发行。其与全媒体传播的概念并不相同，但通常探讨的中文学术著作全媒体传播，在一定程度上被等同于全媒体出版。而在全媒体出版概念之外，全媒体传播对于中文学术著作还指通过营销等手段扩大其影响力的积极作用。

在当下社会，大众对于学术著作出版的了解程度不深、阅读使用频次不高，学术著作出版面临着市场规模小及滞销等问题。而优秀学术著作的选题、撰写、编校、装帧等各环节都被倾注了大量的心血，往往"耗时耗力"且容易"亏本"，成本高、市场小，再加上学术著作的可读性不及其他文学作品，短期创收价值低，许多中文学术著作出版后会陷入"卖不出去"的尴尬境地。一些明星著作红极一时，而更多的优秀学术著作则可能会在书店的角落蒙尘、在数据库的搜索栏里被埋没；许多先进的学术思想在发表后未能在当时造成很大轰动，而思想内核相似的不同学术著作也会出现知名度及影响力上较大的差异。这一定程度上与学术著作出版领域薄弱的营销意识相关，低盈利使许多出版社认为针对中文学术著作的市场营销并无必要。

学术著作一经发表，其中蕴含的学术思想和学术知识就成了一种公共产品，因此学术著作在一些情况下仍被视作具有共享特质的非营利性质的公益性产品。不过，市场化理念已在学术期刊领域逐步渗透，在知识经济和版权付费等观念的快速推广下原有观念已有所转变。但在中文学术著作的数字出版领域，学术知识的公共性和数字产品的虚拟性，致使当下仍然缺少从商品的角度来看待中文学术著作全媒体传播的论述。中文学术著作同样是在市场上流通的用于交换的劳动产品，蕴含着作者的思想智慧结晶，具有学术价值和使用价值。中文学术著作价值的实现离不开这种流通的过程,即使一枝独秀的著作可带来一定的收入,也远不及其扩散影响更多人和领域具有意义。

当下中文学术著作的发展更多的是依靠国家、高校、机构等,拥有政策和资金的支持,这一方面保证了其发展,但也在一定程度上使中文学术著作的发展欠缺改革的意识和动力。纸媒在逐步落幕,新兴的全媒体给各行各业都带来了冲击和挑战,以及极大的发展机遇。整合营销是全媒体发展下大多数品牌和商品都会采取的营销策略,以期获得更多的市场份额和收益。中文学术著作也可以运用营销手段,多平台、多形式宣传优秀学术思想和成果。如在微博上有许多功能性账号,会每天进行一些期刊著作的分享,而这种分享大多是纯文字、单调且枯燥的,如果进行形式上的创新,譬如编成动画、做成视频,将深奥的内容以更直接的方式展现出来,或许会取得更好地传播效果。此外,功能性账号更多的是针对其固定粉丝群体,想要进行跨圈层传播,还需要进一步在营销内容和形式上下功夫,能打动大众的不仅是娱乐八卦,能让大众理解的也不只是科普读物。或者说,这种在社交媒体平台的营销传播即使没能为中文学术著作带来更多的读者,也在无形中增大了中文学术著作的影响力,将先进学术思想更深、更广地传播,达到激发更多人的学术兴趣、培养一批潜在读者和用户等效果。

为了使学术出版行业获得更多赢利并形成良性运转和循环,给大众提供更多优质的学术资源和学术信息,在全媒体传播领域下进行市场化营销、挖掘学术著作的附加值,成为中文学术著作全媒体传播的需要。

## 三、中文学术著作国际影响力较低

国外期刊在全媒体发展之初率先搭上了数字化出版的快车,而中文学术著作至今还未完成向数字化全媒体的转型。数字出版虽大大提高了中文学术著作国际传播的效率,我国学术期刊发行的数量也位居世界前列,但高质量、影响力强的中文学术著作占比低,国际学术话语权有限。

从稿源流向来看,当前学术评价体系下我国许多学者选择在国际知名学术期刊上发表论文,中国学者在 SCI、EI、ISTP 中发表论文的数量不断上升;从企业收入角度看,我国的三大数据库企业同方、万方、维普的总收入额与国外的爱思威尔、斯普林格还有一定差距;从学术影响力角度看,我国缺少权威性受国际认可的学术期刊及平台;从对外传播角度看,我国的外译话语体系还未健全。

第一,学术评价体系的不完善大大制约了中文学术著作的发展,过于功利化的风气使公共精神和家国情怀渐弱,在国际期刊上发表论文成了一些机构的任务型指标,成了部分学者进行学术研究时的追求。第二,我国缺乏具有国际化精神和国际视野的出版机构,更多地将目光局限于国内,国际影响力低,未能给学者提供更具权威性的期刊发表平台。第三,缺乏专业的中文学术著作翻译人才,学术著作的翻译要求极高,不仅需要掌握学术术语等知识和拥有较高的外语水平,还要求翻译者能根据不同文化特点调整语序等,使之更符合国外受众的思维逻辑和语言习惯。

中文学术著作的影响力与中国的国际影响力息息相关,而中文学术著作的国际传播同样属于国际影响力的范畴。中文学术著作作为我国科技实力和文化软实力的一种表现形式,其影响力的扩大在一定程度上意味着我国在科技等领域话语权的提高。这种相辅相成的关系更体现在国际传播能力的提高对中文学术著作的推动作用,比如借助 CGTN、TikTok 等平台,加大对外传播力度。然而,目前我国在国际传播方面虽取得较大成效,但国际传播能力和国际传播水平仍然较低,国际话语权还未达到预期目标,西方媒体的霸主地位难以撼动。在国际传播视角下,学术著作在"引进来"的同时,更要"走出去",改变原有一味引进国外优秀学术著作的方式,在"英译汉"的同时积极进行"汉译英",把精品中文学术著作也传播出去。

传播能力也是中文学术著作全媒体传播需要考量的重要因素之一,这是影响力的基础。而决定中文学术著作传播能力高低与否的根本因素还在于内容,高品质内容能让中文学术著作化被动为主动,甚至吸引更多的外国学术机构和学者主动译述更多的优秀中文学术著作。

## 参考文献

[1] 桑海.我们需要什么样的在线学术平台:"中国高校系列专业期刊"之未来构想[J].南京大学学报(哲学·人文科学·社会科学),2015,52(3):57-66,160.

[2] 赵文义.学术期刊高质量发展的内在要求分析[J].出版广角,2021(6):3.

[3] 商成果.学术著作的出版与策划分析[J].新闻研究导刊,2020,11(7):194,196.

[4] 于春生,吴婧.学术著作营销:资源禀赋受限条件下的多元选择[J].内蒙古社会科学,2020,41(1):173-179.

[5] 曹建.对于重复出版问题的思考[J].中国出版,2009(7):75-76.

[6] 祁涛.学术著作的精品化出版与学术出版社的品牌建设:基于新闻传播学著作的考察与分析[J].中州大学学报,2018,35(3):76-80.

[7] 张宏.从转型走向破局:关于数字出版与纸质出版的博弈[J].编辑学刊,2011(3):6-11.

[8] 丁凡.从竞争到统一:浅谈纸质出版与数字出版的融合[J].科技传播,2019,11(2):190-191.

[9] 马峻.学术期刊数字出版与纸质出版的关系[J].北方文学(下旬刊),2017(6):182.

[10] 余利红. 纸质期刊数字出版新模式的现实探索 [J]. 出版科学,2015,23(4):58-60.

[11] 贺天毅. 声像资料共享的现状、存在问题与建议 [J]. 图书馆论坛,1998(6):29-30.

[12] 阚兆江. 拥抱新时代宣传新思想 追求新突破:在守正创新中实现央视科教频道高质量发展 [J]. 电视研究,2019(10):29-32.

[13] 徐旺雄. 互联网环境下开放学习平台比较研究 [D]. 武汉:华中师范大学,2019.

[14] 王小海. "互联网+"时代传统广播的融合发展与经营模式探索:以"喜马拉雅FM"耳朵经济为例 [J]. 贺州学院学报,2021,37(2):116-120,141.

[15] 喻婧. 浅析科技声像资料的收集管理 [J]. 建筑工程技术与设计,2015(17):2206.

[16] 李静丽,谢雨. "全媒体出版"的发展现状及问题浅析 [J]. 新闻世界,2011(6):223-224.

[17] 邹鑫. 数字出版突围之路:《数字出版商业模式研究》评介 [J]. 科技传播,2020,12(12):60-61.

# 第七章
# 中文学术著作全媒体传播的发展路径

## 第一节 发展现状

伴随着大数据、云计算、区块链、人工智能等现代信息技术的发展与更新,以全程媒体、全息媒体、全效媒体、全员媒体为基本特征的全媒体时代已经来临,媒体融合发展的趋势已经势不可挡。

传统媒体依靠单一的媒体形式进行信息传播,而这种方式已经无法适应社会发展的需要。摆在传统媒体面前的这个难题亟待解决,总结现实和历史的经验就会知道,只有主动迎接挑战,结合自身现状,不断探索新的发展道路,顺应新时代的瞬息万变,才能走出困境。除了继承原有的媒介形式,传统媒体更需综合运用全媒体技术,加强与新兴媒体在内容、技术、思维、服务、传播方式等方面的全面融合,突破传统纸媒载体形式,运用数据化营销方式,与读者和作者进行全方位互动,并提供差异化的服务以满足不同需求,形成全媒体、融媒体的发展态势和发展路径。

新媒体的发展给中文学术著作的转型发展带来了挑战。当前,受众的阅读习惯和阅读方式已然发生深刻变化,而受到传统学术著作出版理念、体制等多种因素的制约,国内学术著作迫切需要寻找到适合于自身发展的转型道路。中文学术

著作单纯依靠单一的媒介形态——纸媒,虽能继续发挥其专业、严谨、学术性等传统优势和特点,在专业领域内也能达到一定的传播效果,但其传播力相对不足,传播的效果在持续弱化,传播知识的优势和影响力在不断下降。在全媒体时代,中文学术著作需要借助媒体融合来打破这一僵局,新媒体的强大表现力使中文学术著作的出版可以在形式、内容、传播维度等方面,从静态转为动态,从单一转为多元,这是中文学术著作走出发展困境的现实选择。

## 一、中文学术著作全媒体传播的发展特点

新媒体时代的背景下,中文学术著作全媒体传播的发展路径也发生了深刻的变化。具体表现为以下特点:数字化、集群化、平台化、服务化、融合化。

### (一)数字化

中文学术著作全媒体传播数字化是指在传播的各个方面都采用数字处理技术。过去,中文学术著作的传播以纸质印刷出版为主要方式。现如今,中文学术著作越来越多地上传到了各大数据库,内容供读者们检索和下载。同时,也出现了一系列专门的学术网站、微博、微信公众号平台等,致力于中文学术著作的传播与推广。这样的数字化传播大多是以手机为阅读终端,大大改变了中文学术著作的传播方式。如今,中文学术著作的新旧传播平台,如纸媒、网站、数据库等,也正向着优势互补、互融互通的全媒体形态前进。在内容上互联互动,在形式上互补互助,这样才能实现真正意义上的数字化全覆盖。

### (二)集群化

中文学术著作,尤其是以期刊形式出版的学术著作,已经逐步走上了集群化的发展路线。以科技期刊为例,过去的科技期刊编辑部一般规模较小、实力不足,多为单独地分散经营。但是近年来,科技期刊打破学科、专业壁垒,整合内、外资

源,走上了集群化道路,逐渐形成了以出版单位的统一管理、专业内容、网络平台为依托的科技期刊集群发展模式。现在,中文学术著作出版逐渐形成共识,建设集群,致力于打造集约化知识服务平台,极大地提高了传播力和竞争力。中文学术著作集群可以服务于不同学科,它所具有的很多共性使之在不同的学科专业领域复制运营,进而以传统媒体和新媒体为平台,打造集群化的全媒体形态。

(三)平台化

一直以来,受制于技术条件和传统出版心理,我国大部分中文学术著作的出版多为纸质载体形式,其发展受到限制,阅读量、影响力、传播力都十分有限。如今步入全媒体时代,中文学术著作的发展眼光也受到影响,逐渐放得长远,开始构建起全新的媒体生态秩序。网站、微博、微信、SCI、EI等各类国内外平台,成为中文学术著作全媒体传播新模式和新路径的探索方向。越来越多的人意识到,只有立足于行业和专业领域,发挥媒体特质,把作者、读者当成用户,主动适应用户、满足用户需求,才能实现中文学术著作的全媒体可持续运营和长远发展,更好地提高其知识传播力和行业影响力。

(四)服务化

在过去传统的纸质出版模式下,读者要想阅读中文学术著作,需要去到特定的地点购买、查找等;作者想要出版相关学术著作,需要与出版社合作,历经多项审核,才能成功出版。这种传统的模式下,从著作的出版到最终送到读者手中,要经历大量烦琐的步骤,效率低下且成本较高。而在现今的全媒体时代,中文学术著作从出版到落地的一系列步骤,开始逐步服务于读者和作者。对于读者而言,无论是将著作分类整理好的大型数据库,还是根据兴趣的主动推送,抑或是多平台的联动服务,都大大提高了人们阅读中文学术著作的效率,降低了成本。对于作者而言,不再受到单一的纸质出版的限制,智库、数据库、网站甚至微信公众号等,都成了发表与服务的平台。

(五)融合化

融合化贯穿前面四个特点之中,是全媒体时代下中文学术著作传播最显著的技术特征。媒体融合是由美国计算机科学家尼古拉斯·尼葛洛庞蒂于20世纪末提出的一种信息媒介发展理念,注重在发展过程中实现实时交互、资源共享、集合处理,从而达到媒体效益的最大化。进入21世纪后,媒体形式日趋多样,媒体融合已经不再局限于报纸、杂志、电台、智能手机等,开始在多种类型的信息产品基础上产生演变,呈现出明显的开放性、互补性和增值性特征。正是在这样的时代背景下,中文学术著作传播路径也逐步实现了融合化发展。

## 二、中文学术著作全媒体传播发展方式分类

全媒体的时代背景下,中文学术著作传播的发展路径大体分为内容体系建设、平台体系建设、技术体系建设、用户体系建设。

(一)内容体系建设

"内容为王"是永久的主题,特别是对于学术著作而言,受限于特定受众等特点,内容的准确性和权威性更加成为其最根本、也是最受关注的方面。以专业且权威的内容吸引更多国内外读者和用户,用高效且便宜的服务留住用户,是当今中文学术著作全媒体传播的一大路径。因此,从产品供给和内容生产的角度来说,要坚持高质量内容生产的原则,创作出更优质的产品,这就是产品内容体系的建设路径。

(二)平台体系建设

媒体融合的背景下,信息传播平台开始向着大规模、多边化的方向发展。在这个过程中,中文学术著作全媒体传播逐步建设起平台体系:一是大平台,大型智库和数据库、网站等的建设,使更多的著作被收录其中,内容全面而丰富;二是

第七章 中文学术著作全媒体传播的发展路径

多平台,多平台联动,实现信息资源的互享互通,甚至采取"一次收集,多元发布"的方式,以此来满足不同平台、不同阅读习惯、不同特点用户的个性化需求,以优质的产品内容和高效的发布速度来赢得更多用户。

(三)技术体系建设

全媒体背后往往存在一个技术应用逻辑,就是信息技术的应用从数字化向数据化发展。数字化一般是指用代码形成一个程序,然后让计算机执行,这就将传统的工作内容从线下搬到了线上。但是在今天,这样的技术显然已经不够用了。当今,媒体的深度融合离不开数据化,要把方方面面的数据全部打通,既需要用于传播的数字技术,更需要数据技术的支持。尤其是基于移动端,往往要依托数据进行精准分发,还要通过数据分析,构建关系网络,形成大数据平台。此外,要想真正做好服务,也必然需要大数据的支持和人工智能的运用。

(四)用户体系建设

除以上三种将会在以后的文章中详细介绍的建设路径外,还有一种非常重要的路径就是用户体系建设。在全媒体融合的格局下,"服务于用户"已经成为重要的理念,尤其是有大数据的技术支撑,使用户的需求成了信息传播的重要依据。为了实现媒体信息的精准推送,就需要运用大数据技术,进行总合、分类、挑选,进而将信息送到每一位用户手中,满足用户的个性化需求。用户体系就是在这个背景下建设而成的,可以使各种媒体更好地维系当前用户,同时也可以为用户之间交互行为的发生创造良好条件。在移动互联的背景下,用户的自主选择权利受到了重视,媒体与用户之间的关系更加平等,彼此之间的沟通更为频繁,用户体系的建设可以更好地塑造媒体形式与用户关系之间的形态。中文学术著作全媒体传播重要的发展路径之一,就是建立起这样良性的用户体系,提高用户的体验感,这样才能吸引更多用户、留住更多用户,提高中文学术著作的传播力和竞争力。

## 第二节 国内的发展路径

在上一节,我们分析了中文学术著作全媒体传播发展路径的类别、分类的依据及不同类别的特点。在本节中,我们将以国内中文学术著作全媒体传播为例,重点分析国内中文学术著作全媒体传播的必要性、现状和模式,探索未来国内中文学术著作全媒体传播新的发展路径。

### 一、中文学术著作全媒体国内传播的必要性

随着互联网和数字传播技术的飞速发展,传统纸媒的发行量及广告收入呈现下滑趋势。为了顺应媒体融合发展大势,越来越多的传统媒体开始数字化转型,逐渐实现与新媒体的融合发展,表现出多样的传播形式。但目前媒体融合的深度和广度仍有待拓展,实现中文学术著作数字化转型的创新性发展有其必要性。

全媒体是针对受众的个性化信息需求,综合运用多种媒介和终端,选择合适的媒体形式和渠道,以文字、图片、声音、影像等元素,全天候、全方位、立体化地展示互动传播内容,实现媒体对受众的细分和全面覆盖,达到最佳的传播效果。全媒体传播促进了线下纸质中文学术著作和线上视频、音频的互补性发展,视听结合,有利于拓展中文学术著作的发展空间,增强其社会影响力。

当前的发展趋势表明,新媒体的市场影响力和社会影响力均有大幅提升。互联网从诞生之初到拥有数量庞大的受众,所用时间远比纸质报刊、广播、电视等媒介短。随着手机等移动终端的快速普及,移动互联网已成为大多数人获取信息最主要的途径,移动终端的点击率大幅上升,人们的阅读习惯发生变化。现在纸媒阅读已不再是主流,移动端阅读逐渐成为大多数人新的阅读方式。研究也表明,手机和互联网已成为我国成年国民日常接触媒介的主体,受众的快速增长极大地扩展了新媒体的影响力。

## 第七章 中文学术著作全媒体传播的发展路径

新媒体的迅速崛起极大地冲击了传统媒体,这也是全球趋势。自20世纪90年代以来,许多国家传统媒体的广告客户流向网络,面临着广告和订阅量大幅下降的问题。随着新媒体影响力的显著提升,包括中文学术著作在内的传统媒体应当顺应互联网的发展潮流,不能停留于固有的发展模式,在数字媒体变革中寻找更大的发展空间,依靠新媒体渠道扩大自身影响力,实现自身的成长。总的来说,在全媒体传播视角下寻找中文学术著作的发展空间具有重要意义。

### 二、中文学术著作全媒体国内传播的现状

在前文中,笔者提到国内中文学术著作全媒体传播的必要性,这一部分将重点分析中文学术著作全媒体传播的媒介优势和困境,以便更深刻地认识到目前国内中文学术著作全媒体传播的现状,从而寻求适当的发展途径,促进国内中文学术著作全媒体传播。

(一)中文学术著作全媒体国内传播的媒介优势

要分析中文学术著作全媒体传播的媒介优势,首先需要了解中文学术著作的特点。传统学术著作作为一种学术传播载体,其内容主题集中、系统性强、信息量大、形式完整,可以满足不同领域研究人员获取特定学术信息的需要。但传统中文学术著作依然存在着一些缺点,如主题多元、数量庞大、分布分散、出版不连续等,这些缺点的存在,导致只有比例极小的一部分内容进入文献索引系统。其庞大的存量和增量也造成中文学术著作信息检索难度很大,增加了信息检索成本,且使用效率较低,影响了学术著作出版的社会效益和经济效益。

文献数据库和数字图书馆的出现在一定程度上改变了这一现状。全文检索是文献数据库和数字图书馆的基本功能,读者可以从这两个平台搜索自己想要的学术资源,大大提高了读者获取信息的效率。而在全文检索技术基础上开发出来的被引统计、内容查重等功能可以为读者从内容水准参差不齐的学术著作中挑选

出优质学术信息以供参考。

正如有一种诗意的表述一样：数字出版解决的不仅是任何人在任何时间、任何地点，以任何方式获取任何内容的问题；而且是让最擅长做事的人为你做事，让最优秀的资源为你所用，并为你展示最完善的内容，让最上乘的精神文化产品供你欣赏，让出乎意料的事情使你喜出望外。这揭示出文献数据库和数字图书馆的特征，一是读者可以全天候使用这些数字化平台，二是产品展示平台和读者使用平台可以在联网的个人电脑上实现统一。这两个特征突破了时间和空间的限制，避免了信息内容的空间转移。随着语义出版等新技术的研发应用，使用者不仅可以根据自己的需要调遣学术资源，还能够利用大数据开展研究，提高中文学术著作内容资源的使用和研究效率。这为学者提供了极大的便利，也有助于实现其研究计划，获得新的研究成果。总体来看，文献数据库和数字图书馆有其媒介优势，因而能够成为数字时代中文学术著作的最佳传播方式。

（二）中文学术著作全媒体国内传播面临的困境

在分析过中文学术著作全媒体国内传播的媒介优势后，我们也应该意识到中文学术著作的全媒体国内传播依然面临着困境。这一部分将主要从国内中文学术著作传播内容和传播技术两个方面分析目前存在的问题。

从内容上来说，目前中文学术著作与新媒体的融合依然存在一些难点，主要表现在融合方式较为单一、融合效果较差、融合过程存在"厚此薄彼"等方面。从融合方式上来说，目前国内中文学术著作全媒体传播主要是依靠自建网站，想要获得较高的点击率，则需要在内容设计、内容质量等方面形成自身的特色，也需要通过视频、音频等多种途径促进内容的展示和更新，丰富读者体验。但是目前我国的学术著作自建网站往往缺乏足够的资金及技术人才，因而规模较小，影响力较差，融合方式不够深入。

从融合效果看，我国国内中文学术著作全媒体传播起步较晚，融合方式较为单一,多元化传播效果并未充分显现出来,仅仅是将纸质内容进行数字化转换,并不是将学术著作与数字网络深度融合。而全媒体传播受众广泛、发布面广,有利于提高中文学术期刊的社会效益和经济效益,因此传统纸质媒体和数字网络的融合有其必要性;我们还应该认识到全媒体传播是一种阅读方式的拓展,显示数字化转型的必要性。但我们不应该忽视传统纸质学术著作,在全媒体传播过程中,既要将二者融为一体,也需要保留二者独立的特点。

我国国内中文学术著作传播还存在着复合型编辑人才缺乏和出版观念陈旧的问题。媒体融合时代给编辑提出了更新的、更高的要求,编辑应具备良好的科学文化素养、编辑专业水平、职业道德素质和政治思想素质,除此之外,还需要熟练应用更多的新媒体技术。就目前来说,具备娴熟业务能力的编辑,缺乏驾驭新媒体业务的技术素养;而能够熟练掌握新媒体技术的人员,又缺乏编辑专业技能。与此同时,中文学术著作出版观念陈旧,这也是导致融合方式单一且效果较差的重要原因之一。纸质内容在新兴媒体上简单"叠加"仅仅只是浅层次上的新媒体建设,达到真正的媒体融合还需要传统媒体和新兴媒体相融建设的进一步深化。

从技术上来说,国内中文学术著作全媒体传播存在着新媒体建设动力不足、条件不充分、速度缓慢的问题。一方面,学术著作是一种专业性较强的著作,其受众有一定的特殊性。学术著作的这一特点使学术著作出版主要是由高校或科研单位主办,且经费多来自于政府和上级单位拨款,往往经营压力较小、媒体融合发展意识不强。另一方面,传统中文学术著作受众范围较小、专业性强,并不具有普适性,因而通过新媒体平台传播之前,需要对学术著作的内容进行再处理,需要耗费大量的人力、物力、财力。基于这两点,新媒体建设动力不足。

其次,中文学术著作新媒体建设条件不充分。上文提到中文学术著作的新媒体传播需要耗费大量人力、物力、财力,这也是其建设条件不充分的原因。中文学术著作总体上经费有限,且人才有限,很难为中文学术著作全媒体传播提供大量的资金和人才支持。就目前已经进行新媒体建设的中文学术著作出版来看,也存在着速度缓慢的问题。很多中文学术著作并没有对其内容进行再加工,而是直接搬运到新媒体平台,这就会导致形式单一枯燥、不符合读者阅读需求的问题。这依然是一种较为被动的信息传播方式,既没有和受众的互动,也没有满足受众的个性化需求。除此之外,部分中文学术著作的全媒体传播对新媒体平台定位不准确,这就导致一定程度的资源浪费。由此可见,我们仍需要更加积极地探索传统媒体与新媒体融合发展的途径,实现充分认识和利用新媒体的目标。

### 三、中文学术著作全媒体国内传播的模式

(一)中文学术著作传播途径变化

中文学术著作传播能够帮助相关研究人员获取知识,促进科学技术和学术研究的发展。从个人藏书到图书馆,再从图书馆到数据库,反映出学术著作传播方式的进步,也推动了科学技术的进一步发展。进入互联网时代,中文学术著作传播的方式和渠道不断发生变化,进一步促进了学术研究,同时,更强大的传播渠道也创造了更多的传播模式。总体来看,中文学术著作传播途径变化呈现出两个特点,即从传统获取方式向数字化获取方式转变、从单向传播向共享转变。

我们可以把中文学术著作的社会传播分为三种类型。一是交换渠道的著作人际传播,主要是通过人们的互传、互借、互换等形式实现。二是公共渠道的文献组织传播,这是指按组织正规体制、职能结构、组织系统等要求建立起来的正式文献传播渠道,比如图书馆、档案馆、文献情报中心等。这一类组织机构不以营利为目的,免费提供使用,其宗旨是扩大受众在时间和空间上使用中文学术著作的便利。三是市场渠道的著作大众传播,市场渠道指受众通过市场消费的方式来接受出版物。大众传播机构使用机械或电子手段广泛、迅速、大量地传播中文学术著

## 第七章 中文学术著作全媒体传播的发展路径

作,使之作为一种商品通过特殊的流通渠道传递到受众手中。

随着电子化和互联网的快速发展,人们可通过三种渠道获取和传递学术著作,使得到中文学术著作变得更加容易和方便,由此催生了一种新的数字学术文献经营机构,即各类文献数据库。据来自高校的调查显示,科研人员发表论文的参考文献来源于数字期刊库的数量占全部文献来源的91.6%,充分说明各类文献数据库越来越多地占据了学术著作市场,从图书馆借阅学术著作的传统获取方式已经逐渐衰微。

虽然现在依然可以通过百度和Google等搜索引擎获取一些相关资料,但总体来看,搜索引擎中中文学术著作资源数量较少,且需要从海量信息中筛选甄别,使用效果不佳。因而,我国研究人员获取中文学术著作的主要途径是通过文献数据库。目前,我国文献数据库市场发展迅速,其中中国期刊全文数据库(清华同方光盘股份公司)、中文科技期刊数据库(重庆维普资讯公司)、万方数据资源系统(万方数据股份有限公司)、龙源期刊四大企业占据了99%的市场份额。

随着互联网的深入发展,信息传播不再是简单的网站到客户的单向传播。世界著名计算机图书出版机构O'Reilly Media的创始人Tim O'Reilly最早于2004年提出Web2.0的概念,并概括其有3个特点:参与(Participation)、自服务(Self-service)、在线应用(Online Application)。Web2.0的实践应用包括:博客(Blog)、播客(Podcast)、RSS(简易聚合)、Web Service(Web服务)、Wiki(维基)、Tags(民间分类标签)、Bookmark(社会性书签)、SNS(社会网络)等。这些网站的信息基本上全部来自于网民,也就是说目前的信息传播已经从单向传播逐渐走向共享传播,网民的参与程度不断加深,有利于学术知识的传播和共享。

从单向传播到共享方式,学术资源提供者和接受者可以直接通过网络进行学术交流,产生了更多新的学术交流方式。这种交流方式是一种直接交流,是传统

非正式交流在网络中的延展。同时其所具有的非受控性和公益性决定了这种非正式交流是主流,但很难形成有效的商业模式。

(二)中文学术著作全媒体传播方式

中文学术著作的全媒体传播包括传统纸质传播及新媒体传播,在本节中我们将重点放在对新媒体传播方式的介绍。上文我们提到国内中文学术著作全媒体传播有其媒介优势,而电子书数据库和数字图书馆是目前国内中文学术著作全媒体传播的最佳方式,下面笔者将重点介绍文献数据库和数字图书馆。

1.文献数据库。从20世纪80年代初开始,我国陆续建立起一批专业文献数据库(索引、文摘),到目前为止,文献数据库的建设已进入成熟、使用阶段。据统计,1990年底我国自建的文献数据库为98个,书目数据库62个,累计文献记录量超过100万条。另据统计,截至1991年底,在国家科委信息司登记注册的各类数据库共有806个,共计5000万条记录,这些数据库多数是文献型的。

数据库可以分为三个大类,即文献型、数值型和事实型,针对文献型数据库并没有进一步的细化。根据广义的文献概念,文献不仅包括纸质印刷类,也包括记录于其他载体上的各种文献。基于文献的广义概念,我们可以按记录内容分为索引数据库、文摘数据库、书目数据库、全文数据库和混合数据库;按记录信息类型可以分为文字型数据库、语言型数据库、影像型数据库和多媒体数据库等。随着科学技术的发展,将会有更多新的分类方式。

目前,我国在建设数据库上已经取得一定成果,但依然面临着一些问题。已建成的大多数数据库数据量小于10万条,小而分散,因此很难发挥作用。除此之外,我国文献数据库还有数据覆盖率过低、记录重复严重、数据生产缓慢、数据库建设无序、检索语言杂乱、源数据库少和版权保护不充分等问题。还包括数据库质量问题,据报道,国内发行的中文数据库有些错误率较高,最高的其各种错误记

## 第七章 中文学术著作全媒体传播的发展路径

录占总记录的98.3%。中文数据库中的错误率高必然会给用户造成一定的困难,这也是在文献数据库中需要改进的地方。

根据小型文献数据库出现的问题,下一步应建设大型综合性文献数据库,从而发挥我国具有丰富文献资源的优势,推动文献信息检索体系的现代化,促进我国科技发展;开发全文数据库和外向型数据库,迎合对外交流的需要;充分利用新技术手段建设文献数据库,目前我国已建立CD-ROM和WORM等光盘数据库,下一步将建设多媒体数据库;促进文献数据进入计算机网络,实现资源共享。为了满足使用者多项检索需求,文献数据库必须充分利用计算机网络,建成一个完善、高效的信息服务网络系统,为更多的使用者服务;重视文献数据库法律保护问题的研究,文献数据库既可以收集数据,在数据选择和组织安排上也具有创造性,因此应当受到法律的保护,从而更好地发挥社会效益和经济效益。

建设文献数据库的过程中,可以参照合作建设、政策支持、基金支持、以库养库和引入竞争机制等方式,遵循由易到难、由少到多、由粗到精、由简到繁、由新溯旧的原则,进行有针对性的差异化竞争;完善和规范相应措施,平衡各方收益,推进国家标准的制定和实施,在服务模式上不断创新。只有这样才能为用户提供更加便捷及个性化、整合化的服务,促进我国文献数据库产业的健康发展。

2.数字图书馆。数字图书馆的出现,顺应了信息社会和知识经济时代发展的要求。与传统的图书馆相比,数字图书馆具有独有的特点,可以归结为五个方面,即信息资源数字化、信息传递网络化、信息利用共享化、信息提供知识化、信息实体虚拟化。

数字图书馆的本质特征就是利用现代信息技术和网络通信技术,将各种使用传统介质的文献进行压缩处理,并转化为数字信息。信息资源数字化是数字图书馆的基础,这也是与传统图书馆最大的区别。信息传递网络化是指数字图书馆通过互联网将世界各国的图书馆和数以万计的计算机联为一体,以实现跨时空进行的信息服务,使信息利用更加开放,信息传递更加标准化和规模化。信息利用共享化是指数字图书馆能够跨地域、跨行业共享信息,其共享化的广度与深度远远大于传统图书馆。在信息资源数字化的基础上共享信息,能够满足用户对于知识信息的需求,共建、共享模式的出现和发展,必将打破原本的信息壁垒。

数字图书馆将图书、期刊、照片、声像资料、数据库、网页、多媒体资料等各类信息载体与信息来源在知识单元的基础上有机地组织并连接起来,以动态分布的方式为用户提供服务。而自动标引、元数据、内容检索、不同数据库的互联等内容发现与组织技术,将成为数字图书馆发展的技术关键。相比于传统图书馆,数字图书馆能够从提供文献转变为提供知识,随着信息提供的知识化,中文学术资源检索系统将日益完备和智能化,一次性地为读者提供图像、声音等各类知识信息,促进信息提供由多次满足到一次满足的转变。信息实体虚拟化是指数字图书馆将实体图书馆与虚拟图书馆结合在一起,实体图书馆是虚拟图书馆赖以生存和发展的基础,二者是相辅相成的关系。随着数字图书馆的发展,实体图书馆在虚拟服务方面也会取得更多的进展。

20世纪90年代,出于提高科研信息化水平的需要,我国政府开始建设数字图书馆系统,主要建设了超星数字、书生之家等商业性电子图书数据库和以政府投入为主的公共数字图书馆。商业数字图书馆和公共数字图书馆、高校数字图书馆借助计算机网络系统,独自运营或协作运行,实现我国学术资源的数字化。下面将从内容资源建设和平台建设两个方面,分析商业数字图书馆、公共数字图书馆和高校数字图书馆的运作。

从内容资源建设方面来看,商业数字图书馆作为主要的市场主体,在信息资源建设上注重规模效应,并不以学术性为首要标准。商业数字图书馆以市场需求为导向采集中文学术著作的信息,采用资源集成型模式建设内容资源,向受众提供有偿服务。这种模式导致中文学术著作内容冗杂、检索成本高,同时因缺乏有效的二次筛选和推荐机制,导致其传播内容的质量难以保障。

公共数字图书馆和高校图书馆内容资源的来源主要包括自建和外购两类。以国家数字图书馆为例,虽然在资源内容选择方面有重点,但整体来说外购的商业数据库资源,尚未表现出竞争优势;对于馆藏特色的过分强调,易导致专业性不足、用户群体少、竞争力弱。顾名思义,高校图书馆为高校师生教学科研服务,其在内容资源建设方面与公共数字图书馆有相似之处。与此同时,商业数字图书馆存在的一些问题在公共数字图书馆和高校数字图书馆也有体现。整体来看,我国公共数字图书馆存在知识产权薄弱、建设水平不均衡、重复建设现象严重等问题,而高校数字图书馆则在服务便利化上存在欠缺。

从平台建设来看,我国商业数字图书馆主要由相关企业建设而成,目的是追求商业利益,因此存在着学术著作信息服务专业性不足的问题,如学术资源分类粗略化、检索功能不健全等,限制了中文学术著作数字化传播的社会效益。而公共数字图书馆和高校数字图书馆主要是由国家主导建设的,针对这类数字图书馆出现的问题,国家有必要主导建设更高标准的、专业性更强的、完全开放的公益化学术著作数字化传播平台。这种公益传播平台的建设能够增加学术资源传播的社会效益,提高学术资源的质量,给国家、学术界等带来正面效应。

(三)中文学术著作全媒体传播新渠道

上文介绍了目前中文学术著作全媒体传播的方式,我们可以发现这些中文学术著作的市场传播都属于 B2C 模式,即一种直接面向消费者销售产品和服务的商业零售模式。随着互联网的深入发展,中文学术著作传播出现了一种全新的渠道,即 C2C 文档网站。下面笔者从 C2C 文档网站的特点、存在问题和可行性对

C2C文档网站进行简要分析。

C2C文档网站作为一种新的传播渠道,出现的时间较短。目前,国外已经取得了一定的发展,出现了一定数量的C2C文档网站,如Scribd(http://www.scribd.com)、Yudu(http://www.yudu.com)、Docstoc(http://www.docstoc.com)等,国内也逐渐出现了一些类似的网站,如道客网(http://www.doc88.com)、豆丁网(http://www.docin.com)等。

就我国来说,C2C文档网站具有以下特征:

1. 网站成立时间较短。拿成立最早的道客网和豆丁网来说,都成立于2008年,成立时间相对较晚。

2. 文档全部来自网友。这也是C2C文档网站的一个显著特点,网站中的所有文档内容均为网友上传,而网站仅仅提供内容管理、市场推广等服务。

3. 文档原创性低。区别于国外C2C文档网站,国内网站的学术著作资源大多转自国内数据库,原创文档占有的比例极小,基本上没有原创作品。

4. 网友可以决定文档定价。网友可以根据网站提出的合理参考价设定文档的价格,较纸质文献和数据库定价低廉很多。

虽然C2C文档网站已经得到一定的发展,但依然存在着问题。其中一个问题就是中文学术著作的著作权问题,近年来出现了多起侵犯著作权的案件,这表明取得中文学术著作的合法性存在一定的瑕疵。目前对于知识产权越来越重视,中文学术著作授权问题也逐渐得到解决,保证了内容的合法性。另一个问题则是中文学术著作的授权问题。目前中文学术著作授权主要是靠和杂志社签订协议进行,数据库向杂志社支付一定的费用,从而获取这些中文学术著作的网络传播权。

上文中提到C2C文档网站中的中文学术著作资源全部由网友提供,且原创

## 第七章 中文学术著作全媒体传播的发展路径

性低,就很容易会产生侵权问题。目前,部分数据库与一些杂志社达成独家授权的协议,但这种授权基本上很难限制作者将其文献上传到其他数据库。要想获得独家授权,则需要杂志社与作者签约,要求作者放弃其文献的网络传播权,但这种签约往往比较正式且难度较高。因而,除了特殊情况外,作者自行在C2C文档网站上上传文档是具有可行性的,几乎没有法律障碍。

C2C文档网站的出现能够增加中文学术著作的传播途径,扩大其传播范围,降低知识传播成本,因此,研究C2C文档网站对于各类学术机构、科研人员等都具有重要意义。与此同时,C2C文档网站应当加快自我完善,提高其中文学术著作资源的数量和质量,加强网站服务管理,争取国家政策支持,由此扩大市场影响力,为中文学术著作资源的供求双方提供一个更加直接的交易平台。

### 四、中文学术著作未来国内全媒体传播发展路径

目前,中文学术著作全媒体国内传播发展面临的困境主要集中在内容生产、平台技术这两个方面。

#### (一)内容生产

内容生产是中文学术著作赖以生存和发展的基础。在任何时间、任何情况下,中文学术著作的出版都应当秉持"内容为王、质量为先"的出版理念,以组织和生产优质内容为工作核心,在此基础上探索中文学术著作的全媒体传播发展途径才有意义。

注重内容生产,首先应当转变观念,树立媒体融合的理念。2019年1月25日上午,习近平总书记在中共中央政治局第十二次集体学习时强调:"推动媒体融合发展、建设全媒体成为我们面临的一项紧迫课题。要运用信息革命成果,推动媒体融合向纵深发展,做大做强主流舆论,巩固全党全国人民团结奋斗的共同思

想基础,为实现'两个一百年'奋斗目标、实现中华民族伟大复兴的中国梦提供强大精神力量和舆论支持。"习近平总书记指出媒体融合发展是我们当前面临的一项紧迫课题,媒体融合出版已成为一种重要的媒介形式,能够为实现中华民族伟大复兴提供强大的精神力量和舆论支持。当媒介融合迅速发展,成为出版的主流,中文学术著作作为一种走在学科前沿的科研成果时,必须改变传统的思维方式和发展观念,树立互联网思维和媒体融合意识,充分掌握网络技术和数字技术,把握其优势和劣势、扬长避短、趋利避害、顺应形势,实现全媒体传播的转型发展。

其次,需要加强编辑队伍建设,提高编辑的媒介融合素养。传统中文学术著作由编辑来实现内容设计和选编,保证其质量和专业性,可以说编辑能力是中文学术著作生存和发展的关键。要促进中文学术著作全媒体传播的转型发展,必须提高编辑自身的能力。传统中文学术著作基本上没有数字编辑,因而其数字素养明显不足,难以在数字化转型中发挥较大的作用。为了解决这一问题,2015年3月,国家新闻出版广电总局、财政部颁发《关于推动传统出版和新兴出版融合发展的指导意见》,指出:"加大新兴出版内容生产人才、技术研发人才、资本运作人才和经营管理人才的培养引进力度,进一步优化人才结构。"明确提出了在媒体融合中强化人才队伍建设的重要性。

中文学术著作应注重培养与引进兼具文字素养和数字素养的复合型人才,不仅具有丰富的专业知识和宽广的知识基础,同时还要掌握与新媒体相关的知识和技术,有坚定的政治素质和政治敏感,为中文学术著作实现媒体融合出版奠定良好的基础。在新形势下,编辑必须学习和掌握以网络技术、数字技术为核心的多媒体知识和技术。中文学术著作出版单位可通过组织编辑参加相关培训,提高其数字素养;同时需要对传统人才的引进机制进行创新,有针对性地引进具备较好的编辑业务能力和媒介素养的人才,完善编辑用人机制,用好人才。同时,我们

## 第七章 中文学术著作全媒体传播的发展路径

应意识到传播渠道和平台先进与否是次要的,中文学术著作的内容才是更加重要的。因此编辑必须坚持以提高业务素质、思想素质、道德素质为第一要务,保障中文学术著作的传播内容,才能取得良好的传播效果。

再次,需要优化整合内外部资源,培育学术品牌。一是优化整合内外部资源。针对中文学术著作出版进行内部资源整合,可以在遵循媒体融合的原则下,充分利用出版社编辑部甚至是主办单位的学科优势和科研能力等资源,提高编辑人员的编辑能力和媒体融合意识,完善编辑人员结构,以更好地呈现出学术成果。同时,可以通过学校网站、编辑部门网站及自媒体平台等,加大对于中文学术著作的宣传,提高中文学术著作的社会效益和传播影响力。至于外部资源的整合,可以通过与其他具有相同背景的出版单位进行合作,通过共享新媒体平台、网站内容相互链接等,探索合适的联合模式,整合各种相关资源,提高中文学术著作的内容质量,扩大其宣传渠道,更好地发挥中文学术著作的社会价值。二是培育学术品牌。相较于传统媒体,新媒体主要呈现的是碎片化信息。这也意味着中文学术著作出版需要根据经济社会的发展与时俱进,同时也需要保留学术著作特色,满足学术导向和读者需求,提升中文学术著作的知名度和影响力。

最后,中文学术著作可尝试可视化,以提供知识服务,实现立体传播。在新冠病毒感染疫情影响下,"线上教育"已成为一种有效的学习方式,受众可以通过移动终端随时随地学习。中文学术著作在知识服务方面具有某些先天性的优势,拥有相对稳定的读者群,因而中文学术著作可以尝试结合本身的优势,通过新媒体平台,根据受众不同的需要,制作和提供不同的知识服务。这也有利于提高受众的知识水平和研究能力。媒体融合为视频、音频、图书、期刊、报纸的立体多元传播提供可能性,中文学术著作应当运用好现有的新媒体技术和平台,尝试多种新媒体技术,通过不同的形式呈现学术成果,将知识传播效果最大化。

## (二)平台技术

互联网和数字传播技术的飞速发展改变了过去的出版模式,深刻影响我国的传媒生态。面对网络和数字技术带来的挑战和机遇,出版单位必须充分认识媒介发展形势,主动进行数字化转型,只有这样才能更加适应时代的发展,促进中文学术著作的可持续发展,扩大其影响力、传播力和公信力。本部分将从建设新媒体平台和运用多媒体传播两个方面进行分析,为国内中文学术著作全媒体传播提供可行建议。

从建设新媒体平台的角度来说,应把握好新媒体平台定位,加强新媒体平台功能建设,打造高水准学术交流与传播平台。准确把握新媒体平台定位,是进行新媒体建设的基础。我国中文学术著作需要把握发展目标和受众情况,明确选择新媒体平台进行内容传播,但要避免盲目建设,在新媒体建设中既要符合受众要求,也要满足出版社编辑出版的需要,还要满足科研人员的需要,以优质为前提,传播最新的学术动态,扩大学术知识的丰富性和可读性,建立起高效的沟通交流平台,提高新媒体平台的传播效果。

目前我国中文学术著作全媒体传播平台出现的一个主要问题,就是平台功能单一。因此我们要加强新媒体平台的功能建设,在媒体融合过程中改善传播过程中互动性不高的问题,实现与受众的互动,真正实现媒体融合,满足受众个性化的需要。为加强功能建设,我们可以从建立用户信息库、在新媒体平台中设置服务功能、实时推动学科动态和优秀成果展示等方面,提高新媒体平台的便利性和体验性,方便受众及时了解相关信息,取得更好的社会效益。

从运用多媒体传播角度来说,首先应当充分利用现代新媒体手段。目前很多国内中文学术著作的新媒体建设依然趋于形式,并没有通过媒介的融合创新提高传播内容的质量,真正实现媒体融合。利用现代新媒体传播手段,还可以建立自

## 第七章 中文学术著作全媒体传播的发展路径

媒体传播,实现传播多元化;也可以通过加强与数据库的合作,提高中文学术著作的影响力。

所谓自媒体,又称"公民媒体"或"个人媒体",是个人以电脑、智能手机、智能电视等终端,向特定个人或不特定人群传播信息的媒体总称。自媒体平台具有个性化、交互性强、传播迅速等特点,主要包括微博、微信、博客等网络社区。自媒体平台的传播过程是一种互动的过程,中文学术著作可尝试加入微信、博客等新媒体平台,通过视频、音频、文字等多种方式传递最新科研成果,让读者及时了解到学科前沿信息。而读者也可以通过自媒体平台发表个人观点,讨论学术问题,这种方式能够有效提高中文学术著作的吸引力和影响力。

在前文中我们提到,中文学术著作的全媒体传播应始终以内容为基础,坚持"内容为王、质量为先"的原则。因而中文学术著作全媒体传播应该加强与中国知网、万方数据、维普网、龙源期刊等门户网站的合作。这些网站具有较高的可信度和强大的传播运营能力,兼备便于下载和浏览的特点,能够为中文学术著作提供一个较好的平台,同样可以提高中文学术著作的影响力和知名度。

其次,国内中文学术著作的全媒体传播应当兼顾社会效益和经济效益,拓展传播渠道。当前,国内许多出版社已经尝试数字出版,建立中文学术著作新媒体传播平台,拓展新的中文学术著作传播渠道。而我国中文学术著作出版应注重开发文献数据库,提高内容质量,找准中文学术著作的宣传方向,通过内容策划多渠道地向用户推荐学术著作优势内容,提升传播效果和经济效益。

(三)传播制度

我国中文学术著作的发展离不开国家政策的引导和制度支持。目前,我国中文学术著作全媒体传播存在一定问题,更需要国家相关部门的制度改革与创新。

"制度设计是个精细活,既要有顶层设计,统筹全局、高屋建瓴,又要有底层

设计,抽丝剥茧、脚踏实地。"首先,我国需要构建促进中文学术著作网络出版的发展机制。当前国家政策鼓励中文学术著作的数字出版,相关主管部门可以对中文学术著作资源进行整合,让传统的中文学术著作网络出版合法化。其次,我国需要重视对网络优先出版的中文学术著作的认定和版权保护。网络优先出版可以促进中文学术著作的快速传播,但是面临着优先数字出版与现行成果评价体系不对接的问题,有关部门对于中文学术著作成果的认定依然以纸质版为主,这就导致一些学者的研究成果可能难以被认定。同时有关部门对网络学术出版平台的监管机制不健全,因而很容易出现侵权问题,版权纠纷难以解决。

传播制度的变革需要主管部门解放思想、敢于尝试。有关部门应尽快出台中文学术著作网络优先出版的相关政策和规定,将网络数字出版文献和传统纸质学术著作一起纳入学术评价体系,完善相关法律法规,保障原创者的知识产权。从政策层面支持中文学术著作数字化平台的建设和发展,完善其发展机制,推进中文学术著作网络出版的创新和进步。各方应当携手努力,将问题变成发展动力,直面挑战、寻找机遇,更快更好地传播最新学术成果,全面提升我国中文学术著作的影响力。

## 第三节　国际的发展路径

随着信息技术与互联网技术的发展,各领域全球化、多元化程度逐步加深,知识传播手段更趋多样化,知识传播深度与广度发生了前所未有的变化。中文学术著作的国际传播也随之发生了深刻变化,向着全媒体传播不断迈进。

# 第七章　中文学术著作全媒体传播的发展路径

## 一、中文学术著作全媒体国际传播的现状及其必要性、可行性

### （一）中文学术著作全媒体国际传播现状

中文学术著作全媒体传播现状可分为有利现状和不利现状，其中有利现状表现为以下2种情况：

1. 传播方式逐步改变。过去，中文学术著作向国外传播通常通过图书、期刊等出版方式进行。这样的传播方式成本高、效率低，且传播的内容不够全面。很多时候想要在国外找一本特定的中文学术著作，往往要经过大量烦琐的步骤。但是到了现如今的全媒体时代，中文学术著作的国际传播方式发生很大变化，向着数据化、平台化、融媒体的方向前进。要想在国外找到一本中文学术著作，只需要点击搜索引擎，就会在特定的平台找到相关著作。不仅如此，大数据还会推荐相类似的著作，确保信息的全面性，更显其亲和力。

2. 传播效果大大提升。传播方式的改变，也大大提高了中文学术著作在国际上的传播效果。由于现代化的传播方式更加简便，所以极大地提高了传播效率。同时，大数据推送个性化、服务化功能的运用，更容易将著作送到国外受众的手中，改变以前的保守方式为主动出击，让更多人了解到中文学术著作。

以上是中文学术著作国际传播的有利现状。然而，现在也还存在着许多问题，主要表现在以下四个方面：

1. 国际影响力相对较弱。受到语言、著作水平、别国政策的影响，中文学术著作的国际传播影响力相对较小，有待于进一步提高。

2. 管理体制束缚。当今中文学术著作的国际传播存在着管理上各自为政、条块分割的局面。容易造成资源浪费，不能形成规模效应，从而不能在国际市场竞争中占据优势。

3. 经营模式制约。我国中文学术著作国际传播大多由政府经营掌控，按照政

府机构上下级关系运转,缺乏经营自主权。这样的经营管理模式不利于扩大市场占有率和影响力,制约了其进一步"走出去"发展战略的实施。同时,我国中文学术著作在一定程度上受传统经营理念的影响,静态地运作,这已远远不能适应市场经济和全球化发展的趋势。

4. 缺乏相应人才。一方面缺乏熟悉国际传播规律的新闻型人才;另一方面缺乏能真正将著作推广出去的实践型人才。理论和实践都是人才不可缺乏的部分,人才储备不足则导致传播效果不好,这些都成为制约中文学术著作"走出去"的不利因素。

(二)中文学术著作全媒体国际传播的必要性

中文学术著作的国际传播,有其重要的文化价值和政治价值,因此是必要的。从文化价值的角度来说,我国的学术著作和最新研究成果只有在国际上进行交流,供世界上不同国家的研究者阅读并给出反馈,才能知道研究成果的优点和不足之处,才能进一步完善成果,甚至促进这个研究领域在全世界的进步。不光为我国学术发展营造了有利的环境、促进我国科技文化创新事业的发展进步,也为世界学术研究做出了重大贡献。

从政治价值的角度来讲,中国要想在世界上占有一席之地,中文的传播就要跟上脚步,就要在各个领域拥有相应的国际地位。我们不可否认,在当今时代背景下,不论在文化交流、政治交流等领域,英语作为世界通用语言都拥有着不可撼动的地位。但越是这种情况,我们越不能丢掉我们的文化自信,在国际学术交流中越不能失去自我。我们要知道,英语霸权的现实不可能是永远合理、长久不变的。如果我们一味地把国内优秀研究成果发表在国外平台,或者只是考虑用英文来推广中国的学术成果,中文学术著作只会越来越被边缘化。作为每一个中国人,我们都有责任推动中文学术著作在国际上的传播,让越来越多的外国人

## 第七章 中文学术著作全媒体传播的发展路径

看到我们的学术成果。中国的学术论文有国际推广的必要,同时,坚持中文传播也是发扬中华文化、提高民族凝聚力的使命所在。在遵循国际学术著作传播规律的基础上,结合中文学术著作的特点,把优秀的中文学术著作推向世界,则可提升中文学术著作在国际学术界的影响力,进而使中国学术研究在世界范围内获得更多的话语权和掌控力。这是昂首挺胸走出去的姿态,更是一种主张民族文化的自信表现,这才是在推动中国学术成果的国际交流与融合过程中所应该推崇的。因此,中文学术著作应在立足本土的同时,努力走向世界,打通国际传播途径。

(三)中文学术著作全媒体国际传播的可行性

当前的国内环境和国际环境为学术出版走出去创造了前所未有的机遇。从国内环境来讲,一方面改革开放四十多年以来,我国探索出一条崭新的发展道路,在政治、经济、文化等各领域均取得了辉煌成就,积累了丰富的成功经验。改革开放的伟大实践为学术发展奠定了社会基础,提供了研究方向和研究内容,具有中国特质的优秀学术成果大量涌现。这为学术出版走出去创造了前提条件。另一方面是政府大力支持中文学术著作的全媒体传播,一系列扶持政策的出台,为中文学术著作在国际上的传播提供了政策支持。

从国际环境来讲,随着中国在国际上的地位不断提高和国际交流日益密切,特别是"一带一路"倡议提出以来,中国同许多国家建立了良好的出版、文化交流合作关系,为中文学术著作走出去创造了有利的国际环境。同时,随着全球化的发展,文化全球化逐渐成为趋势,各国文化也不再是单一民族的独占物,学术性的著作更是如此。世界学术友好交流、共同进步正逐步成为被更多人所认可的观念。因此,就中文学术著作走出去而言,正处在一个有利的国际环境之中。

## 二、中文学术著作全媒体国际传播发展路径之内容

中文学术著作的国际传播经过这些年的不断发展,传播数量不断增加,传播种类日益丰富。接下来就需要提高著作的质量,使内容体系的建设逐步走上创新化道路,推出针对不同国际受众的个性化、精确化跨国信息服务;不断加快数据出版、数据传播,提高内容传播的效率;充分发挥中国文化优势,在此基础上精准对接国际需要,精确传播,提高传播效果。中国学术网络平台则对向外传播的中文学术著作进行审核,提高所传播作品的质量,同时维护国家数据安全,防控重要科研数据外泄,在保证安全的同时,加强对外传播的力度。

随着不断地探索,中文学术著作在国际上的全媒体传播逐渐融合新媒体、新技术,实现内容的创新。因为对于出版而言,"内容为王"永远不会过时,无论是传统出版产业还是全媒体出版,都要注重内容的选题、策划及创新。这就需要中文学术著作拓展内涵、深化思路,同时走好群众路线,利用好大数据热点追踪等优势,真正选择国际用户喜欢与需要的内容,打造全新的阅读体验。对于国际中文学术著作全媒体传播而言,由于面对的是国际用户,更要注重内容的选题策划。国际用户数量多,且来自不同的地区,文化差异大,不同地区文化背景的国际用户可能对同一内容产生歧义。这就需要中文学术著作在传播的过程中,把握这些差异,针对不同的地区文化,策划不同的选题,更新不同的内容,消减甚至消除著作中存在差异的地方,这样才能更好地进行传播。

此外,尽管用中文进行传播是提高文化自信、推动中国文化走出去的重要方式,但由于英语仍是使用最广泛的世界性语言,做好中文学术著作汉译英工作,也成为吸引更多用户、提高传播效率、加强传播效果的重要工作。近年来中国不断增加"外译项目"的立项数,据张艳等的统计数据显示,2010—2017年,我国学术著作外译项目从13项增至165项,学科门类也从5类拓展到22类。这些进步值

## 第七章 中文学术著作全媒体传播的发展路径

得称赞。与此同时,中文学术著作的汉译英工作仍然存在许多问题。第一,翻译准确性低。如今的中文学术著作汉译英工作中存在着大量词语翻译不准确、忽视特定的文化背景、词语有歧义等问题,导致汉译英的准确性较低。第二,标准化程度低。由于中文学术著作的汉译英工作起步较晚,因此在特定的词语、语句翻译上没有形成规范化的标准,常常出现一个专有名词有多个翻译版本的问题。第三,翻译人才稀缺。高端翻译人才的稀缺是我国目前面临的困境,尤其是同时熟悉了解国内外文化的专业人才,更是稀少。好在这些问题都正在得到解决,未来的前景仍旧是一片光明。

一篇优秀的翻译作品需要翻译者具有极高的语言素养,同时了解中外国家的文化背景。在翻译的过程中,要对中文学术著作的背景知识查缺补漏,在术语、信息、逻辑与衔接四个维度上增强译文的可读性。同时严格遵守英文引用原则、帮助原作在需要进行直接引用的部分进行补齐,这样才能使学术著作的英译质量有所提高,以便更好地进行传播。以《虬髯客传》的翻译项目为例,译者在翻译过程中就注意到了汉语和英语在语言逻辑上的表达是有差异的,汉语注重隐性连贯,而英语注重显性衔接。因此在翻译的过程中运用逻辑分析的方法,来贯通句子、段落和篇章,梳理故事结构,挖掘其深层次含义,探究故事背后的意义。

总之,内容始终是文章最本质的内核。如果一篇文章或著作空有一个好的命题、一些优美的文字,却没有充实而深刻的内容做支撑,那注定会被更优质的作品所取代。中文学术著作在对外传播中,应该坚持优质作品优先传播的原则。特别是在全媒体传播的背景下,传播成本大大降低,越来越多的中文学术著作进入国际市场,其中不乏滥竽充数的劣质品,所以更应当做好相关的审核工作。这就需要建立起完整而高效的审核机制,对作品的质量严加把控,才能传播出更多、更好的中文学术著作,提高其在国际上的影响力。

### 三、中文学术著作全媒体国际传播发展路径之技术因素

中文学术著作的全媒体传播,离不开技术的支持。随着世界对信息的需求不断增加,过去的传统出版技术已经不再适用于现今的传播要求。"互联网+"、大数据、全媒体出版技术等,正逐渐在传播中占据着越来越重要的地位。

**(一)全媒体出版技术**

全媒体出版是指将文字、符号、图形、图像等信息内容,以现代科学技术手段,通过纸媒、广播、电视、网络、手机等多样化媒介形态,为用户多元化终端所融合接收的新型出版形式。强调多渠道的同步传播,是当前出版研究的热点。相较于传统出版方式存在的效率低、内容有限、表现形式过于单一等缺点,全媒体出版的优势在于内容丰富、信息量大、传播迅速、便于阅读等,能够更好地满足人们的需求。

从全媒体出版的定义来看,出版的信息不再局限于文字、图像等,而是变成了多种符号信息相互交融,相较于文字、图像、视频等信息更具有引人眼球的优势。在信息获取变得迅速化、碎片化的时代,更少的人选择拿起一本纸质书来阅读,但有更多的人愿意拿起手机利用碎片时间去获取知识。因此,全媒体出版就使信息传播更加具体、更加具有吸引力。同时,出版的媒介形态不再局限于纸媒,而是强调多渠道的同步传播,因此变得更加多样化、数字化。不同的媒介形态拥有不同的受众,全媒体出版的方式做到了精准对接不同的受众,扩大了传播范围,提高了传播效果。

中文学术著作利用全媒体出版方式在国际上传播,可以用薛伟和蒋祖华的《工业工程概论》为例。这本专业性的工科类著作,以文字、图像的形式,通过纸质出版及网络、手机等多种媒介形态,实现了多领域传播。同时也被国际多个数据平台收录,在国际各大高校网站上都有电子版资源,配合着图片、实践演示等,

## 第七章　中文学术著作全媒体传播的发展路径

让文字从书本转移到各类电子设备,方便了传播,也为学术著作增添了乐趣。这样的传播方式,也使《工业工程概论》扩大了传播渠道,而多元化的信息呈现形式也吸引了读者的兴趣。

(二)"互联网+"技术

"互联网+"简单地说就是"互联网+传统行业"。随着科学技术的发展,利用信息和互联网平台,使互联网与传统行业进行融合,借助互联网具备的优势特点,创造新的发展机会。"互联网+"通过其自身优势,对传统行业进行优化升级转型,使传统行业能够适应当下的新发展,从而最终推动社会经济不断地向前发展。

"上网"这个词,已经从二十年前人人向往变成了平常事,可见互联网的发展有多么迅速与普及。传统纸质书籍逐渐让位于数字阅读,传统出版行业在夹缝中求生存,都是互联网发展壮大的例证。如今,"互联网+"使传统出版行业逐渐进入人们的视线,并随着中文学术著作国际传播需求的扩大而不断发展壮大。利用各种互联网技术,中文学术著作实现了从纸质到电子的跨越,同时,利用互联网进行多平台、跨平台的传播成为常见的手段。如今,许多国际上著名的数据平台,如 SCI、EI、ISTP 等,都发表和收录了许多中文学术著作。例如:在 Web of Science 数据库中检索我国大陆学者 2011—2015 年公开发表在 SCI 口腔医学期刊上的论文,从发文总量、期刊分布、机构分布、地区分布、合作情况、基金资助等方面进行统计分析,结果共有 2300 篇论文纳入研究,其中论著 2159 篇,综述 141 篇。

(三)大数据

对于大数据,研究机构 Gartner 给出了这样的定义:大数据是需要采用新处理模式才能具有更强的决策力、洞察力和流程优化能力,并适应海量、高增长率和多样化信息的资源或资产。大数据的意义不仅在于掌握大量的数据信息,更重要的是对这些信息进行专业化的处理,形成一定的产业。通过数据推送等将信息更好、更准确地送到用户手中。依托大数据推送等产业,使中文学术著作在国际上能够更好地传播。

1. 依托大数据洞察市场与行业。由于大数据的样本数量大、范围广,因此准确性较高,对传播动态的把握也就更准确。因此,通过大数据能够了解到更多中文学术著作国际传播现状,聚焦当下传播热点,制订符合市场规律的传播计划,确定科学合理的传播策略,也能够更好地促进中文学术著作在国际上的传播。

2. 依托大数据做好用户画像。中文学术著作在国际上的传播终归还要面向广大国际用户。那么不同地区的用户喜好如何、个性特征如何、对中文学术著作态度如何等,都是要考虑的问题。大数据依靠自身技术支持,针对这些问题,能够更好地得出答案,从而做好用户画像,助力中文著作在国际上的传播。

3. 依托大数据做好媒体渠道选择。不同的媒体渠道适用于不同地区、年龄、知识水平等的用户,因此选择正确的媒体渠道才能够更好地进行传播。通过大数据,针对不同的用户需求,选择适合的媒体渠道,能够促进中文学术著作在国际上更好地传播。

总之,现代技术使信息传播发生了翻天覆地的改变。尤其是在国际舞台这个地域范围更广、人口更多、各种特征更鲜明的背景下,中文学术著作的传播就更依赖于互联网、大数据等跨越时间、空间、地域的先进技术。

### 四、中文学术著作全媒体国际传播发展路径之平台

现如今,平台已经成为信息传播的重要路径。无论是娱乐性的社交媒体平台,还是专业性的智库平台等,都是信息传播的重要方式。依托这些平台,尤其是

## 第七章　中文学术著作全媒体传播的发展路径

专业化的智库平台等,中文学术著作可以实现集约化管理和定向化传播。因为在长时间的发展中,这些平台已经积累了一定数量的稳定用户,并且形成了一套固定的信息管理模式,包括收录、检索、推送等,能够很大程度上提高中文学术著作的传播效率,达到更好地传播效果。中文学术著作国际传播的平台主要有数据库、国际期刊及其他综合类社交媒体平台。

（一）数据库

在这些平台中,对于中文学术著作国际传播最有帮助的,就是数据库。根据定义,数据库是"按照数据结构来组织、存储和管理数据的仓库",是一个长期存储在计算机内、有组织、可共享、统一管理的大量数据的集合。简单来说,数据库就是大量数据的集合。也正因为数据量巨大,才能够形成全方位、多角度的数据服务,并且,在专业的管理制度下,可以形成集约化、定向化的服务。

目前国际上比较知名的数据库有三个,分别是 SCI、EI 和 ISTP。其中,SCI 主要是科学引文索引,为覆盖生命科学、临床医学、物理化学、农业、生物、工程技术等的综合性数据库平台;EI 主要是工程索引,覆盖工程技术各学科的期刊、会议论文、科学报告等文献;ISTP 即科技会议录索引,为世界三大科技文献检索平台之一。除此之外,国际上还有很多其他的数据库平台,为学术著作类的国际传播提供了良好的条件。

中文学术著作依托这些数据库平台,以实现国际传播。尤其是近些年来,我国科研人员发表的 SCI 论文量不断增加。据 2019 年中国科技论文统计结果显示,2018 年中国科研人员发表 SCI 论文数高达 41.82 万篇,排在世界第二位,占世界份额的 20.2%。仅就中国临床医生发表的 SCI 论文来说,共有 4810 个机构的作者发表论文 5278 篇,发文量排名前 20 的作者机构共发表论文 1191 篇,占 22.57%;这些论文发表在 94 种国际期刊上,发文量排名前 20 的期刊发表论文共

有4724篇,占89.50%。并且,这个比例正随着时间的不断推移而不断升高。可见,中文学术著作在以SCI为首的国际数据库平台不断地得到更好的传播,在国际上拥有了更多的表现。

(二)国际期刊

这是指在国际上发行的期刊,也包括在中国发行的国际期刊,比较著名的有自然(Nature)、科学(Science)等。这些著名的国际期刊具有国际权威性,在全球范围内拥有许多读者,文章著作发表在这些期刊上,能够在国际范围达到很好的传播效果。同时,这些期刊也顺应发展潮流,采用融媒体技术,推出线上版本,更加扩大了传播范围,成为中文学术著作全媒体传播的重要平台。

目前全球的学术期刊总量已达数万种,仅我国就有8000余种,通过这些国际期刊,中国将中文学术著作推向全世界。当然,数量固然繁多,但也要注重质量,这也是我国作者在国际期刊发文普遍存在的问题。下一步要做的,就是进一步强化内容质量,这样才能吸引更多的国际用户。

(三)其他综合类社交媒体平台

除了数据库一类的专业性平台,中文学术著作在国际上传播也离不开社交媒体类的综合性平台。这类综合性平台虽不像数据库等专业性平台拥有特定的用户和完善的管理体系,却拥有其独特的优点——可以吸引潜在用户、进行多媒体传播等。综合类平台的受众往往数量更大,潜在用户也多,利用好这类平台,可以扩大中文学术著作传播范围。同时,综合类平台往往不局限于单纯的文字传播,而是文字、图像、视频、音频等的组合,也就是多媒体传播,这样的传播就突破了传统传播模式的枯燥乏味,使传播内容更加吸引用户。

但也必须承认,我国学术平台国际传播内容仍局限在书刊等文献资料的数字化转化层面,尚没有深入到数据资源抢夺和跨国科研服务的层面。归根到底,还是国际科研数据竞争意识不足,创新力缺失,缺乏基于内容的跨国知识服务平台,数据采集、传播和控制能力还有待提高。但这些问题都在一步步探索中得到解决。

总之,平台是中文学术著作国际传播的重要路径。通过平台,国际用户可以直接查询检索中文学术著作。同时,将中文学术著作进行翻译、发表,也是为了靠近国际标准、满足国际用户所做出的努力。

## 第四节 发展建议

随着时代的发展和技术的进步,以及人们阅读习惯的改变等,中文学术著作全媒体传播越来越发挥出重要作用,成为传播的一种重要方式。习近平总书记早就指出了媒体融合发展、建设全媒体的重要性,他还指出面对这一紧迫课题,应该因势而谋、应势而动、顺势而为,以推动媒体融合发展,让更多中国学术声音出现在国内外舞台。

中文学术著作全媒体传播分为内容、技术、平台等主要因素和路径,这三种路径相互融合、缺一不可。内容是立足的根本,只有优质的内容才能从根本上吸引用户;技术是全媒体传播的保障,尤其是在数字技术推动的数字出版行业,技术在传播中发挥很大作用;平台是中文学术著作传播的载体,专业性的平台往往使传播更有针对性,形成一批固定的用户。

当然,想要这三条路径都发挥出应有的作用也不容易。就国内而言,要思考如何创作出更加优质的内容、如何研发数字出版新技术、如何建设好自己的数据平台;就国际而言,同样要思考如何创作出更为优质的内容,如何开发、对标、运用好国际先进的技术,如何让中文学术著作更多地发表在国际平台。这些都是我们现在要考虑的问题,具有急迫性。

我们也逐渐在探索的过程中明确了发展的方向。就中文学术著作国内传播而言，第一，加强内容建设，推动内容生产向实时生产、数据化生产、用户参与生产等方向发展，提高传播力度；第二，完善与创新生产管理流程，实现管理模式的升级，提高传播的效率和效果；第三，以大数据为支撑，建设资源数据库，将海量内容条理化、有序化、智能化；第四，完善用户体系，提高服务能力，在扩大用户体系的同时也要留住用户；第五，重视人才培养，努力培养出一批兼具理论知识与实践能力的复合型人才。

就国外传播而言，第一，要协调好中文学术著作"走出去"出版工程；第二，要提升中国学术著作的海外推广和运营能力；第三，要加强中国学术著作海外传播的研究和人才培养。相关主管部门在培养高素质翻译人才的同时，也要具有长远的战略眼光，应当在高等教育体系中布局一批专门从事中国学术著作海外传播的学科点，尤其是科研院所和高等院校，应培养出一批拥有跨学科的学术背景、具有娴熟的外语水平、熟悉国外学术研究话语、与国际同行交流密切的学者队伍，让更多中文著作出现在世界舞台。

总之，全媒体的时代背景下，中文学术著作传播发展的路径也在发生转变并且变得丰富，如何利用这些转变促进中文学术著作的传播，是我们现在面临的重要问题。中国要变得有文化自信，中国学术要走向世界，都可以在全媒体传播中找到相应的答案。

**参考文献**

[1] 贾泽婧.全媒体时代科技期刊媒体融合发展的实践与探索[J].传播与版权,2021(4)：75-77.

[2] 夏宇红."双一流"高校图书馆阅读推广中的媒体融合路径探究[J].河南图书馆学刊,2021,41(6):59-62.

[3] 申江婴.全媒体传播推动时代转变[J].科普研究,2011,6(Suppl2):29-32.

[4] 朱国萍.高校中文纸质期刊和数字期刊利用情况调查[J].兰台世界,2007(9):28-29.

[5] 周城雄,赵兰香.学术文献传播的全新途径:C2C文档交流网站及其影响[J].科学学与科学技术管理,2010,31(4):135-141.

[6] 陆长旭.中国的文献数据库[J].图书情报工作,1994(4):50-54.

[7] 吴家柱.中信所数据库的开发及建议[J].现代图书情报技术,1994,10(1):31-36.

[8] 王世伟.论数字图书馆的特点及其对当代图书馆学教育的影响[J].图书情报工作,2001(3):13-15.

[9] 习近平.推动媒体融合发展、建设全媒体成为我们面临的一项紧迫课题[Z].2019.

[10] 国家新闻出版广电总局,中华人民共和国财政部.关于推动传统出版和新兴出版融合发展的指导意见[Z].2015.

[11] 刘山青.媒体融合形势下的学术期刊发展路径探索[J].产业与科技论坛,2019,18(12):12-14.

[12] 叶娟丽.中国大学学报:制度变迁与路径选择[J].南京大学学报(哲学·人文科学·社会科学),2013(1):64-74.

[13] 王琳.中文学术期刊实现国际传播的可行性策略初探[J].黄冈师范学院学报,2019,29(6):6-9.

[14] 宋鑫.学术著作中译英项目的翻译难点及策略:以《全球城市》项目为例[D].上海:上海外国语大学,2021:11-12.

[15] 许志强,哈宏疆.全媒体出版平台建构与创新服务模式研究[J].中国出版,2016

（24）：26-31.

[16] 卢燕,张晓霞.2011-2015年中国大陆学者在SCI口腔医学期刊上发表论文的情况分析[J].现代口腔医学杂志,2016,30（4）：238-242.

[17] 王丽,张远明.2018年中国临床医生发表的SCI论文特征分析[J].科技传播,2020,12（24）：45-48.

# 第八章
# 中文学术著作全媒体传播平台的构建

## 第一节 综述

### 一、定义

要谈构建战略,做好相关定义、相关概念清晰界定是第一步。否则,提出与之对应的指导性意见就不具备高度关联性和针对性。虽然现如今中文学术著作全媒体传播平台发展迅速,细微处的调整可以说是瞬息万变,以至于概念更新落后于实际情况成为常态,但我们仍应看到不断的概念提取对于中文学术著作出版实际应用场景更迭的推进意义,同时也应注意到概念演变呈现出的不同阶段特点对于中文学术著作全媒体传播平台的未来发展具有重大启发性意义。

关于中文学术著作出版、全媒体传播的相关概念界定已经在本书第二章详细展开分析,这里不再进行赘述,而是将重点放在平台上。一个事物不论什么性质、什么功能取向,最终都要找到一个落脚点,也就是平台,才能使其变成可感知、可操作、可应用的实体。一般来说,任何一个物体的创造都体现着造物主的倾向和目的,而容易被大家所忽略的是物体,同样是基于满足使用者的某种需要而诞生的,无用或者不好用都会沿着历史延续的脚步被淘汰,而主导这一切的是使用者满足心理的不断成长。因此,本章中文学术著作全媒体传播平台的构建战略将主要围绕使用与满足的博弈关系而展开介绍。

## 二、分类

目前中文学术著作全媒体传播平台主要有：传统媒体与新媒体融合的全媒体出版平台、学术数据库平台及数字图书馆系统、以电子书为主的知识传播平台、以学术期刊定位的多媒体平台、各类网络图书销售平台（图书类电商平台）、国内国际大型书展等。

不同的分类说明了该领域进一步发展的需要，每一种精准对接用户需求的垂直细分平台的产生，弥补了前一阶段未被注意到的用户需求的漏洞。不同的平台侧重点不同，成就自身不可替代性、立足发展的同时，也解决了该群体中某类用户的心头病，完善了该领域的全方位建设，推动整个行业纵向发展。虽然可以根据某一标准对各种平台进行归类划分，给予性质上的不同定论，但这些平台终归都是以向用户提供海量中文学术著作资源、进行中文学术著作全媒体传播为中心任务的。在对平台进行深入剖析时，要看到其个性，不同的平台有不同的战略考量，拥有符合自身定位的功能设置，以及包含着具有鲜明文化特质的平台风格；也要看到其共性，不能将各平台割裂开来，只有从个体中拼凑出全貌，才能对整个行业有全面认知，不至于管窥蠡测，陷入片面狭隘的境地。

# 第二节　功能设置及其战略意义

### 一、传统媒体与新媒体融合的全媒体出版平台

当大数据、云计算、人工智能、物联网、5G等新媒体技术遇上传统出版产业，会碰撞出怎样的火花？出版业发展遭受冲击、遇到瓶颈在所难免，在此背景下，加快媒体融合发展、不断推进全媒体出版平台的建设、寻求产业升级也就成为传统出版产业的新出路。

## 第八章　中文学术著作全媒体传播平台的构建

### (一)全媒体出版传播平台是传统出版产业的新出路

首先,传统出版产业有其自身特有的不可撼动的专业地位,在漫长的专业出版历史发展进程中,积累了深厚的专业出版经验。事实上,与新媒体相比,传统纸质图书依然有着不可替代的优势:一是更适合深度阅读;二是更适合系统化阅读;三是更适合长时间阅读。从传统纸质图书和新媒体各自的优缺点来看,新媒体短期内不可能完全取代传统出版,而传统出版产业也不能无视新媒体的发展优势继续"闭门造车"。传统出版产业与新媒体只有相互取长补短,彼此借鉴并融合对方优势,才能拓宽出版业的未来发展空间,突破局限,达到互利共赢的理想状态。

传统出版产业与新媒体的融合实践都是在融合思维的指导下开展的,因此,融合发展的出版理念扎根到内部思想深处成为必然要求。可以看到的是传统出版产业的读者正在转化为用户,这就要求与之相对应的选题策划、定位设计、内容编排都要围绕用户需求展开。与其他出版物不同,中文学术著作的读者正在面临前所未有地扩张,在"科教兴国"战略背景下,我国把科技和教育已经摆在了经济、社会发展的重要位置,人们对于学术类知识的获取需求大大增加,也就要求出版业跳出原有的读者习惯,借助新媒体,在维持甚至提高中文学术著作内容供给的条理性、体系性、权威性的基础上,善用鲜活、现场感强的多媒体素材来提高内容供给的独特性、契合性、精准性。新媒体在宣传推广上有三大优势:一是专业化、分众化;二是简洁化、多元化;三是亲和性、互动性。只有通过宣传推广,将学术著作的信息尽可能多地传达给受众,才能影响目标受众的认知、情感、态度并最终转化为现实的图书购买力。

此外,针对中文学术著作学术水平高、编写难度大、出版要求高、读者面窄四个显著特点,很难将学术著作打造成大规模的畅销书。因此在纸质出版的基础上,出版社需要积极探索学术出版的多种形式,而学术出版的数字化也就成为必然趋势。新媒体所具有的传播快捷、信息量大、即时性强、检索方便、交互共享等特征,恰好是传统出版产业进行突破可利用的抓手。尤其是学术著作中的学术规范等敏感问题,借助新媒体优势,可以快速有效地检查学术著作的合格度,避免重复雷同内容的泛滥,从而达到保护知识产权、肃清学术风气的理想目标。运用新媒体技术,也能大大提高检测学术著作质量的效率,多维度减轻人力、物力、财力的损耗。

传统出版产业与新媒体融合发展的过程,也是传统媒体数字化的过程,当中衍生出了数字出版这一业态。数字出版是建立在计算机技术、通信技术、网络技术、流媒体技术等高新技术基础上,融合传统出版内容而发展起来的新兴出版产业,强调内容的数字化、生产模式和运作流程的数字化、传播载体的数字化及阅读消费和学习形态的数字化。

(二)为科研工作者和学术爱好者提供知识服务,是中文学术著作全媒体传播平台的一个重要功能

发展中文学术著作全媒体出版传播平台,大学出版社做学术出版具有先天优势,大学里高学术水平的作者集聚,高质量学术成果丰硕,大学出版社理应发挥"近水楼台"的优势,做好高质量学术出版。学术出版的高质量,高在其产品在改造世界、推动社会进步中的不可替代性,高在产品内容不是谁都有能力生产的不可随意性,高在出版高端学术产品需要高质量人才和严苛流程的不可疏忽性。一部高质量学术著作的生产环节中,少不了传统"三审三校"这一关键流程与工序,而在全媒体传播平台下,学术专著的高度开放性将使其接受更严苛的全方位监督。

依托于大学出版社而建立、发展的学术数据库,得以充分利用高校的学术资源,将学科优势转化为出版优势,其学术出版的两个重要产品——著作和期刊共享优质的作者队伍、权威的审稿专家及成熟的评审和出版机制。通过对知识资源进行充分整合,按照类别、条目进行划分,为科研工作者和学术爱好者提供知识服

务,是中文学术著作全媒体传播平台的一个重要功能。

目前,学术著作数据库按照内容题材,大体可以分为综合型数据库、专题数据库、教育数据库三大类型。综合型数据库偏向智库类型,以社科文献出版社的皮书数据库为典型代表,服务目标是为政府决策与高校科研提供支持;专题数据库特点是小而精,多为特定机构针对特定内容专题、特定行业而研发的行业库和专题库;教育数据库的主要目标是服务于教育,内容由纸质教材演化而来,在此基础上进一步扩充教育功能。

对于出版业而言,不论传播载体和传播形式怎样变换,其优质内容始终是关键吸引力所在。传统媒体与新媒体融合的全媒体出版平台以"内容为王"的根本宗旨不能变,在保持中文学术著作的专业性、权威性的同时,推动学术类知识下沉也是该平台处在新旧交界点上的功能之一。

## 二、学术数据库平台及数字图书馆系统

（一）学术数据库

1. 学术数据库的功能及类型。可利用新媒体平台几乎无限的容量空间,将中文学术著作制成电子文档,通过统一的电子文库平台也就是学术数据库向用户开放,特别是向高等院校和科研机构推介。国内的文献数据库一般被分为期刊数据库、电子图书数据库、古籍数据库等类型。期刊数据库以中国知网、万方数据知识服务平台、维普中文科技期刊数据库等为代表;电子图书数据库以超星、方正、读秀学术搜索等为代表;古籍数据库以汉达文库、中国基本古籍库、古今图书集成、国学宝典等为代表。

2. 学术数据库的构成。一个数据库的建设主要由专家数据库、作者数据库、潜在稿源数据库、期刊自媒体数据库共同构成,中文学术著作数据库也同样如此。专家是数据库质量的保证,一是专家审稿,学术著作由于其专业性强,为保证其内

容的科学性,需要相应领域的外审专家来审核;二是一定数量的专家级稿件,以此保障在引用、转载、关注度上有明显优势;三是专家可为数据库的战略发展提供咨询,指明数据库的发展方向。作者是数据库的源泉活水,要保持对作者的高度尊重,无论投稿的稿件是否选用入库,都要保持与作者们的良好关系,提高作者对于数据库的忠诚度。被动接受稿件之余,还要主动出击,积极寻找潜在的优秀稿件,这需要平台花费一定的精力去挖掘和发现。在移动互联网时代,自媒体也成为学术著作宣传的重要阵地,通过自媒体可打造专家、作者、读者三位一体的联系通道,保证整个学术数据库的长足发展。

3. 中文学术数据库现存的问题。有学者对世界一流大学购买中文数据库的情况做过研究,相关统计数据分析在一定程度上表明,我国尚未构建出具备核心地位或具有高国际影响力的中文数据库,知名度的提升也任重道远。从自身原因找起,除已有的中文学术数据库资源整合程度不高,平台整体使用效能欠缺之外,也存在主观上我国中文学术著作和论文大量发表在国外期刊上,从而在一定程度上影响国内中文学术数据库的质量。此外,也不排除缺少优势学科和语种不均衡等方面的问题。

从以上可以看出,中文学术著作的国际传播力亟待提高。首先要解决的就是内容质量提升。制定相关统一标准,进一步加强对中文学术数据库中数据的规范呈现;逐步完成对已有数据的审查肃清,厘清版权问题,降低内容重复度;加速推进对智能数据技术的应用,提高数据库的整体使用体验,构建具有特色的高水平中文学术数据库。

(二)数字图书馆

近年来,随着社会、政治、经济、科技等领域的发展,数字资源的有效保存、保护受到人们广泛关注。国际图书馆联盟(国际图联,IFLA)明确了其核心的保存、

## 第八章 中文学术著作全媒体传播平台的构建

保护工作宗旨:"保证各种载体的图书档案资料,无论其是否出版,均以易于存取的方式尽可能长久地保存。"随着数字化文献、著作的出版成为主流,图书馆中数字资源的比例越来越高,数字图书馆也就应运而生了。

数字图书馆就是基于网络环境下,以数字技术处理和存储各种图文的一种信息系统,它是虚拟的、没有围墙的、共建共享的。数字图书馆不只是实体图书馆数字化,从概念上还包含着两个基本范畴,一是数字化图书馆,即将纸质版图书转化为电子版的数字图书;二是电子版图书的存储、交换、流通,既是一套超大规模的知识系统,又是一种全新模式的信息治理体系。聚焦中文学术著作在该平台的传播现状可见,馆藏数字资源重复交叉现象严重,质量良莠不齐,资源利用率高低不等,学术价值的密度在此情况下被海量数据所稀释。馆藏数字资源必须通过科学合理的数据治理,才能实现价值被最大化利用,这也就落脚到知识产权保护和图书馆保存资源服务这两大问题上。

当前进入数字图书馆的中文学术著作来源于采购、采集、缴存、自建的印本资源及其他数字资源。为保护版权所有者的合法权益、维护数字资源和信息服务市场的正常运作,数字图书馆不能随意地将自己所保存于本地的资源不加限制地使用以提供服务。一般来说,数字图书馆都会为图书馆用户提供"三线"分级服务,即"在线"实时获取服务、"近线"原文传递服务、"离线"永久保存服务。

互联网和新媒体技术使虚拟图书馆的体量具有无限大的可能,因此数字图书馆目录检索功能的重要性就凸显出来了。但通过著作名、作者名、主题名等关键词进行检索,无法保证高度理想的检索结果,用户往往需要辅以浏览手段对检索后的数据加以识别、选择和获取。为了帮助用户提高检索查找的效率,数字图书馆一般会设置诸如导航标识、可视化图示、内容列表、站点索引、站点地图等导航支持工具及明确的路径指引。鉴于数字图书馆无法囊括所有的中文学术著作资

源,这就要求平台添加超链接、知识索引等辅助功能,建立与馆藏对应的索引数据库,便于用户更精准地获取多种资源,保障馆藏资源的丰富多样性。

数字图书馆的基本功能设置和资源供给往往都是以覆盖大多数人的需求为主,但是那些低使用率的中文学术著作印本的数字化也不应该被忽略。借助人工智能技术,数字图书馆正在积极地从用户类型、服务方式、途径渠道等多个角度,设计更加科学的信息服务模式,由被动服务向主动推送转变,在提高用户体验的同时,中文学术著作的传播空间也被大大拓宽。

### 三、以电子书为主的知识传播平台

媒介融合背景下,承载阅读信息的媒介形态发生了改变,数字化阅读的日益普遍催生出了各种以电子书为主的知识传播平台。主要分为移动读书APP和主打图书分享的网站,如微信读书和豆瓣,以及以电子书为基础的有声阅读APP。传播形式的改变也在悄然影响传播内容,对于中文学术著作来说,全民广泛参与阅读的知识传播平台拉近了严肃学术与广大受众的距离,不再是高不可攀、令人望而却步的样子。这种唾手可得性使中文学术著作的读者群由狭窄的范围向四方延伸,传播的范围和机会一下子都充满了巨大的可能性。

#### (一)电子书阅读平台

为迎合当下受众的社交属性,以豆瓣读书、微信阅读为代表的电子书阅读平台均依托其可链接性,搭建阅读共享空间,构建阅读社交圈。将阅读平台附加上点赞、评论、转发等功能,人与人之间的联系被加强,附带社交属性的知识传播平台得到越来越多读者的青睐,在这里,同时满足着用户的阅读需求和社交需求。发现→阅读→分享→发现构成了一个良性闭环系统,人们的不同见解在这里得到碰撞,有利于全民阅读氛围的营造。

相比数据库,这类知识传播平台更适合移动终端,也更能满足读者的碎片化阅读需求。各类电子书阅读平台不仅具有数据库一般的电子阅读资源,在丰富且强大的资源基础上,还可灵活运用各种用户友好性策略和战略来吸引读者。

1. 书评功能的设置。各类书评比作品本身自带的简介更具说服力和吸引力,所起的作用不亚于专属广告词。

2. 推荐页的设置。探寻资源的方式除了搜索框外,各类阅读平台的首页大多数都有官方根据用户阅读兴趣和近期热度所推荐的作品。对于中文学术著作来说,进入推荐页进行展示的机会相比其他各类作品为少,但毕竟可提供增加曝光率的机会。

3. 用户个人数据统计的设置。利用大数据技术实时统计用户的阅读时长、收藏的书籍及所做笔记的段落,以此进行用户画像,可不断改进服务精准度。

4. 阅读可得性设置。第三方应用程序的身份给予平台开发更多花样的机会。平台向用户提供免费产品进而吸引用户购买其他产品,支持免费阅读书籍的前半部分而对后半部分采取收费的措施是各阅读平台惯用的营收手段,各种免费试用卡让用户尝到便利性的甜头后主动续费,提供各种类似抽奖性质的机会则迎合了用户探索与猎奇的心理。

5. 评分机制的设置。每个读过某作品的用户都可对其进行评分,让作品推荐融合读者反馈,在优胜劣汰中推动着平台内容的质量提升。

(二)有声阅读平台

不容忽视的是有声阅读平台也在电子书为主的知识传播中扮演了重要角色。本质上,有声阅读就是以听觉感官为基础,通过音频技术获取图书信息的一种阅读模式。各种可阅读内容以声音的形式表现出来,声音作品的传播方式又极为广泛,可被应用于移动客户端、车载音频、便携式阅读器等不同种类的移动终端,大大扩展了传播范围。中文学术著作也因此增强了对读者群的渗透程度,进一步打破时空局限,做到随时随地获取学术知识信息。

有声阅读不仅是传统文本的有声转化,更应追求专业性有声创作,保障有声阅读的深度与广度。因此,大力引入和培养专业有声创作者推动了专业内容生产(PGC)。另外有声阅读平台的一大突破点就是开放了用户内容生产(UGC)板块。考虑用户有声音创作的需求,用户可以将自己的有声读物上传,与其他听友共享。这就拓宽了有声资源的来源渠道,又在无形中吸引了一批用户,此功能设置可谓一举两得。

除可以在听友社区内进行交流探讨,音频内容还可分享至其他社交平台,如微信、微博、豆瓣,扩大了有声作品的辐射范围,无形中构建了更大的全媒体传播网络。如"懒人听书"就发起了数字阅读合作计划,向全国知名图书馆捐赠听书机,号召普通读者扫码关注,通过图书馆体验免费阅读。这种与传统阅读联手合作的传播模式,也为中文学术著作的传播提供了新出口。

2016年8月,中信出版集团、上海译文出版社、中南出版传媒集团、企鹅兰登、果麦文化等多家出版及相关单位在上海书展与喜马拉雅举行集体签约,将旗下的中文作品出版版权授予第三方平台。这标志着传统出版集团不遗余力地推进有声出版,为有声阅读市场提供优质的内容资源。有声阅读平台巨大的发展空间,暗示着推动中文学术著作全媒体发展的又一着力点。根据艾媒咨询《2019—2020中国有声书市场专题研究报告》显示,2019年我国有声阅读用户达4.89亿人,并表现出强大的增长潜力。2020年4月20日发布的《第十七次全国国民阅读调查》显示,2019年我国成年国民的听书率为30.3%,较2018年的26.0%提高了4.3个百分点。

显而易见的,以电子书为主的知识传播平台也没能逃过由市场经济向粉丝经

## 第八章　中文学术著作全媒体传播平台的构建

济过渡的命运。以专家、大 V、自媒体账号为代表的意见领袖在各平台中发挥的作用日渐凸显,平台为追逐质量和流量,就会选择与具备一定影响力的意见领袖进行短期或长期合作,通过打造明星产品吸引相当数量的粉丝群体。但具体到中文学术著作上,重量级学术大咖对于中文学术著作的推介还较少,所以目前该方面仍呈现引导力不足的空缺局面。

伴随 5G 市场不断成熟而发展起来的各种数字阅读产品,其发展趋势主要呈现三个特点:阅读社交化、阅读个性化定制、交互式阅读快速发展。数字阅读"新"读法重视应用场景的塑造,看重沉浸式体验,通过提升阅读的场景感,让读者在身临其境中完成对阅读内容的全方位深度认知。如咪咕阅读的 5G 发展,就会对书中的部分场景进行 AR 技术植入,以帮助读者理解书中具体场景或概念。而中文学术著作本身所特有的是内容的严肃性与专业性强,除专家外的普通人多数难以理解,而在这种"新"读法的全民推广下,或许将来中文学术著作会被全新的方式所阐述,而以高度破解化的形态呈现。

目前,中国的移动阅读用户性别、年龄差异明显,进一步透露出推进中文学术著作全媒体传播的下一步方向。各类读书 APP 中阅读量较大的类型多以玄幻武侠、恐怖悬疑、都市言情等题材的网络文学为主,文学性较强而偏向知识解读类的书籍得到阅读的比例较低,阅读榜单整体呈现"泛娱乐化"趋势。数字化阅读又进一步助长了阅读的碎片化和娱乐化,加之短视频这种新型传播形式的兴起,人们依赖于感官刺激的同时,对文字的敏感度下降。这种情况是不利于中文学术著作全媒体传播的,但新平台的开辟必将孕育着新机会。以电子书为主的知识传播平台应当认识到,只有提供丰富的图书资源,瞄准高端市场和严肃的人文社科、文学艺术类读物,出版各个学科领域的权威、优质作品,才能以高质量的内容获得长足发展。从这个意义上讲,中文学术著作在该类平台上的未来传播

和发展是可期的。

虽然中文学术著作在类似知识传播平台中所占的比重十分有限,但客观上这些平台确实进一步提高了中文学术著作的可获得性,也有利于消除读者在心理层面上对学术著作不平行的感知局限。所具社交圈的性质,也使传播范围不再局限,人际传播和群体传播有了广泛的施展空间。

### 四、以学术期刊定位的多媒体平台

随着信息通信技术与移动互联网技术的发展,学术期刊作为知识交流与传播的重要渠道,迎来了多元发展机遇。微信、微博、APP等媒体的发展与普及使学术期刊移动出版受到学界与业界的广泛关注。因而,我国的学术期刊出版机构也对此进行了许多尝试,如开通微博、微信等社交媒体,或与数据库合作开展移动出版服务等。

#### (一)依托微信平台设立期刊公众号

其设置的功能主要有:

1. 期刊浏览、稿件管理、相关信息、期刊订阅。其中,期刊浏览包括当期目录、过刊浏览、论文检索等,稿件管理包括投稿、查稿、审稿等,相关信息包括通知公告、期刊简介、杂志期刊动态、学术讲座、学术圈动态、联系方式等。

2. 公众号二级菜单。有相当比例的公众号还设置了二级菜单,部分公众号还提供特色菜单栏,满足用户个性需求。

3. 微信小程序开发。不只是公众号,一些期刊也同时开辟了微信小程序,作为传播方式的外延。开通微信小程序的期刊公众号,会在其菜单栏或推文中设置具有在线阅读功能的小程序二维码,大多依托各种数字阅读平台、电子书转换平台或开放获取平台。未开通微信小程序的期刊公众号主要采用HTML及PDF在线阅读或下载等方式,通过移动端为用户提供全文。

(二)期刊或知名出版社的微博

从整体上看,以学术期刊定位的多媒体平台的资源主要围绕纸刊内容进行开发和推广,因此会存在更新不及时的问题。且纸刊向数字形态转化的加工深度不足,还由于学术期刊出版专注于科学内容的生产与传播,其专业性决定了受众群体的有限性,用户规模与活跃度往往较低。因此,学术期刊必须结合目标群体与移动端特性,围绕着社会关切与期刊主题的契合点进行内容创新与编排,增强内在学术张力;同时充分利用不同媒介的传播优势,提升期刊显示度与辐射力。

## 五、各类网络图书销售平台(图书类电商平台)

随着线上购物的兴起,线上购书也愈加普及,伴随传统实体书店的是图书类线上销售平台的兴起。线上图书购物渠道主要有以当当网、京东图书为代表的实体书购物网站,以亚马逊书城为代表由电子书购物网站构成的大型图书电商平台,中小型网上书店及微博、微信等推荐引流+商城售卖的二合一式第三方图书售卖平台。

(一)大型图书电商平台

为了实现用户随时随地可获得图书购买服务,各图书电商平台大都开发并上线了APP形态的移动客户端。不管是网站还是APP,其功能都涵盖商品的展示页面、订单查询、物流查询、购买咨询、退换货、投诉反馈等。商品展示页面一般都包括图书装帧、图书简介、图书目录及图书评价,让消费者即使没有接触到实物,也能像在线下购物一样对图书产品进行全方位的了解。

从线上图书销售的类别来看,覆盖图书种类繁多,但主要以各类别畅销书为主,小众书籍市场尚待进一步挖掘。中文学术著作的生存空间较小,面临着某些著作已经绝版或因版权问题而无法上线，且专业性过强而导致销售量过低。伴随着共享经济理念的普及，还催生出庞大的线上二手图书交易市场，如转转有书、漫游鲸、多抓鱼等。

### （二）二手书电商平台

对于二手书电商平台来说，由于二手书的出售价格普遍偏低，难以通过差价实现盈利发展，因此具有多次流通价值的图书能够为平台创造更广阔的盈利空间，二手书的交易频次也就成为平台运营的关键着眼点。在二手平台上，中文学术著作的传播时间线也被拉长，但是考虑中文学术著作所反映的内容可能具有即时性，而二手图书的产生需要一定的时间，加之中文学术著作的第一手读者相对较少，再受到不同二手书电商平台的收书选品规则限制，其可流通数量也就具有极大的不确定性。所以在有效供给无法保证的情况下，中文学术著作在二手书市场的传播也存在极不稳定性。

### （三）实体书店与线上电商的联动

1. 实体书店的线上转型。随着线上知识服务业态的兴起，实体书店也纷纷迎来线上发展的转型，与图书类电商平台一道展开线上销售。但不同的是实体书店是以线下为基点开辟线上销售，将线上平台与线下场景结合起来，构建一个完整的围绕阅读、知识获取和交流而形成的知识价值链，而不是简单的图书分销、售卖的网络与平台。

2. 图书电商平台的线下拓展。各大线上图书电商平台在新零售风口下，也在积极拓展线下市场，如建立线下实体店，从而迎合新零售时代用户的需求。新零售时代，消费不再局限于商品，而是体验，只有通过新兴技术驱动线上线下融合，实现相互赋能，才能满足用户的多元需求。

3. 图书直播。新零售环境下，图书电商平台流量被分散，导致流量变现难度也随之增加。因此,图书电商平台需要通过找寻其他方法进行流量引入。以抖音、快手为代表的短视频平台,以及以虎牙、淘宝为代表的直播平台,从传播特性上说,可通过直播实时地全方位展示产品,且视觉营销是更为直接和高效的方式,视频本身也可成为自带传播属性的事件或话题,容易引发传播。图书电商在与视频社交平台进行深入合作的情况下,可在联合营销中引入各社交平台的流量,最终将流量变现为图书销售量。

图书直播也为中文学术著作的全媒体传播提供了灵感,直播也不可避免地会走向分众化的道路。经过市场的逐渐细分,中文学术著作也有可能经过某个或几个学术"大咖"的推介而推动整个传播的全面展开,但目前还处于发展期,未出现井喷式传播局面。

### 六、国内国际大型书展

从文化定义层面而言,书展是一定范围内出版界各方以文化内容的交易、交流为主要目的而参与的一种周期性综合活动。其本质是一个具有展销功能的图书集市,就是将出版产业链中的所有参与者都集中到同一特定空间里,为他们提供一个展示出版成果、面对面交流的机遇和平台。

线上或线下的国内、国际书展也是中文学术著作全媒体传播的一大平台。各类中文学术著作通过参加大型国际书展,与国际学术出版机构进行版权贸易、业务交流与合作,如每年秋季举行的世界上规模最大、被誉为"世界出版人的奥运"的法兰克福书展,全球书业最重要的春季盛会——伦敦国际书展、全球最重要的版权贸易集会之一的美国书展,以及亚洲地区最大的书展——日本东京国际书展,还有我国举办的北京国际图书博览会、上海书展、香港书展等。这些书展汇集了世界各地出版商及其学术文化精品,为促进国际文化交流,增强各国人民相互

了解提供了一个绝佳机会。我国很多中文学术著作的版权输出协议都是在国际书展上签订的,因此也推动了中文学术著作对内、对外的传播。

另外,参加各类学术出版的走出去论坛、联盟等,如"中国学术出版走出去高端论坛""一带一路"学术出版联盟,也是与国外学术出版机构增进了解、建立合作的良好途径。

## 第三节　案例与分析

近年来,随着网络平台的快速发展,中文学术著作的传播已不局限于传统的纸质版印刷出版方式,其传播平台经历了从以纸媒为主要出版形态的传统出版社到数字化出版平台,再到社会化媒体协同联动的全媒体传播。全媒体时代为实现中文学术著作的广泛传播,提升中文学术著作的影响力与受众覆盖的广泛性,推动传播平台的升级建设与高质量发展,促进各大传播平台的有效协同合作,提供了机遇。但同时,全媒体时代的到来也使传统的出版及传播平台遭受巨大的挑战,技术的升级换代、传播的效率、受众多元化需求等问题,都是传统传播平台所面临的亟待解决的问题与挑战。

尤其是新冠病毒感染疫情暴发以来,传统出版行业受到较大冲击。开卷公司提供的数据显示,多家数字内容平台仅在2020年春节前后,新增用户数量便超过20%,甚至某些平台增幅超300%。这对出版行业来说,既是挑战,也是机遇,投射出一个信号——数字内容的生产与传播是大势所趋。实现传统平台的升级与再创造、实现各个传播平台的有机协同发展、实现内容生产的数字化转型、实现传播途径的创新,是推动中文学术著作全媒体传播平台构建的重要举措,由此构建完善的全媒体传播体系,促进我国中文学术著作传播平台的高质量发展。

# 第八章　中文学术著作全媒体传播平台的构建

目前,我国中文学术著作的全媒体传播平台主要有传统出版社及全媒体复合出版平台、学术数据库及数字图书馆平台、以电子书为主的网站及手持阅读器、以学术期刊为定位的社会化媒体、各类网络图书销售平台,以及线上国际、国内大型书展等几种形式。本节主要对我国已有的传播平台举例分析。

## 一、传统媒体传播平台的发展现状

全媒体时代受众的阅读方式发生了巨大的变化,手机、平板、电脑及手持阅读器等电子设备的普及,使人们不再依赖纸质书籍、报纸、杂志等获取信息,而是运用新的手段和先进的工具进行学习和拓展。在这样一个全媒体时代,传统的中文学术著作出版传播平台如各大出版社、出版集团等,其劣势是显而易见的。

数字化的阅读已经融入人们的生活,这种阅读方式的转变让传统的出版业受到了较大的冲击。为了迎接时代的挑战,出版社需要适应数字化的大环境,不断更新工作理念和相关制度,转型则迫在眉睫。对出版社而言,这无疑是一次必然要面临的变革。传统的纸媒出版主要依赖于线下沟通,各个出版流程依次衔接,一环扣一环,包括内容的策划、生产、制作、印刷、出版和发行等环节,顺序不能乱,需前后衔接,且输出方式只有通过出版社印刷发行来实现。这就不可避免地导致传统纸质书出版存在众多的问题。第一,较长的印刷出版流程。从印刷到发行会有时间的滞后,特别是对于时效性要求较高的学术著作来说,印刷的长周期,恐怕难以适应当今时代学术著作出版传播的要求。第二,传统出版社在进行著作的选题和策划时,往往是通过单一市场调研的方式进行。因调研覆盖面有局限且容易忽略市场和图书出版的深层需求,无法适应信息时代高速变化的市场形势,缺乏市场信息敏锐度,与数字出版相比劣势明显。比较而言,数字出版具有信息传播速度快、范围广及传播量大的优势,无论是传播还是存储信息都具有高效、便捷等

优点。第三,在涉及出版内容信息的更新、图书再版等问题时,传统出版需要花费更多的时间与精力来应对,信息更新相对滞后导致读者接触信息也滞后,出现时间差。最后,传统出版社往往只通过线下宣传售书的方式进行营销售卖,推广范围小、受众群体覆盖面窄,且需要花费大量的时间、人力、物力,综合来看,营销效果与性价比与数字出版相比还有很大差距。

因此,在"互联网+"时代,传统出版社存在出版周期长、市场信息不灵敏、信息更新滞后、营销手段单一等一系列问题,与同时期正在迅猛发展的数字出版相比,不具有竞争力。因此,依托现有资源、借助先进技术进行数字化转型是出版社唯一的发展道路。

## 二、复合出版平台——传统出版机构的转型升级

近年来,随着大数据、移动互联网及人工智能等信息技术的迅猛发展,算法的不断完善,包括图书出版在内的传媒产业已进入到全媒体时代。目前,数字出版已经成为全球出版业关注的焦点,出版业已进入到传统出版和数字出版并行的时代。受众对出版内容的需求与期待已经不再仅限于单向地购买和阅读纸质图书。当今信息网络环境下,传播的高效性、互动性,信息的海量性、资源的数字化及检索方便、实时共享等,既是现今环境下受众的多元新需求,也因互联网、新媒体的发展带来必然的变革要求,对传统出版产业形成巨大冲击。而传统纸质出版行业想要适应受众需求的变化和融媒发展的形势,就必须进行复合出版、融合发展的产业转型与升级。

如入选国家文化产业发展项目库及山东省新闻出版广播影视产业项目库的山东电子音像出版社"智融全媒体中心",便进行了包括出版融合、媒体融合、跨界融合、发展融合在内的出版机构融媒体化、数字化建设,形成典型的复合出版模式。该全媒体中心集摄、录、编、播为一体,实现文字、影像、语言等的复合,以出版

## 第八章　中文学术著作全媒体传播平台的构建

为核心,依托新技术,通过互联网平台和先进媒体技术的应用,进行新媒体融合出版,在文字内容基础上,推出各类高品质有声读物、视频作品等。虽然山东电子音像出版社并不以学术著作的出版为其中心工作,但却可为其他出版社提供借鉴。比如以学术著作出版和传播为主要使命的大学出版社,在数字化发展中处于初级阶段,尤其应当注意推动出版社的数字化转型升级,实现学术出版的高质量发展。

就现状而言,大学出版社仍然存在阻碍发展的一系列不利因素。第一,数字化形式。大学出版社大多仍然以纸媒为主要出版形态,很少有文字以外的信息或服务,且著作出版与传播流程落后、单一,宣传效果差或无营销,仅通过线下售卖传播很难实现营收上质的突破。第二,数字化时代人才缺口较大。全媒体时代的内容编辑不再只是需要文字编辑,还需要熟悉媒体运营、网络建设等的网络编辑,以及能开发更广阔的线上线下双线市场等的发行编辑。而传统大学出版社人才类型单一,仍以传统的纸媒编辑和发行人员为主。大学出版社仅靠现有的人才资源不能适应数字化变革的需要。第三,现行制度不完善也是阻碍转型与融合的重要原因。数字化出版并非最近才时兴,诸多出版社、出版集团已经提出了相关的转型思路或正在进行。但是在具体的实施过程中,却很难将思路转化落地,其根本原因就在于现行制度不完善、新的运行制度未出台,没有一个良好的制度保障体系。这就造成对产业升级措施束手束脚,无法凝聚竞争力,同其他出版社、出版集团、民营出版企业无法比肩。

因此,以大学出版社为代表的一批专注于学术著作出版发行与传播的传统图书出版单位,首先,应当充分借鉴数字化转型之中其他机构的全媒体发展措施,尽快搭建复合出版平台,将现有资源和规章制度纳入到全媒体融合传播的轨道上来,同时注意硬件设施的建设。其次,转变出版思维,在实践中锻炼、提升从业人员的媒介素养,使从业人员熟悉全媒体出版发行各渠道,熟练掌握各类平台的操作运营方式,能够及时有效地处理海量的用户互动信息。另外,还应以合理的企

业制度激发员工的工作热情,调动员工的积极性。最后,全面优化中文学术著作出版的数字化结构,拓展融合出版架设的深度与广度。有学者指出,图书出版"互联网+"的三个阶段分别是:内容网络化、知识服务—用户网络化—用户增值、产业网络化—产业生态。大学出版社应当依托丰富的资源与技术,全面实现出版数字化,建立从内容生产到产品发布与著作传播,再到建立读者群、进行反馈互动的全链条。

除此之外,出版社还可通过举办或参与大型活动来提升学术著作的影响力。例如:参加世界上规模最大、被誉为"世界出版人奥运会"的法兰克福书展,以及全球书业最重要的春季盛会伦敦国际书展等。通过参加书展的方式提升图书的曝光度,从而扩大其影响。全媒体时代纸媒式微已经成为不可逆转的事实,要想突破技术发展带给传统出版的挑战,只有紧抓现有资源、明确转型思路、融合升级改造才能使出版社焕发新的活力。

### 三、学术著作收录 Web 网站

就我国现有的学术网站而言,目前收录中文学术著作的网站较少,一般来说以收录篇幅较短的期刊文献资料者居多。

如中国知网是我们常用的文献资料查找及学习研究网站。新版总库平台KNS8.0 涵盖了 90% 以上的中国知识资源,以及来自 65 个国家和地区 600 多家出版社的 7 万余种期刊、百万册图书等。不断丰富和人性化的服务和功能则体现了中国知网紧跟时代的发展方向进行升级创新,因而在学术内容传播方面具有举足轻重的地位。中国知网是学术科研人员重要的权威期刊、专著、专利等学术成果的检索网站,但中国知网收录的文献资料主要以论文文献为主,专著类较少。从知网检索到的专著必须是已被知网收录的,没有被收录的专著则无法被搜索

## 第八章 中文学术著作全媒体传播平台的构建

到。而且,中国知网数据库收录的专著一般是工具书类型的,包括百科、词典和手册等,一般作者的著作多不会被收录。

由于近年来各高校、科研机关和单位对出版专著的重视度逐渐加强,导致专著的出版数量逐渐增加。因而,中国知网为了更全面地收录文献资料,也加入了收录专著的端口,让读者可以通过中国知网检索到某些专著。鉴于中国知网在国内学术科研文献资料收录方面有举足轻重的地位,扩大中国知网中文学术著作收录的覆盖面与体量,对于促进中文学术著作更为广泛地传播具有重要的推动作用。不过,中国知网是否收录某本专著具有不确定性,而从专著的出版到中国知网收录并可检索也需要一定的时间,具有滞后性。

### 四、数字图书馆

随着计算机网络技术和数字技术的快速发展,数字图书馆越来越受到读者的喜爱。超星移动图书馆是具有典型代表性的一款 APP 软件,可以安装在手机、电脑、平板等电子设备上,随时随地查阅想看的书籍,极大地满足了读者数字阅读的需要和随意性。其体系建设比较健全,充分考虑了读者阅读过程中可能存在的问题,包含网页版和客户端两种形式,是更适合中文学术著作传播的平台。

(一)设计理念

1. 以需求确定定位。读者使用移动图书馆的目的无非是检索和碎片化阅读。检索是获得目标专著的基础,超星移动图书馆将在互联网上广泛应用的搜索引擎移植到其移动图书馆平台,以实现检索功能。为满足读者的碎片化阅读需求,超星移动图书馆围绕读者查阅或阅读到的所有图书的章节和主题片段来设计平台;同时,收集了大量有价值的、适合碎片化阅读的纯文本 epub 电子图书,以满足用户的阅读需求。

2. 以技术支撑选择。充分考虑读者阅读终端的兼容性,设计适合所有终端的系统。使读者可以根据自己的使用诉求,在各种型号的手机、平板、电脑等移动终端上自由选择适合自己的应用环境,以提升用户的阅读体验。

3. 以体验引领功能。超星移动图书馆在设计时充分考虑屏幕大小、访问速度、功能载体、全文阅读格式和流量费用等方面的影响,精准优化操作流程和页面布局,去除烦琐复杂的内容,使用户操作一次就可得到其想要的结果。此外,提供纯文本形式和原貌形式两种阅读模式,用户可自由选择适合自己的方式。

4. 以共享增强保障。通过把在互联网上已经高效运行的云服务共享体系嵌入移动图书馆平台,读者在检索本馆馆藏纸书和电子资源的同时,还可以一站式检索全国范围内的资源分布情况。不但可以方便快捷的访问本馆的馆藏资源,还可以利用强大的云服务系统获取馆外数百家图书馆的资源服务。

5. 以空间满足个性。为满足读者个性化需求,每个读者都拥有属于自己的个人中心,可以通过现有的OPAC系统,完成馆藏借阅查询、续借、预约等自助服务,接受热门书推荐、相关书籍推荐等服务。同时,读者可以修改基本信息,收藏重要的有兴趣的信息,了解自己的阅读历史、学习历程等,让读者可以随时随地地利用移动空间。

(二)主要建设内容

1. 基于云服务技术的资源整合方案。包括资源整合系统架构、元数据挖掘存储管理系统、元数据处理流程、元数据建设对象四部分,将整个系统架构分为应用层、业务层、数据层三层。从实际应用入手,针对读者和管理者的需要,全面整合馆内馆外的各种学术文献资源。在提高图书馆资源利用率的同时可以方便用户自主完成直接下载或传递全文的操作,实现"检"与"索"的高度统一。

2. 一站式统一检索平台建设。平台对8亿页资料实现了全文检索,包括全文

## 第八章 中文学术著作全媒体传播平台的构建

搜索引擎与导航,通过专著作者名、书名、主题等,使用户能够快捷深入地获得想要的检索结果。平台的快速检索功能可以帮助读者像利用搜索引擎一样检索学术资源,提供二次检索和筛选及多种排序方式,帮助读者快速定位所需检索结果。资源导航可以通过主题分类、字顺列表等多种方式对各种的电子资源进行导航,并通过对用户检索的关键词的自然语义进行分析,调整分词体系以达到精确检索和智能检索的目的。

3. 资源调度系统建设。基于 OpenURL 标准的多级调度系统,自动更新调动知识库。根据客户端来源判断优先调度的最快资源,顺序为优先调度本地本馆已有资源,其次为成员馆远程资源,最后为文献传递。利用原文链接配置工具,调配资源调度知识库,并计算出原文敏感超链接。

4. 文献传递系统建设。可通过此功能进行电子资源的调度,实现与其他成员馆之间的资源互借。此外,还具有用户管理、账户管理、事务管理、统计报表、系统管理等基本功能。

5. 超星移动阅读整合服务平台建设。包括馆藏在线阅读、查询、借阅、预约、续借、到期催还等功能模块,可实现电子资源的一站式检索与全文的移动阅读、馆外资源联合检索与文献传递服务,根据目标读者个性化定制服务而实现公告信息精准发布。用户通过已注册的身份认证系统即可在手机、平板等终端上实现学术专著的自由阅读。

6. 超星移动资源包建设。超星移动图书馆集成 RSS 订阅功能,能有效地为用户提供个性化的信息服务,根据客户检索需求,推送相关类型的专著、资讯等电子资源。使用户在任何时间都可以有针对性地阅读自己所需的内容,实现个性化阅读体验。

## (三)特点与优势

1. 基于元数据的一站式检索。系统应用元数据整合技术对馆内外的专著、期刊、论文等各类文献进行全面整合和分类,用户可以在移动终端上实现资源的一站式检索、导航和全文获取服务,极大地提高了用户检索目标专著的效率。

2. 适合手机的信息资源。超星移动图书馆充分考虑手机终端阅读的特点,专门提供3万多本epub电子图书、7800多万篇报纸全文供手机用户阅读使用。同时,打造适合读者的阅读模式,使用户体验更加完美。

3. 云服务共享。超星移动图书馆接入功能强大的云共享服务体系,平台提供24小时云传递服务,无论是电子学术专著还是其他的论文集,都可以通过邮箱获得电子全文。相较于传统意义上的专著阅读,节省了纸张、运输等资源的同时,大大提高了读者获取专著资源的能力。

4. 个性化服务体验。通过个人空间与图书馆OPAC系统的对接设置,实现馆藏查询、续借、预约、挂失、到期提醒、热门书排行榜、咨询等自助式移动服务。同时,用户也可自由选择新书推荐、热门书推荐、到期提醒等信息交流服务。

5. 我的订阅服务。用户可以利用移动图书馆的集成RSS订阅功能,实现个性化的信息服务,有针对性地阅读自己所需的信息,获得个性化阅读体验。

6. "APP+"平台。移动图书馆提供"APP+"功能,针对不同用户的不同需求,使用户可以根据自身需要自定义适合自身的相关APP,关联到移动图书馆的系统中,实现用户的最优体验。

## 五、移动阅读平台

《2020年度中国数字阅读报告》显示,我国数字阅读产业规模已达351.6亿元。其中电子书阅读用户的规模达4.94亿,比2019年增长了5.56%。人均电子书阅读量为9.1本,而人均纸质书阅读量为6.2本,比2019年减少了2.6本。资料显示,中国已经成为全球第二大电子书市场。数据的变化明显地折射出国内数字阅读市场规模的增长和受众阅读习惯的变迁。

出现这样的数据不无道理。电子书市场迅猛发展,阅读器不断升级换代,新冠病毒感染疫情的影响,5G商用逐渐在全国普及等因素,都为移动阅读、数字阅读的发展起到十分重要的推动作用。这给我们提供了一个新思路——开辟当下十分火爆的移动阅读平台作为学术著作出版与传播的新平台。

目前我们常见的移动阅读平台,包括以亚马逊Kindle、京东出品的JDRead及掌阅iReader为代表的电子阅读器,以"掌阅""QQ阅读"等读书APP为代表的手机移动客户端等。

(一)亚马逊Kindle阅读器进行学术著作传播的可行性与路径

Kindle是亚马逊推出的电子书阅读器及其软件平台,用户可在该阅读器上下载和阅读电子书、报纸、杂志等内容。调查显示,Kindle占据了电子书市场过半数的市场份额。自2007年第一代Kindle发布,2013年进入中国市场以来,经过多年的积淀与创新,Kindle阅读器无论是技术还是运行模式都已趋于成熟,利用Kindle阅读器进行学术著作的出版传播有较大可行性。

1. 技术的可行性。Kindle阅读器采用电子墨水屏,这是目前最接近纸质书籍的电子显示技术。2019年推出的全新第十代Kindle电子书阅读器新添加了内置阅读灯,用户可随意调节屏幕亮度,在白天、夜晚或者室内、室外等多种场景下均可享受舒适的阅读体验。在阅读篇幅较长的专业性学术著作时,相较于电脑、手机等,Kindle更能获得读者的青睐,具有更大的竞争力。

作为电子书产品,Kindle电子书阅读器可以实现与网络数据库资源的完全联通。只要获得版权,即可实现当前如同知网一样的海量数据文献资源的汇聚,且相较于线下烦琐的图书索引和检索,Kindle强大的检索功能更为海量信息的录入提供有力的保障。Kindle电子书阅读器还可以最大限度地发挥纸质书籍与移动互联网资源结合的优势。

2.市场的广阔性。2020年,我国电子书阅读用户规模已达4.94亿,人均电子书阅读量为9.1本。微软公司预测,到2030年,90%的图书将为网络版本,传统的纸质读物只占10%。正在蓬勃发展的电子书市场和不断扩大的用户规模无疑是移动阅读平台发展的契机。

Kindle电子书阅读器具有信息丰富、轻巧便携及功能强大等众多优势。除前述电子墨水屏之外,其清晰简约的界面、阅读互动式体验及海量书库所提供给用户的最大自由选择空间等,都在体现着Kindle用户导向的创新理念与服务态度,能够满足用户沉浸式阅读的深层需求。比如,在Kindle界面中同时点击左上角和右下角(或者左下角和右上角)即可轻松截屏;X-Ray功能可以查看书中所提到的概念、角色、地点等信息;工具栏中点击搜索图标即可输入关键词搜索且用户可选择搜索范围,如电子书和笔记;按住文字,在屏幕上拖动手指进行选定即可添加笔记和标注;点击主页"菜单–新建收藏夹"即可创建收藏夹并添加内容,方便用户管理个人图书馆;用户在阅读过程中选中需要查询的文本即可查询文本注释或进行实时翻译,无须中断阅读。这足以吸引当今适应了碎片化阅读、数字化阅读、交互式阅读的读者群,因而能得到广大受众的喜爱。

因此,诸如Kindle一类的电子书阅读器具备作为学术著作出版载体的可行性,但是应该注意以下问题。

第一,学术著作出版不应该形成一个完全开放的市场环境。学术著作应该发挥公共教育的作用,向读者提供多读书、读好书的条件和环境,同时应该控制资本在数字阅读中所占的市场份额,以保证阅读器及其付费内容的价格维持在相对平衡稳定的范围内。因此,在电子书阅读器上进行数字出版应该充分发挥政府和其他社会组织的作用,除给予一部分必要的支持外,政府和其他组织还应该发挥市场监督与管控的作用,保障电子书阅读器市场的平稳发展。

第二,电子书阅读器进行学术著作出版时应当注意著作的版权问题。首先,前提是做到不侵权、支持正版。其次,为保证电子书库著作的丰富度,应该及时购买版权,扩充资源库内容,尽量做到覆盖优质学术著作。但是需要指出的是,对于数字版权体量的要求,势必会造成过重的经济负担,为购买版权而支出的资金将不断上涨,如果不能及时处理好支出成本与内容取舍的关系,都可能使平台的经营和利润受到影响。

(二)掌阅移动数字阅读平台的战略

成立于 2008 年的掌阅是国内领先的数字阅读平台。掌阅专注于数字阅读,致力于"引领品质阅读",目前月活跃用户达 1.6 亿。掌阅分别在 2011 年上线了"掌阅 APP",在 2015 年推出了"iReader 电子书阅读器"。该公司已经与国内外 700 多家优质的版权方合作,为全球 150 多个国家和地区的用户提供高品质的图书内容和智能化的服务。

2013—2016 年,掌阅公司数字阅读业务每年分别实现营收 2.27 亿元、4.13 亿元、5.92 亿元、11.26 亿元,年均增速 70.55%。公司数字阅读业务的收益一直保持在高速增长,其中既有数字阅读人群迅猛发展的原因,同时也是公司不断开拓的结果。2017 年 1 月到 3 月,公司的数字阅读业务继续增长,第一季度实现营收 3.63 亿元,营收占比 95.81%。综合分析来看,掌阅成为国内领先的数字阅读平台,主要得益于以下几个因素:

1. 起步早、发展较完善。2008 年 9 月公司成立;2011 年 1 月正式上线"掌阅 APP";2013 年 3 月实现业内首个 3D 仿真翻页效果;2015 年 4 月"掌阅文学"成立,同年 8 月"iReader 电子书阅读器"上市;2019 年 1 月"掌阅精选"成立;2021 年 6 月荣获"中国专利优秀奖",同年 7 月荣获第五届"中国出版政府奖"。

十几年的坚持和积淀,塑造了掌阅成熟的运行模式和体系。从用户积累期到用户付费培育期,提升的不只有受众的体验和产品的质量,还有掌阅的组织架构和运转能力。

2. 注重版权开发与投入。在数字图书出版领域,掌阅掌握了优势地位。近年来,掌阅先后与中华书局等300多家出版社达成合作,积累了较多知名图书版权,出版的高质量重磅书籍覆盖率达到80%。截至2017年3月,公司掌握数字内容共51.34万册,先后引入了《华夏地理》《读者》《第一财经》等优秀的期刊、杂志品牌。由此可以看出,掌阅不同于一般的网文小说网站,具备中文学术著作出版与传播的能力。

3. 不断创新,加大研发投入。自2011年公司数字阅读平台"掌阅APP"上线后,截至2017年3月底已完成版本升级换代68次。多年来,公司一直在不断优化产品细节,开发更为人性化的功能,在业内率先完成了3D仿真翻页、护眼模式等技术创新,并且在版式文档转化为流式文档相关技术、txt文档续读技术及数字内容的编辑与排版等方面形成了核心技术优势,在行业内居于领先地位。

综上所述,我们可以看出,掌阅具备作为中文学术著作全媒体传播重要平台的特性和能力。在大众趋于数字阅读、各方著作权意识普遍提高的情境下,掌阅依托多年积累的经验与现有的数据及硬件资源,可以融合中文学术著作的传播需求,为创造更高质量、高水平及高数字化的学术研究环境提供新的可能性。

### 六、社会化媒体学术著作传播路径

随着信息技术的发展,社会化媒体已经成为人们生活中必不可少的一部分。社会化媒体不仅是通信工具和娱乐工具,更是重要的信息发布和网络营销平台。各种社会化媒体,如微博、微信、知乎等,一般都具有实时性、交互性、信息发布便

## 第八章 中文学术著作全媒体传播平台的构建

捷高效等特点与优势。

据微信公布的最新数据,目前微信日活跃用户达10.9亿。有7.8亿人每天翻看朋友圈,3.6亿人每天浏览公众号来获取对外界的认知。这意味着微信已经成为大家日常生活中不可或缺的重要信息来源与交流沟通工具。同时朋友圈、微信公众号等的存在,为网络传播与营销提供了生长的土壤,而利用微信公众平台进行学术著作传播同样具有可行性。目前,微信公众平台发展较为完善。

1. 微信公众平台可创建图文消息、文字消息、图片消息、视频消息等多种推文素材,刊登著作、发布信息等均可实现。同时微信公众号推文还可插入链接、小程序、代码等拓展推文内容,保证生产出高质量的文章,提升文章的完整度与丰富度,开启"一文多链"的阅读新模式,博得受众支持与喜爱。

2. 微信公众平台可搭配编辑器使用。常用的编辑器有秀米编辑器、135编辑器等,大多具有一键排版功能。因此,对于学术著作的宣传与推广,既能保证编排的美观度,又能节省人力、物力与时间。微信推文的编辑工作,相较于传统的图书编辑排版,操作更为简单,也更省时省力。

3. 微信公众号具备评论功能与后台消息交流功能,也就是说用户不仅可以对推文内容在评论区进行交流,同时可以将一些想法、意见与建议等发送至后台,与编辑部人员进行交流。利用包括公众号、直播间在内的微信新媒体平台,可以实现读者、编辑、作者甚至专家的交流与互动。交互式阅读与分享既可以提升学术著作的影响范围与影响效果,也可以使之不断改进。

4. 微信传播有利于形成读者群。微信的用户一般为互相认识熟悉的人,这使一篇文章在某个用户圈子中引起关注的可能性较大,学术著作借此传播推广,经过不断地转发与分享,学术著作的影响力和阅读量必将会进一步提高。

5. 利用社会化媒体传播综合效益较高。在微信等媒体上进行传播时,可以实现出版、评价与推荐三位一体的联系,减少了传播过程中环节之间的时间差与效力差。但是就目前情况来看,微信作为中文学术著作传播平台的优势还没有被充分地挖掘,如国内较为知名的学术期刊公众号少之又少,微信公众平台并没有得到足够的重视。

微信传播也具有一定的局限性。比如,目前来看,在微信公众平台进行传播的主要是一些学术期刊、论文与较短篇幅的文献,资讯分享与论文推送较为常见,而较少见长篇巨著的身影。这既由微信是一款手机软件所决定,也是当前学术著作的出版与传播还没有完全转向全媒体开发的表现。同时,在进行微信传播时版权问题必须纳入考虑范围之内。目前微信支持文章标明原创与转载,同时标注作者等必要信息,发文还应取得授权,以维护各方合法权益,不致陷入侵权的境地。

笔者认为,开发微信公众平台作为中文学术著作传播平台,可以从以下几个方面着手:首先,对学术著作内容进行分章分节发送,缩短每一篇文章的篇幅,以适应读者手机阅读的习惯;其次,综合采用文字、视频、音频等多种形式,在丰富文章内容的同时,更好地满足读者阅读的需求、吸引受众;最后,精简精编,在推送著作原文的基础上,努力做到推送相匹配的通俗易懂的简化版概要,以扩大受众群体。

**七、网络图书销售平台**

在现有数字出版与阅读之外,近一段时间内中文学术著作的纸质出版仍将是中文学术著作传播的主流。目前,我国电子商务发展迅猛,潜力巨大,书籍通过第三方平台能够实现更广泛的数据推送,使更多的受众或用户接受的书籍信息产生购买行为。电商搭桥,可通过平台的买卖交易和快递物流将出版物送达全国各地读者的手中。现在网络图书销售平台的影响力越来越大,借助网络或电商平台进行营销,也是著作销售发展的一个重要思路。

## 第八章 中文学术著作全媒体传播平台的构建

（一）网络销售方式

1. 网络购物平台。成立于1999年的当当网,目前已经发展为综合性的网上购物商城,从早期的图书销售拓展到各类百货的售卖。相关数据显示,在图书品类的售卖中,当当占据了市场份额的50%以上。这与其全品种图书品类上架、图书退货率低、给出版社回款快等特点与优势密切相关。同时为了进一步吸引顾客,当当图书更是运用了"走出去"的战略,在天猫开设了当当图书旗舰店,2012年11月上线试运营,仅仅几天其日销售额便破千万大关。

因此,借助电子商务发展的契机进行图书的宣传和销售,同样能够扩大中文学术著作的影响力。

2. 短视频直播带货。借助当下人气很旺的抖音、快手等短视频平台进行宣传,采用直播带货、邀请作者开讲座等方式丰富宣传,也是目前提升图书销量的重要措施。

直播带货售书的效果显而易见。2020年4月到5月一个月的时间,著名主持人王芳便完成了从筹备抖音卖书到跻身抖音直播带货成交金额Top50的行列这一华丽转变。她的抖音账户粉丝数已经达到700万,带货总销售额达1.2亿元。在2020年9月16日的一场直播中,仅仅一个小时,王芳直播间的图书订单就超过10 000件,这足以见得在直播平台上售书或营销的巨大效果。某次"云游出版社"活动通过线上直播,一个半小时便有近2400人次观看,点赞超过7万,据估测直播的转化率在10%以上。

（二）促进网络销售平台发展的建议

笔者认为,在互联网浪潮的席卷之下,开启云端新书发布会、直播卖书带货、与作者面对面等形式已是大势所趋。具体可以从以下几个方面着手:

1. 带货主播的选择。主播的带货能力是直播收益和书籍销量的重要影响因素。专业主播带货能力强、流量大,但是薪酬高,对于一些出版单位而言是一笔不小的负担;作家、编辑等作为主播,支付薪酬较小,但是缺点在于很多有丰硕科研成果的研究者、学者都是"板凳甘坐十年冷",本身流量较小,带货能力较逊。因此,出版单位或图书销售单位应该根据自身需要和能力合理选择带货主播。

2. 丰富线上宣传形式。学术著作出版单位、经营单位或者作者应当充分利用抖音账号,发布作品、丰富账号内容,进而吸引粉丝,从而将橱窗中的商品卖出。举办线上发布会、编辑或作者直播聊天、连麦等,都是受众喜闻乐见的形式。

3. 合理购买推广工具。扩大宣传、让更多的网民接触作品的高效方式是购买"Dou+"等推广工具,配合高频次、高质量的视频连续发布,由此搭建受众喜爱的抖音账号。

## 参考文献

[1] 洪琼. 全媒体时代传统出版业的融合发展之路 [J]. 中国编辑,2021(2):78-82.

[2] 郭光. 媒体融合背景下出版业改革发展研究 [J]. 传媒论坛,2021,4(14):107-108.

[3] 左健,孙辉. 复合出版与传统出版社数字化转型 [J]. 中国出版,2010(8):44-48.

[4] 杨迎春. 大学出版社高质量学术出版路径探析 [J]. 出版参考,2020(11):15-18.

[5] 王笃利,李珍. 世界一流大学出版社学术出版的经验与启示 [J]. 传播力研究,2020,4(4):8-9,11.

[6] 刘梦影,陈益君. 我国中文数据库在世界一流大学的购买情况研究:基于USNEWS世界大学数据库订购的统计与分析 [J]. 出版科学,2021,29(4):104-110.

[7] 谢文亮,郑添尹. 大数据时代学术期刊信息数据库的建设 [J]. 现代信息科技,2020,4(14):125-130.

[8] 王伟.数据开放时代数字图书馆的功能定位与服务策略[J].图书馆学刊,2020,42（4）：82-85.

[9] 中国新闻出版研究院.第十七次全国国民阅读调查[R].2020.

[10] 杨达松.5G时代数字阅读类客户端的发展路径：以咪咕阅读APP为例[J].传媒,2020（15）：45-47.

[11] 钟靖.泡沫式阅读：移动阅读APP塑造的阅读景观[J].媒介批评,2019（1）：128-137.

[12] 张晋朝,董理强,罗博.我国学术期刊移动出版现状研究：以CSSCI和CSCD来源期刊为例[J].中国科技期刊研究,2021,32（7）：927-934.

[13] 吴赟.基于知识服务的实体书店融合发展：必要性、实质与现实问题[J].出版与印刷,2019（1）：21-26.

[14] 蔡骅.新零售风口下图书电商营销策略初探：以"京东图书"为例[J].出版广角,2019（19）：57-59.

[15] 黄先蓉,常嘉玲.国际书展的历史流变及其在新媒体环境中的功能扩展探究[J].出版与印刷,2017（3）：5-11,33.

[16] 邸远.山东电子音像出版社 融合出版找新思路做新亮点[J].中国出版传媒商报,2021（7）：13.

[17] 中国音像与数字出版协会.2020年度中国数字阅读报告[R].2021.

# 第九章
# 中文学术著作出版智库知识服务发展与创新

## 第一节　发展背景

中文学术著作全媒体传播平台的重要作用之一,就是利用中文学术著作出版智库开展知识服务。2021—2022年,我国智库建设迈向高质量高层次发展的新阶段。尤其是数字经济高速发展的背景下,伴随着5G等高新技术的持续发展,数字出版已成为互联网时代文化生产的重要组成部分,数字出版智库的建设对出版业的发展具有重要的行业影响力。近年来,伴随移动通信和互联网技术的演进,新的阅读形式和载体不断涌现,全媒体融合发展成为大势所趋,按需出版、新媒体传播、在线数据库等新出版模式在中文学术著作出版发行领域应用愈加广泛,传统学术著作内容有了更加丰富的展示形式。

当然,在全媒体理念的引领下,中文学术著作出版智库也面临着新的机遇和挑战,如何及时调整发展战略,借助全媒体时代的发展契机提升学术著作出版智库的知识服务能力和影响力,是中文学术著作的著者和编者亟须探讨与解决的重要议题。

数字出版智库的主要受众人群是数字用户,我国网络基础设施的完善和数字社会形态的形成为数字智库的发展提供了相应的基础环境。此外,面对媒介融合

全面深化的社会背景,数字出版进入黄金时期,数字出版智库将迎来进一步完善成熟的重要机遇。

学术著作是呈现学术成果、传承学术思想的载体。学术著作相对学术论文而言,由于受评价体系的影响,我国科技工作者、学术研究者完成的很多优秀科研学术论文多以英文的形式发表在了国际期刊上,学术著作很少以英文的形式由国外出版机构出版,而是多数由国内图书出版单位用中文出版传播。中文学术著作的发展关乎着对我国学术水平和学术能力的评价,更直接作用于学术资源的普及与劳动者素质的提高。特别是在知识经济时代,借助传统纸质出版这一单一的传播途径已无法满足受众需要,其成本高、获取难、滞后性等固有问题难以解决。与此同时,数字阅读技术的应用与创新也大大丰富了信息知识的全媒体传播形式,在文化产业和出版产业发展的背景下,国民素质和受教育程度的提升,进一步激活了文化领域供给侧结构性改革的推进,用户知识付费意愿日益增强,中文学术著作的市场需求持续扩大,学术著作的功能也从提供文献信息内容向提供知识服务解决方案掾转。所以,利用中文学术著作内容资源构建专门的中文学术著作出版平台智库,借助知识服务手段推动学术信息传播大有可为。

## 第二节 相关研究

### 一、研究现状

目前,我国中文学术著作出版智库的知识服务实践案例分析和学术研究均较为欠缺。相较于大众出版和教育出版,专业出版一直在出版市场保持着"严谨低调"的姿态,而学术著作的出版和发行则更加"不为人知",实践的欠缺造成了相关案例研究的不足。学界对于"中文学术著作"和"出版智库知识服务"这两个主体均已展开了广泛而深入的研究,但将二者结合进行考察研究的成果较为有

# 第九章　中文学术著作出版智库知识服务发展与创新

限,与中文学术著作发展需求增长的现状不匹配,迫切需要加强研究,丰富成果、指导实践。

现有关于"中文学术著作出版智库"及"中文学术著作出版智库知识服务"的研究较为薄弱。研究成果大多体现在"出版智库知识服务"的相关研究之中。相关研究主要从出版智库的能力构建与创新发展出发,其中大部分研究探讨了出版智库的数字化转型、知识服务的能力及体系构建,直接以中文学术著作为研究对象的极少。专业出版包括实用指南、科技期刊、专业辞书、专业教材、学术专著等内容的出版,学术专著是专业出版的重要组成部分。因此,中文学术著作出版智库的研究亦体现在出版智库的成果中。

## 二、相关述评

关于出版智库知识服务的有关研究呈现出主题集中、观点聚类性强的特征,多位学者基于不同的视角,对相关领域开展了研究,具体可以总结出以下几点有关于出版智库知识服务相关的路径。

第一,提升知识服务能力。尹达等在剖析出版智库知识服务相关研究与实践的基础上提出了资源整合、技术应用、跨界协同、产品传播及专家组织五个知识服务能力要点建设。探讨新闻出版智库知识服务的历史必然性与科学依据。又从需求发现、知识组织、成果应用与传播几个方面提出新闻出版智库知识服务能力体系构建策略,为出版智库知识服务能力的提升进一步提供了可借鉴思路。

第二,拓展知识服务产品。韩烨研究发现目前我国大学出版社开展的知识服务产品类型主要有富媒体图书、在线教育产品、专业数据库,知识服务的出现丰富了出版原有的产品形态。由此可以发现,目前出版领域内的知识服务产品呈现多样化的发展趋势,但仍然存在不足。如程海燕就提出大多数出版领域内的知识服务产品都存在用户体验较差的现象。此外,出版智库的知识服务产品也仅处于发展初期阶段,仍然需要根据用户需求拓展知识服务产品的种类,逐渐实现从产品多到产品专的转型升级。

第三,优化知识服务模式。刘春艳等构建了包含国家出版智库知识服务平台、出版智库知识服务主体、出版智库支持平台、出版智库知识服务内容、出版智库知识服务对象五大功能模块的高度协同、共享集成的出版智库知识服务创新模式。为本文知识服务模式的优化提供了基本思路。廉强基于对出版智库知识服务现状的网上调研,构建了高度协同共享开放的我国出版智库知识服务模式,为我国出版智库的知识服务模式优化提供了新思路。

## 第三节　发展现状与困境

近年来,中文学术著作的发展困境凸显,在内容上,我国中文学术著作出版物质量堪忧;从学界学术环境来看,浮躁的学术氛围下难以产出高质量学术作品;从出版界环境来看,存在着重利润而轻内容的趋向,市场环境有所恶化;在传播途径上,中文学术著作除了通过纸质书的发行传播,还有很多出版单位依托大型智库和高校搭建校内学术平台进行传播,但会存在数据库内容参差不齐、信息庞杂失序的情况。我国出版智库知识服务存在出版智库影响力不足、知识服务内容和方式有限、出版智库网络平台建设滞后、知识服务不能完全有效满足用户知识需求等问题。

从中文学术著作本身而言,国家对学术出版的大力支持一方面促进了学术著作出版活动的开展;另一方面也在一定程度上导致了中文学术著作出版过度依赖政府、市场化程度低。多年来,学术专著"卖书难"的问题长期困扰着中文学术著作的作者和编者。究其原因,是因为中文学术著作出版活动持续遵循传统的出版发行模式,很多著者、编者并未意识到学术著作潜在的巨大利润空间,因此很难

第九章　中文学术著作出版智库知识服务发展与创新

在内容创作和编辑之外投入更多精力。目前,中文学术著作的出版遵循传统的编、印、发流程,而传统出版在传播、营销方面往往发力不足,部分中文学术著作依然仅采用召开新书发布会,参加书展、学术研讨会等形式进行推广,对全媒体传播技术和手段应用极为有限,这在很大程度上制约了中文学术著作的内容商业增值和知识、观点扩散。

从中文学术著作出版智库知识服务而言,面临着动力不足、模式单一、供需侧结构失衡等诸多问题。纵观国内的专业出版市场,中文学术著作依然遵循着极为传统的出版发行方式。在经历了漫长的论证、撰写、组稿、校对、印制、发行流程之后,多数中文学术著作仅在专业领域中小范围或固定场域传播,其学术影响力和媒介传播能力仍存在相当大的提升空间,而通过建设中文学术著作出版智库开展知识服务有助于扩大学术著作的受众氛围、实现著作商业价值提升、增强学术著作的综合影响力。构建中文学术著作出版智库进行知识服务有着广阔的发展空间,应当探索针对中文学术著作构建出版智库平台提供知识服务的创新路径和方法,以此进一步推动、提高中文学术著作的影响力和价值。

## 第四节　发展的创新路径

全媒体时代,出版智库的发展路径发生了深刻的变化,呈现出数字化、集群化、平台化、服务化、融合化等趋势和特点。现阶段,利用中文学术著作开展知识服务的方式单一、服务效果较差,这与行业编辑人才缺乏、出版观念陈旧,新媒体建设动力不足等限制因素密不可分。随着受众的阅读习惯和阅读方式已经发生深刻变化,中文学术著作出版亟须转变观念、创新模式,积极通过构建中文学术著作出版智库发展知识服务的创新模式和路径,找到适合于自身发展的转型道路。

基于中文学术著作出版智库知识服务目前遇到的机遇与挑战,笔者认为,可以遵循以下几个路径推动中文学术著作出版智库知识服务的创新发展。首先，在观念层面要树立新型的出版知识服务理念；其次，在用户层面要针对用户需求拓展内容产品；此外，在平台层面，要运用新媒体技术促进全媒体传播平台建设，提升知识服务能力；最后，在资源方面，整合内外部资源，提升知识服务影响力。

**一、树立新型出版知识服务理念、提升编辑出版人员素养**

我国国内中文学术著作传播存在复合型编辑人才缺乏和出版观念陈旧的问题。智库时代对中文学术著作编辑提出了新的更高的要求，编辑不仅需要具备良好的科学文化素养、编辑专业能力、职业道德素质和政治思想素质，还需要熟练应用更丰富、多元的新媒体技术。就目前的普遍情况而言，具备娴熟业务能力的编辑往往缺乏驾驭新媒体业务的技术素养，而能够熟练掌握新媒体技术的又常常缺乏编辑专业技能。与此同时，中文学术著作出版观念陈旧，这也是导致中文学术著作知识服务方式单一且效果较差的重要原因之一，很多的出版智库只将理念停留在整合资源上面，却忽略了传播和服务。出版作品只有传播并实现服务价值才能将其作品价值发挥到极致。应对此问题，需要加强编辑队伍建设，提高编辑的媒介融合素养。传统中文学术著作的传播是由编辑实现内容设计和选编，保证其质量和专业性。然而在新媒体素养方面，传统中文学术著作出版单位多数缺乏数字编辑，因而其数字素养明显不足，难以在数字化转型中发挥较大的作用。

为了解决这一问题，2015年3月，国家新闻出版广电总局、财政部印发的《关于推动传统出版和新兴出版融合发展的指导意见》（后称《指导意见》）指出："加大新兴出版内容生产人才、技术研发人才、资本运作人才和经营管理人才培养引进力度，进一步优化人才结构"。明确提出了新时代出版事业发展中强化人才队伍建设的重要性。中文学术著作出版单位应注重培养与引进兼具文字素养和数字素养的复合型人才，具有丰富的专业知识和宽广的知识基础，同时还要掌握新

## 第九章　中文学术著作出版智库知识服务发展与创新

媒体相关知识和技术,兼具坚定的政治素质和政治敏感,为构建中文学术著作出版智库发展知识服务奠定良好的基础。

2022年4月,为深入学习贯彻习近平总书记关于媒体融合发展的重要论述,中共中央宣传部印发了《关于推动出版深度融合发展的实施意见》(以下简称《实施意见》),围绕加快推动出版深度融合发展,构建数字时代新型出版传播体系,坚持系统推进与示范引领相结合的总体思路,从战略谋划、内容建设、技术支撑、重点项目、人才队伍、保障体系六个方面提出20项主要措施,对未来一个时期出版融合发展的目标、方向、路径、措施等做出全面部署,提出明确要求。新形势下,编辑必须学习和掌握以网络技术、数字技术为核心的多媒体知识和技术。中文学术著作出版单位可通过组织编辑参加相关培训,提高其数字素养,同时需要对传统人才引进机制进行创新,有针对性地引进具备较好的编辑业务能力和媒介素养的人才,完善编辑用人机制,用好人才。出版智库单位也需要依据此标准提升选人用人的标准,建设专业化的人才队伍,助力中文学术著作出版智库开展知识服务能力的提升。

### 二、针对用户需求拓展知识服务产品

胡婕认为,学术著作往往内容艰深,专业性强,受众面窄,与大众读者存在壁垒,为促进学术图书的二级传播,要对图书内容进行解构,并通过搭建聚合性平台进行全方位图书宣发,加强学术著作知识的二级传播。部委出版社、大学出版社、地方出版社是学术著作出版的主力军,这些出版单位往往对传统图书出版流程的保留度高,市场化运作能力相对较弱,这在一定程度上造成了学术著作呈现形式陈旧,知识服务能力较弱。在个性化发展的出版情境下,中文学术著作出版智库必须利用好用户需求的契机,立足数字化时代的新要求,以用户需求为基准,推动中文学术著作出版智库的知识服务产品多样化、专业化发展。

我国数字内容产业凭借自身生产数字化、传播网络化、消费个性化等特征迅猛发展,已成为数字经济的重要组成部分。中文学术著作出版智库知识服务想要专业化、高质量发展,就要树立读者本位意识,以满足读者、用户需求为学术著作传播的第一要义,传播推广大众易于接受的知识,进一步提高学术著作内容市场化运作水平与能力。

学术著作相较其他种类出版物,出版周期长,经历了反复论证、推演和校对,内容往往严谨、专业而充实,是较为优质的出版物。中文学术著作凭借优质的图书内容,辅以恰当的全媒体传播和营销手段,极易被激发出潜在的经济价值,由学术著作向知识服务产品转型。我国的图书畅销榜上有不少学术著作的身影,《乡土中国》《亲密关系》《社会心理学》《苏东坡新传》等社会科学著作都完成了传统学术著作向畅销书、长销书的转变。《时间简史》《概率论通识讲义》《果壳中的宇宙》《微积分的力量》等自然科学读物亦源于学术著作,经过编辑与作者的通俗化解读、全媒体渠道铺开的营销推广,使其成了畅销的大众读物,并被改编为多种媒介形式的知识服务产品,拥有了庞大的受众群体,实现了内容与服务的增值。学术著作出版单位、智库平台应深入研究、借鉴这些成功经验升级产品和营销推广模式。

### 三、运用全媒体传播平台提升知识服务能力

平台化是新型智库数字化的目标。平台化的目的是形成一种模式,这应当是新型智库数字化建设的方向。正如《实施意见》所提出的,要着眼加强前沿技术探索应用、促进成熟技术应用推广、健全科技创新应用体系,充分发挥技术对出版融合发展的支撑作用。平台化智库就是通过制度化设计和先进技术手段的运用,将散布在不同地域、各个界别的智力资源汇聚成有机研究体,并通过合理的分工协作形成有序、优质、高效的"研究链",最终产出高水平成果的一种新型

## 第九章 中文学术著作出版智库知识服务发展与创新

组织形式。平台化智库的本质是一种连接机制,是将智库的资源通过开发利用转化为智库的服务,从而发挥智库功能。从数字化角度来说,其中的关键是要打造智库"智力中台",即将获取的数据化信息集中整合,对智库研究业务产生支撑,并加工生产出咨询报告、研究报告、皮书等产品形式,输送给政府部门和目标受众。

在新冠病毒感染疫情影响下,"线上教育"成为一种有效的学习方式,受众可以通过移动终端随时随地的学习,通过移动端获取信息与知识成为重要的市场需求。利用中文学术著作在开展知识服务方面具有独特的优势,拥有相对稳定且数量庞大的用户群,因而可以尝试发挥中文学术著作本身的优势,通过新媒体平台,根据受众不同的需要,制作和提供不同的知识服务产品,这有利于提高受众的知识水平和研究能力。中文学术著作出版应当运用好现有的新媒体技术和平台,尝试多种新媒体技术,融合为视频、音频、电子书、网络数据库等形式的立体多元传播方式,通过不同的形式呈现学术成果,将知识传播效果最大化。

首先,应把握知识服务平台定位,打造高水准学术交流与知识服务平台。准确把握平台定位是进行知识服务建设的基础。构建中文学术著作出版智库,开展知识服务,应把握发展目标和受众情况,明确选择知识服务平台及其服务的对象,避免盲目建设,在知识服务建设中既要符合受众要求,也要满足出版单位编辑出版的需要,还要满足科研人员的需求,要以优质为前提,传播最新的学术成果,扩大学术知识的丰富性和可读性,建立起高效的沟通交流平台,提高知识服务平台的传播效果。以"皮书数据库"为例,数据库是社科文献出版社以皮书为基础构建而成的在线数字产品,依托皮书研创力量着力建设学术共同体,提供以满足用户需求为目标的文献查询和知识服务,现已成为深度分析解读当今中国与世界经济社会发展现状与未来趋势的智库成果整合与知识服务平台。依托技术搭建的全媒体数据库平台已经成为中文社科学术著作的重要数字载体。

其次,要加强知识服务平台的功能建设,在媒体融合过程中改善传播过程互动性不高的问题,实现与受众的互动,真正实现媒体融合,满足受众个性化的需要。加强功能建设,从建立用户信息库、在知识服务平台中设置服务功能、实时推送学科动态和优秀成果三个方面,提高知识服务平台的便利性和体验性,方便受众及时了解相关信息,取得更好的社会效益。

再次,应当充分利用现代新媒体手段。目前很多国内承载中文学术著作的新媒体建设依然流于形式,并没有通过媒介的融合创新提高传播内容的质量,真正实现媒体融合。利用现代新媒体传播手段,可以建立自媒体传播,实现传播多元化;也可以通过加强与数据库的合作,提高中文学术著作的影响力。自媒体平台的传播过程是一种互动的过程,中文学术著作出版智库也可以尝试建立微信、博客等新媒体平台,通过视频、音频、文字等多种方式传递最新科研学术成果,让受众及时了解到学科前沿信息。读者也可以通过自媒体平台发表个人观点,讨论学术问题,这种方式能够有效提高中文学术著作的吸引力和影响力。同时,应该继续加强与国内几大学术网络数据库的合作,提升中文学术著作出版智库平台的知名度和影响力,增强知识服务的能力。

最后,应发挥新媒体技术与学术著作出版融合传播过程中的重要作用。传统图书出版单位还应当认识到,在数字出版业务到知识服务的转型发展过程中,不仅是技术、内容、版权单个要素的升级,更是一个多要素、多层次的转型过程,不但要发挥技术优势,更要整合知识服务产业市场中的内容、用户和资本等其他资源的融合创新应用。技术只是驱动因素,而包括技术、内容、用户和资本等在内的现代知识服务体系的建设,是我国科技型数字出版企业向知识服务提供商转型的关键。

第九章　中文学术著作出版智库知识服务发展与创新

**四、整合内外部资源,提升知识服务水平和能力**

资源整合是建好中文学术著作出版智库提升知识服务能力的关键。针对内部资源,中文学术著作出版智库建设可以在遵循媒体融合的原则下,充分利用出版单位编辑部甚至是主办单位的学科优势和科研能力等人财物资源,提高编辑人员的知识服务能力水平和知识服务意识,完善编辑人员结构,呈现出更好的学术成果。同时,可以通过学校网站、编辑部门网站及自媒体平台等加大对于中文学术著作出版智库知识服务产品的宣传,提高中文学术著作出版智库的社会效益和传播影响力。至于外部资源,可以通过与其他相同类型的中文学术著作出版单位进行合作,通过共享知识服务平台、网站内容的相互链接等资源,探索合适的联合模式,整合各种相关资源,提高中文学术著作出版智库的知识服务的资源和服务质量,扩大宣传渠道,更好地发挥中文学术著作出版智库的社会价值。

相较于传统出版方式,出版智库更需要提供强大的知识服务价值,这也就意味着中文学术著作出版智库需要根据经济社会发展与时俱进,同时也需要保留学术著作特色,满足学术导向和读者需求,提升中文学术著作出版智库的知名度和影响力,打造出版智库知识服务品牌。事实证明,专业性强的学术著作并非没有市场,即使是在当下快消图书市场中,优质的学术著作品牌依然凭借其过硬的资源与实力紧紧吸引着读者,辅之以相应的知识服务策略,优质的资源实现整合聚集,形成突出的品牌效应,从而实现中文学术著作的知识服务价值。

## 第五节　智库知识服务是未来发展的主流模式

新媒体技术的应用带来了出版市场营销策略与传播模式的转型，实现了知识信息更加碎片化、高效化、广泛化的传播。而学术著作具有知识性强、娱乐性低的特点，其传播路径一直以来是以较为单一的纸质出版为主，这种出版发行模式在新媒体背景下必然要进行改革与升级，中文学术著作的数字出版与智库知识服务已成为新的发展新趋势。

基于我国中文学术著作出版智库知识服务发展的现状，我国中文学术著作数字出版与智库式知识服务开展正积极拓展新的发展路径、制定新的发展战略，充分发挥技术优势，应对新时代产业变革带来的挑战。结合发展的经验积累，充分发挥内容体系、平台体系和技术体系优势，融合学术内容优势与数字化技术优势，搭建知识服务平台，创造新的知识服务模式，实现中文学术著作出版新的增长点。在具体实践中，以部委出版社、大学出版社、地方出版社为代表的中文学术著作出版主力军应当树立知识服务理念，充分发挥多年来积累的学术资源优势，积极利用全媒体技术，结合各种新的平台与营销方式培育学术著作出版智库知识服务品牌、提升国际影响力，形成新的中文学术著作出版智库影响力，实现社会价值与经济价值的有效结合。

"十四五"规划提出我国现阶段国民经济发展的主题与方向，习近平总书记指出，"信息技术创新日新月异，数字化、网络化、智能化深入发展，在推动经济社会发展、促进国家治理体系和治理能力现代化、满足人民日益增长的美好生活需要方面发挥着越来越重要的作用。"信息技术推动专业智库转型发展，从而催生出"数字智库"。《关于推动出版深度融合发展的实施意见》强调要不断完善政策扶持机制、深化体制机制改革、营造良好发展环境、逐级抓好贯彻落实，健全出版

# 第九章 中文学术著作出版智库知识服务发展与创新

融合发展保障体系。如果说传统企业运作模式需要传统智库提出解决方案的话,那么"数字经济体"必然要求数字智库的诞生和繁荣发展。在全媒体的时代背景下,中文学术著作出版智库发展路径也发生转变并且变得丰富,如何利用这些转变促进中文学术著作出版智库知识服务创新发展,是学术界和出版界面临的重要议题。只有从定位、用户、平台、资源等多方面全面创新发展,推动中文学术著作出版智库在国内与国际全面提升知识服务能力,才能提升中文学术著作的学术影响力和社会价值。

## 参考文献

[1] 刘若男. 媒介融合背景下专业出版商业模式创新研究 [D]. 湘潭:湘潭大学,2017:9.

[2] 尹达,杨海平. 出版智库知识服务能力体系构建与服务模式创新 [J]. 出版广角,2022(10):30-35,50.

[3] 尹达,杨海平. 知识社会学视角下新闻出版智库知识服务探究 [J]. 传媒,2021(22):88-90.

[4] 韩烨. 数字化背景下我国大学出版社知识服务研究 [D]. 长沙:湖南大学,2019.

[5] 程海燕. 专业出版社知识服务转型升级路径分析 [J]. 出版广角,2018(19):19-22.

[6] 刘春艳,廉强. 我国出版智库知识服务创新模式及其保障机制研究 [J]. 科技与出版,2020(11):122-127.

[7] 廉强. 出版智库知识服务模式研究 [D]. 哈尔滨:黑龙江大学,2020.

[8] 于春生,吴婧. 学术著作营销:资源禀赋受限条件下的多元选择 [J]. 内蒙古社会科学,2020,239(1):173-179.

[9] 国家新闻署. 国家新闻出版广电总局、财政部关于推动传统出版和新兴出版融合发

展的指导意见 [EB/OL].(2015-04-09)[2022-08-08].https://www.nppa.gov.cn.

[10] 中共中央宣传部印发《关于推动出版深度融合发展的实施意见》[EB/OL].（2022-04-24）[2022-08-29].http://www.gov.cn/xinwen/2022-04/24/content_5686923.htm.

[11] 胡婕.数字化时代我国学术图书出版的知识生产路径探究[D].青岛：青岛科技大学,2020：54.

[12] 张美娟,胡雪敏.数字内容产业孵化平台与出版业创新发展研究[J].出版广角,2022（7）：6-10.

[13] 孙晓翠.数字出版企业的知识服务战略研究：以睿泰集团为例[J].出版广角,2018（7）：15-18.

# 第十章 总结与展望

## 第一节 研究结论

在数字化发展的大背景下,本研究旨在呈现中文学术著作出版立体化的发展状况和发展趋势,包括了横向的产业变革维度和纵向的技术发展维度,全方位地展现了中文学术著作这一研究主体出版活动的过去、现在及未来的发展。

综合研究内容,本部分做出以下的总结与概括:

首先,本研究对研究对象进行了充分的背景分析与相关概念理论的辨析。在背景分析方面,采用 PEST 分析法对学术著作出版发展的环境和背景进行分析,包括政治、经济、社会和技术四个主要方面,较为全面地分析了当前学术出版领域大环境的发展现状。在理论辨析方面,通过厘清"中文学术著作""数字出版""全媒体传播"的内涵和外延,对研究对象进行了全面的价值分析和认识。在学术出版这一具有高知识性、低娱乐性的环境之中,技术正潜移默化地改变着学习者思考与学习的行为方式;数字技术的应用在表面层次上改变使用行为,深层次则改变传统的信息传播与互动方式。同时,出版是一项学术与实践并重的社会活动。因此,在概念分析中结合了学界的定义、论述和业界的经营经验进行两个层面的融会贯通。值得注意的是,在基于技术进行的变革中,需要谨慎小心,避免形成"唯科技论"的狭隘观点,而忽略技术是围绕着知识这一核心而发挥作用的。

其次，本研究还对出版活动的发展历史与脉络进行了梳理，分析从传统出版演进到现代化数字出版的技术、政策、社会文化等环境，并以传统出版产业为发展的基础，具体分析中文学术著作传统出版的现状，这是现代化的数字出版与全媒体传播研究应锁定的物质发展基础。出版这一概念，在我国历史上经历了漫长的发展过程，伴随着物质资料的完善和市场的搭建，又逐步形成了专门从事出版活动的组织机构和产业集团。在这一历史的演进过程中，出版的概念不断丰富完善，突破了物质技术层面认知的褊狭。在这一过程中，产品结构、组织结构、产业结构、产业布局都在发生着调整，出现了出版产业由传统向数字的演进，同时在发展的历程中，出版组织集群化形成产业规模，成为我国文化产业的重要组成部分和国民经济的重要支柱。

同时，中文学术著作的数字出版与全媒体传播已成为21世纪的发展新趋势。传统出版的数字化转型和全媒体传播与市场运行规律和竞争机制相契合，是社会发展的必然趋势。技术的革新带来了基础设施的升级，实现了提速增效，传统的出版环境正在发生着革命性的变化。传统出版产业的数字化发展正如火如荼，数字出版这一理念也在不断地深入到全产业环节中，实现真正的转型升级。在中文学术著作的数字化出版和全媒体运营中，通过搭建基于数字技术的新型基础设施，将新技术、新方法与出版产业相结合，充分发挥出中文学术著作出版领域多年来积累的学术资源优势，实现了学术资源的汇集，大大提高了学术出版各个环节的效率。同时利用各种新的平台与营销方式，形成新的学术著作出版影响力，以实现社会价值与经济价值的有效结合。

最后，基于对发展现状的研究分析，我国中文学术著作数字出版与全媒体传播正积极地拓展新的发展路径、制定新的发展战略，充分发挥技术优势，应对新时代产业变革带来的挑战。在此过程中，结合国内外发展经验，充分发挥内容体系、平台体系和技术体系的优势,融合学术内容优势与数字化技术优势,搭建全媒体平台,创造新的知识服务模式,实现中文学术著作出版的新增长。

当然,不能不提的是中文学术著作出版智库知识服务,这是中文学术著作全媒体传播平台的重要构建成果之一,构成中文学术著作全媒体未来发展的高端成果,将在科学决策和政策制定方面为整体社会经济发展做出贡献。可以说出版智库知识服务是中文学术著作全媒体未来发展的重要落脚点。

## 第二节 存在的不足与展望

首先,本研究聚焦的对象为"中文学术著作"。伴随着科教兴国和人才强国战略的实施,高校扩招、文化体制改革和书香社会的构建,学术科研领域的内容生产者与读者数量增多,学术著作的市场呈现出扩大趋势。但是相比于大众出版与专业出版等领域,学术出版在整个市场上占据的份额仍旧较小,学术图书、学术期刊、学术专著、学术著作在概念的划分上还存在着一定的模糊界限,在具体研究中难以进行清晰的辨别。且目前诸多文献选择将概念进行模糊处理,而定义为"与学术有关的出版物",这就造成了研究对象的模糊,对于进一步的发展战略研究,有极其不利的影响。在未来的研究中,概念的界定与分类,还须学界与业界一起做出进一步的厘清,以实现更加精准的定位与研究。

其次,出版作为我国文化产业中的重要组成部分,其历史发展的脉络显示出,伴随着工业革命带来的大机器生产,我国近代社会出现了天翻地覆的变化;尤其是21世纪以来,互联网技术的出现使整体产业和技术环境都发生了变革,而技术的推广和政策的落实都需要时间。因此,在具体的时间阶段及分期上,会导致一定的片面化,在做出相应划分的基础上具体到某个公司或地域时,还需要考虑时间的滞后性,需要参考实际的发展情况与背景进行研究。

同时,数字出版与全媒体的概念是伴随着21世纪以来的技术革命而诞生的,其理论研究尚浅,具体的发展实践仍处于"摸着石头过河"的阶段。虽然较多学者已经从传播学、技术史、发展战略研究、营销管理等领域进行了一定的探索,但是就目前而言,暂未形成一个完整全面的理论体系,所以在内容分析与理论研究的过程中,概念的内涵与外延需要参考各方面,包括政策文件、学术文献、产业发展报告、企业战略规划等相关资料。在未来的研究中,还需要不断地融合各方面发展新趋势和发展状况,对理论概念进行与时俱进的更新。

最后,基于整体发展的前瞻性与复杂性,社会技术的更迭速度越来越快,政治、经济和文化环境可以说是瞬息万变。"十四五"规划也提出我国现阶段国民经济发展的主题与方向,在我国社会主义现代化建设的布局之中,需要科学谋划文化布局,牢牢把握国家文化发展战略的总体布局,坚持高标准、高站位,推动文化产业高质量发展,为社会主义文化强国建设做出新贡献。同时,就提出了一个如何把握未来的问题。这些都使本研究难免存在着不足。